本书是宁波市社科重点基地课题"宁波自贸
（JD5-ZD05）"的阶段性成果

邹舟 等著

中国（浙江）
自由贸易试验区建设成效及问题探索

ZHONGGUO(ZHEJIANG)
ZIYOU MAOYI SHIYANQU JIANSHE CHENGXIAO
JI WENTI TANSUO

中国财经出版传媒集团
经济科学出版社
Economic Science Press

图书在版编目（CIP）数据

中国（浙江）自由贸易试验区建设成效及问题探索／
邹舟等著．—北京：经济科学出版社，2021.12
ISBN 978 - 7 - 5218 - 3153 - 5

Ⅰ.①中…　Ⅱ.①邹…　Ⅲ.①自由贸易区 - 经济发展
- 研究 - 浙江　Ⅳ.①F752.855

中国版本图书馆 CIP 数据核字（2021）第 246512 号

责任编辑：周胜婷
责任校对：杨　海
责任印制：张佳裕

中国（浙江）自由贸易试验区建设成效及问题探索
邹舟　等著
经济科学出版社出版、发行　新华书店经销
社址：北京市海淀区阜成路甲 28 号　邮编：100142
总编部电话：010 - 88191217　发行部电话：010 - 88191522
网址：www. esp. com. cn
电子邮箱：esp@ esp. com. cn
天猫网店：经济科学出版社旗舰店
网址：http://jjkxcbs. tmall. com
固安华明印业有限公司印装
710 × 1000　16 开　15 印张　250000 字
2021 年 12 月第 1 版　2021 年 12 月第 1 次印刷
ISBN 978 - 7 - 5218 - 3153 - 5　定价：82.00 元
（图书出现印装问题，本社负责调换。电话：010 - 88191510）
（版权所有　侵权必究　打击盗版　举报热线：010 - 88191661
QQ：2242791300　营销中心电话：010 - 88191537
电子邮箱：dbts@ esp. com. cn）

前　言

进入 21 世纪，中国促进经济开放的新一轮关键措施就是建立自由贸易试验区。2013 年，自由贸易试验区在上海首次建立，标志着对外开放迈出了重要的一步。紧接着第二年，自由贸易试验区在广东、福建以及天津陆续建成。2017 年，自由贸易试验区在全国不断延伸扩展至陕西、辽宁、湖北、河南、浙江、重庆以及四川等地，自由贸易区的模式由东部、中部和西部相互协调统一，同时由陆地向海洋逐步扩展。以开放倒逼改革，释放创新活力，实现资源要素的最优化配置，解放和发展生产力，成为新时代全面深化改革开放的重要特征和鲜明特色。在如此宏大的背景前提下，中国的自由贸易试验区不断蓬勃发展起来。

2017 年 3 月，国务院发布《中国（浙江）自由贸易试验区总体方案》，该方案明确提出，建立中国（浙江）自由贸易试验区是中共中央和国务院的一项重要决定。探索建设自由贸易区是中国提高对外开放和深化改革的重要战略部署，也是对接国际规则，顺应全球化的趋势所向。在 2017 年 4 月 1 日，中国（浙江）自由贸易试验区正式成立。浙江自贸区位于舟山，地理位置优越，大宗商品基础良好。浙江自贸区作为以大宗商品贸易为中心的国际资源配置基地，其首要目标是制度创新，并把可复制、可推广作为基本要求。短短几年内，自贸区坚持改革开放，发挥自身优势，在营商环境、油品、通关监管服务等方面都取得了显著的成效。但由于发展起步尚未领先于其他地区，和各地较先进的自贸区相比，它各方面的发展还不甚成熟，需要成长空间与自查补缺。因此，整理文献资料并思考浙江自由贸易试验区的改革经验的复制拓展，对于中国在自由贸易试验区的建设方面具有重要的理论与实践意义。

　　本书首先从自由贸易区的相关理论和研究成果上探讨建设浙江自贸区的必要性，对浙江自贸区的总体概况进行重点研究，利用图表数据分析自贸区的经济运行现状、自贸区的产业发展情况以及相关政策支持；同时，对国内外先进自贸区在改革实践方面取得的重大成效进行了整理，并总结了建设自由贸易区的改革经验，分析出浙江自由贸易区改革的优缺点，利用实证分析的方法对浙江自贸区的营商环境进行了评价；通过对比国内已有的具有借鉴意义的优秀自贸区的建设经验，对浙江自由贸易试验区的成功与不足之处进行归纳整理。然后，从浙江自贸区的金融领域、税收制度、营商环境和通关监管方面，归纳浙江自由贸易试验区发展的成果，分析浙江自贸区发展的成功之处，并针对浙江自由贸易试验区在市场和国际对接等问题提出建议和对策。最后针对目前国内外经济发展的特点，分析浙江自贸区扩区的发展趋势。

　　本书由宁波财经学院邹舟、宁波大学科学技术学院胡跃、宁波财经学院林珊珊、北京市长城企业战略研究所陈飞燕共同撰写，感谢宁波财经学院马俊英老师为本书第 10 章提供了资料和思路，同时感谢大宗商品商学院、北京市长城企业战略研究所、区域开放合作与自贸区研究基地在本书编写过程中提供的帮助。

　　由于资料整理工作繁杂，时间仓促，书中存在的疏漏，敬请读者批评指正。

目　　录

第1章 绪 论

1.1 研究背景

进入 21 世纪，中国改革开放加快了步伐，随着经济全球化进一步推动我国的经济发展，国际贸易市场的竞争也日趋激烈。我国的经济体制和经济发展形势要求我国积极参与全球贸易，加快创新与国际投资贸易规则相适应的体制机制，深化国际合作和对外开放。为进一步创新改革思想，探索改革经济贸易的新路径，促进贸易企业的转型发展，激发企业活力，积累我国全面深化改革开放新的经验，加快我国经济转型步伐，推动经济的持续发展，我国进行了一系列经济开放模式的探索。其中，促进经济开放的新一轮关键措施就是建立了一批自由贸易试验区。积极探索建设自由贸易港是我国主动掌握全球自由贸易主导权的重要举措，也是新常态下推进新一轮对外开放、促进经济增长的重要途径。习近平总书记在党的十九大报告中指出"赋予自由贸易试验区更大改革自主权，探索建设自由贸易港，推动形成全面开放新格局"。因此，发展自由贸易区也是我国的重大战略举措，不但有利于参与国际竞争与合作，还可以加快形成全面改革开放的局面。2013 年，自由贸易试验区在上海首次建立，标志着我国对外开放迈出了重要的一步，自贸区的建立不仅促进了上海的国际贸易和港口经济的发展，推动了长三角经济带的快速发展，同时也展现了我国参与全球经济的决心，加快了我国融入全球经济一体化的步伐。紧接着第二年，自由贸易试验区在广东、福建以及天津陆续建成。2017 年，自由贸易试验区在全国不断延伸扩展，其中北部地区包括陕西、辽宁，中部地区有湖北、河南，南部地区有重庆、四川，东部地区有浙江等试点地区。自由贸易区的模式由东部、中部和西部相互协调统一，同时由陆地向海洋逐步扩展，以开放倒逼改革，释放创新活力，实现资源要素的最优化配置，解放和发展生产力成为新时代全面深化改革开放的重要特征和鲜明特色。在如此宏大的背景前提下，我国自由贸易试验区迅速蓬勃发展起来。

位于中国东部沿海地区并且素有"鱼米之乡"美誉的浙江，不但是最富饶的长江三角洲省份之一，是我国古代文明的发源地之一，也是我国最早实行对外开放的省份之一。浙江省的生产总值、人均生产总值和财政总收入均居全国前列，由此可以看出，浙江省作为我国的经济大省，完全具有成为全国领先自贸区的经济条件。舟山地处长三角的海上门户，区位优势明显，深水岸线优越。2011年，舟山获批浙江舟山群岛新区，并提出建设舟山港综合保税区，建设大宗商品储运中转加工交易中心。2012年9月，舟山获批舟山港综合保税。随着大型船舶在舟山不断地发展应用，例如一些30万吨及以上的超大游轮、40万吨的矿石船、18000TEU以及更大载重量集装箱船的使用，对舟山港的港口和航道水深提出了更高的要求，也给舟山带来了发展机遇。2013年4月，浙江省政府向国家提交了关于设立舟山自贸港区的请示。2016年4月，舟山江海航运服务中心成立，该中心主要任务是加强大宗商品在加工、储存运输、交易方面的能力，争创国际先进的航运服务基地和江海联运综合枢纽，创建我国港口改革一体化发展示范区。同时，浙江开始着手准备自由贸易试验区的准备工作。2016年8月，党中央和国务院批准设立浙江自由贸易试验区，并把自贸区试验地设立在舟山。2017年3月，国务院发布《中国（浙江）自由贸易试验区总体方案》，该方案明确提出，建立中国（浙江）自由贸易区试点是中共中央和国务院的一项重要决定。

舟山独特的地理位置决定其功能定位在于配置国际资源的方向上，在舟山群岛新区建设自由贸易区是将舟山进行全方位深化改革和扩大开放的重大挑战和机遇，同时其位于中国长江和东部沿海的交叉位置，是对外开放一个特别突出的位置。舟山作为连接国内外资源和对接国际市场的门户和节点地位非常重要，由于其深水港的地理特征在中国境内比较少有，舟山很可能建设成为世界级大宗散货枢纽港。尽管成立时间不长，但是自由贸易区在运营过程中还是成果显著，尤其是在经营环境、项目承建、监管服务等几个方面优势突出。浙江自贸区的改革成效既能够突出自身的特色，又具备可复制推广的成果，尤其是在优化营商环境，便利税收服务及通关监管，开放金融领域上成果显著。浙江自贸区的成立促进了"一带一路"和"长江经济带"的发展，为浙江省改革创新、扩大开放带来更多的挑战与机遇，是浙江改革发展史上的一个重要举措。虽然浙江自贸区作为我国第三批自由贸易试验区，其特殊的地理位置便于监管，便于国家先行先试特殊政策，条件为其他地区所不具备，但其中也存在着许多问题。浙江自贸区在国内自贸区建设中并不属于领先地位，与国际和国内起步早、成果优秀的自贸区相比，它在各个方面的发展还不是十分完善，创新性的管理方式也在不断摸索和推进。面对国内各省争抢建设自贸港的局面，浙江应如何积极应对和努力转型，是值得深思的话题。研究浙江自贸区升级的问题并提出相关对策对于浙江和中国都具有重要意义。对中国来说，有利于开拓新格局，形成新的经济增长点，同时也能进一步强化服务国家战略的作用。对浙江来说，有利于浙江区域发展的新增长极，对提高海洋经济的现代化、国际化水平都具有特别重要的意义。

1.2　研究意义

浙江自贸区位于舟山，地理位置优越，大宗商品基础良好，其改革将对沿海自贸区的探索发展具有重大意义。浙江自由贸易区着力于构建油品的全产业链模式，以此为核心便利商品贸易以及扩大在大宗商品方面的贸易市场，其制度创新成果在中国国内自贸区中排名前列，据此整理文献资料和思考浙江自由贸易试验区的改革经验的复制拓展，对于中国在自由贸易试验区的建设方面具有较高的研究价值和意义。

浙江自贸区的建立是浙江省发展海洋经济的重要突破口，对我国海洋领域参与全球经济竞争起到重要示范作用。浙江自贸区不仅能服务长三角地区，保证长三角地区经济的稳步发展，同时也能服务于长江经济带和"一带一路"的建设等。

1.2.1　理论意义

建立自由贸易区是对党的十九大精神的深入贯彻与执行，是我国适应经济全球化新趋势的客观要求，是全面深化改革、构建开放型经济新体制的必然选择。随着各地自贸区的相继挂牌成立和我国自贸区建设形成的"1+3+7+1+6"的基本格局，学术界掀起了关于自贸区研究的热潮，如何更好地建立和发展自由贸易区成为目前学术界研究理论和实践的热点问题，具有较高的研究价值。因此研究浙江自贸区发展现状和存在的问题对其他省区市和中西部自由贸易区建设具有重要的理论意义。另外，研究浙江自贸区在发展中的路径选择、管理体制的改革等，可以为其他自贸区的发展建设提供相关的理论和模式参考。

1.2.2　实践意义

除了理论意义之外，本书的实践意义主要表现在以下两个方面：

（1）根据浙江自贸区发展现状，以及对比其他国内外先进自贸区的发展差距，有利于浙江自贸区发现自身的不利问题，从而因地制宜地为发展自身特色路径提出可行性建议。

（2）本书研究的重点是通过观察浙江自由贸易试验区的现状，总结自贸区的建设成效，吸取国内外自贸区建设经验，发现自贸区的发展问题，进而探讨自贸区建设路径的选择。经济的发展不是一帆风顺的，浙江自贸区存在着贸易便利化、金融开放创新、税收政策等问题。如何解决这些问题，以便更好地发挥浙江自贸区的功能，创建良好的投资环境，吸引更多的投资者，促进自贸区进一步发展，具有较大的研究价值，也可以为其他自由贸易区提供相关发展借鉴。

1.3　研究现状

世界自由贸易港区的发展距今已有 400 多年的历史，但是早期自由贸易港区的发展多与资本主义国家殖民地的发展扩张相关联，与一个国家或地区经济发展制度变革关系不大，因此在二战前，对自由贸易港区发展和与之带来的经济效应的研究几乎没有。二战后，各国为了快速恢复经济开始重点发展自由贸易港区，随着自由贸易港区在全世界范围内的发展，相关研究也随之增多。这些研究具体包括对自由贸易港区的理论研究、建立自由贸易港区的原因和目标、自由贸易港区对国家或地区的经济贡献和带来的经济效应等，其中关于自由贸易港区对国家或地区外贸产业发展和经济效应的研究居多。

1.3.1　国外研究现状

近几年，国外对自由贸易区的研究主要集中于相关概念和理论解读、自由贸易区设立发展过程、自贸区的发展对国家（地区）产生的经济效益以及对国家进出口的影响。

受各种因素影响，国外对建立自由贸易区存在着歧义，一部分学者对自由贸易区的设立持支持的态度，但是一部分学者持反对的态度。支持鼓励设立自由贸易区的学者认为，中国－东盟自由贸易区在自由贸易协定下获得了积极的经济效应，通过对比 2005～2010 年印度尼西亚棕榈油产业数据发现，在自由贸易的有力政策推动下，印度尼西亚的经济发展速度得到了有力提升（Natalia et al.，2011）。一些国家在一些自由贸易协定下促进了本国经济的发展，例如加拿大利用"渐进贸易进程"加强与非洲大陆自由贸易区的合作来肯定自由贸易协定对经济一体化带来的巨大经济贸易效应（Lily Sommer，Dvider Luck，2018）。在一些实证研究下，越来越多的学者也肯定了自由贸易区经济一体化福利效应不仅给自由贸易区发展带来动力，同时也对世界经济发展起到了巨大推动作用。各国设立自由贸易区的目的是为了吸引外资，同时可以解决国内的就业问题，可以出口更多的本国商品，获得更多的外汇收益（Michael & Steven，2019）。在亚洲自由贸易区研究中发现，设立自贸区同样推动了国家经济的快速发展。例如，在分析新加坡对外贸易时发现，在新加坡设立出口贸易区是吸引外商投资的重要目的。而在韩国、马来西亚等一些亚洲国家和地区设立出口加工区推动了内向经济向外向经济的发展。可以看出自由贸易区的发展不仅仅推动了本国出口经济的发展，同时还提高了国际竞争力（Kankesu，2002）。尽管建立自由贸易区的目的是不同的，但是自由贸易区的建立最直接的效果就是提高了国家的国际竞争力。间接效果无法准确衡量，但是也是自由贸易区利益的重要组成部分。同时这个间接效果也推动了经济的发展，例如，企业可以通过复制技术提高生产率，提供员工创业机会。

另一部分学者则认为自贸区对经济发展的贡献有限，因为自贸区出现了"贸易转移"效应，尽管贸易区内贸易总量增加，但是贸易区内和贸易区外之间的贸易量减少，对其他国家的经济发展产生不利影响。有学者利用跨国增长模型使用 GMM 回归变量，分析研究了一些非洲国家自贸区发展对东南非一体化的影响，研究结果与预想效果不一致，并没有有力证据证明对其经济有明显推动作用（Henery Karamuriro Tumwebaze，Alex Thomsjo，2015）。还有学者在不完全竞争市场假设条件下利用重力模型和供需方程研究阿拉伯自由贸易区的贸易效应，实证分析结果发现，在市场细分和行业内贸易优势下，大阿拉伯自由贸易区（GAFTA）对区域贸易影响非常有限（Nicolas Peridy，Javad Abedini，2014）。同样在对非洲大陆自由贸易区的研究中发现，由于一些因素例如市场细分规则、产业内贸易优势的影响，自由贸易区对地区贸易的有利影响是有限的（Andrea Cofelice，2018）。因此，越来越多的学者认为，如果一个国家还没做好进入自由贸易区的准备，经济一体化对经济增长的积极影响不是很明显（Joseph et al.，2020）。

在自由贸易区理论研究方面，从政府层面上看，设立自贸区对产业的有利影响大于保护弱势产业产生的利益。在研究中发现，国家间的区域贸易协定可以吸引更多的国家加入。小国与大国进行合作联盟，将给小国带来巨大的经济效应。相反，小国与小国进行经济区域合作，经济效应不是很大（Arthur，1992）。

1.3.2　国内研究现状

中国对自贸区建设的研究分为三个阶段。第一阶段是在保税区等特殊监管区域成立之前，我国对自由贸易区的研究集中在世界主要发达国家自由贸易港区和自由贸易园区的发展历程和规律。代表作有 1977 年北京对外贸易学院国际贸易问题研究所编著的《世界自由港和自贸区》，这是我国第一部关于自贸区的专著，其次还有 1988 年陈永山编写的《世界各地的自由港和自由贸易区》等一系列关于自贸区的著作，形成了设立发展自贸区的理论基础。

第二阶段为中国保税区设立之后。在全球化经济发展大潮中，自贸区在世界各国发展迅速，根据我国当时的国情以及经济发展的需要，保税区面临向自贸区转型升级的压力，越来越多的学者在研究世界自由贸易园区发展情况的基础上，开始摸索适合中国国情的自由贸易区发展路径。从宏观角度看，顾任民等（1994）在《中国保税区》一书中具体解释了保税区的相关功能和优惠政策。李力（1996）在《世界自由贸易区研究》中探讨了世界各国自由贸易区发展的共性和规律，对我国自由贸易区的发展具有重要的借鉴意义。张敏（2008）通过分析保税区的法规政策要素、国际贸易要素，发现保税区的困局，提出了在制度政策、产业选择、运行管理等方面对保税区进行改革，帮助保税区更好地走出困境，向自由贸易区转型升级。朱海磊（2012）详细解释了自由贸易区的相关概念，提出了各个国家对自由贸易区的理解，界定了我国保税区转型升级的目标模式，即因地制宜地发展区域转型升级，向自由贸易区接轨。刘浩翔（2015）将焦点放在中国保税区的发展和改革方面，分析了保税区现状和不足，并在具体的实践方面指导保税区向自由贸易区转型升级。谢守红、蔡海亚（2015）通过研究国外自由贸易区的类型——自由港型、保税仓库型、转口集散型、出口加工型和自由边境区，具体分析了这些自由贸易区在不同时期的演变趋势、特点和发展经验，为我国自贸区的发展提供相关经验。朱玉（2016）在设区目标、开发程度、管理体制、自由度与开发度、海关监管原则等方面具体解释了保税区与自由贸易区的区别，重点对比了中国自贸区与国内外自由贸易园区，总结出在转型方面先进自贸区具有定位明确、法律法规健全、管理体制先进等特点，这对我国探索建立内陆自由贸易园区具有重要意义。从具体保税区实证案例看，魏忠（2006）以上海高桥保税区为例，探讨了制约上海高桥保税区发展的因素，同时对外高桥保税区和德国汉堡自由港进行比较，从中央、地方政府层面对保税区转型升级提出对策建议。吴海鹏（2011）从天津保税区的发展历程和取得的成效几个方面将天津与全国其他保税区进行了横向对比，利用SWOT分析法探讨了天津转型自由贸易区的必要性和可行性，提出了天津保税区转型成为腹地综合型自由贸易区的发展路径、功能定位和管理体制。刘玉江（2013）介绍了我国海关特殊监管区域的发展历程和运行情况，归纳总结了世界贸易区的发展趋势，以舟山群岛为案例深入分析了建立自由贸易区的优势，并探讨了舟山自贸区发展新思路。

第三阶段是在2013年上海自由贸易试验区设立之后，大量关于自由贸易区设立及发展的论文和著作大量涌现。李志鹏（2013）探讨了我国建设自由贸易园区的内涵以及当前全球自由贸易园区发展的主要模式，提出适合我国自由贸易园区发展的几种模式选择。李泊溪（2013）在《中国自由贸易园区的构建》一书中研究了世界自由贸易园区的发展经验，解读了中国特殊经济园区发展的政策，发现我国在发展保税贸易园区中存在的问题，对此提出了一系列如何更好发展自由贸易园区的构想。王芬芬和刘春华（2013）对上海自贸区金融发展模式进行了分析探讨，并与天津自贸区的发展进行了对比，发现上海在分账核算、核算单元方面有优势，同时上海自贸区积极参与跨境电子商务等实体产业，参与国际经济，发展国际金融，发展对外贸易，吸引外资。沈翔峰（2014）以自由贸易园区和自由贸易区两者的联系和区别为切入点，认为现有的自由贸易区发展已经不适合当前我国经济发展，需要从加强与国际多边自由贸易谈判和充当国家进一步深化对外开放试验田两方面进行改革。李敏杰（2015）对比了上海和福建自由贸易区的发展建设，通过两个城市的发展历程和发展特点，总结出了上海发展的经验，为福建的发展提出了可创新、可复制、可推广的经验。张清风（2017）总结了我国自由贸易试验区的区位选择思路和进程，研究了包括地理交通条件、产业基础、市场范围三方面的区位优势，以上海浦东新区为案例，对自由贸易试验区的前期推动因素、区域选择现状和未来区域发展选择进行了具体的政策解读。

早在浙江自贸区获批之前就有很多学者对舟山自贸区建设做了调查研究。刘玉江（2013）简述了自由贸易区、自由贸易港区、保税区等一些海关特殊监管区域的发展历程，通过对比世界主要自由贸易港区的发展案例，总结出了自由贸易区发展的必要条件，并从浙江实际发展情况、资源禀赋优势和舟山发展需求归纳出浙江建立自由贸易区的必要性，根据舟山的发展情况和存在的问题提出了实现舟山自贸区发展的策略建议。张敏（2017）在分析了国际经济一体化形势后，梳理了浙江自贸区发展基础，以探索浙江自贸区发展策略为目的，阐述了浙江自由贸易区的功能定位和发展目标，从加强基础建设、发展金融体系、优化产业结构、提升服务能力、加快信息化建设等几个方面提出了浙江自由贸易区建设发展的建议。刘景景（2019）根据浙江自由贸易试验区的优势，认为发展大宗商品是浙江自贸区的主要任务，发展大宗商品交易为整个长江三角洲甚至是国家经济发展提供资源保障，并为浙江自贸区大宗商品交易发展提供了相关对策建议。

1.4　研究内容与研究方法

1.4.1　研究内容

第1章为绪论，主要说明本书的研究背景和研究意义，对本书的研究内容和研究方法进行归纳总结。

第2章阐述了自由贸易区的相关概念界定、基本理论和国内外学者的研究成果。

第3章提出了建设浙江自贸区的必要性，从我国海关特殊监管区域几种模式的优缺点、对外开放模式的创新需要、开拓和优化海洋战略空间需要、发展区域经济需要、促进海洋产业需要、降低物流成本需要等几个方面强调了浙江建立自贸区的理论和现实的必要性。

第4章对浙江自贸区的总体现状进行分析，包括自贸区的经济运行现状、经济环境现状、产业优势和政策支持。

第5章介绍国内外先进自贸区的建设经验，并归纳世界自由贸易区的发展趋势。

第6章重点研究浙江自贸区的改革建设状况，介绍浙江自贸区目前发展的情况和存在的问题，以及针对这些问题进行的改革措施和建设成效，包括自贸区营商环境法制化、税收服务的便利化、金融领域对外开放扩大化、通关监管服务一体化和相关自贸区实践案例介绍等。

第7章实证分析浙江自贸区营商环境测度，介绍浙江自贸区营商环境的现状，利用熵值法评价浙江自贸区营商环境，判断自贸区营销环境的便利化程度，由此发现浙江自贸区营商环境存在的问题。

第8章对浙江自贸区发展经验进行总结，重点阐述贸易便利化问题、金融开放创新问题和税收政策问题。同时，针对自贸区的发展问题提出相关发展策略，包括加强基础性设施建设、优化产业结构、提高服务能力等，以及一些相关保障措施的建设。

第9章探讨浙江自贸区建设路径的选择，根据浙江自贸区的特点，提出一系列融入长三角一体化发展的对策建议。

第10章介绍浙江自贸区扩区的背景，分析扩区带来的影响和挑战，最后探讨浙江自贸区扩区的发展趋势。

1.4.2 研究方法

笔者通过查阅相关文献，运用国内外相关自由贸易区理论，结合浙江自贸区发展现状和建设成效，根据具体改革实践案例和收集到的数据进行研究，采用定性分析和定量分析相结合的方法，比较国内外先进自贸区建立和发展过程，对浙江自贸区发展存在的问题进行深入研究分析，并提出浙江自贸区的建设路径选择和发展对策。

（1）文献资料法。通过收集和整理大量的文献资料，本书对自由贸易区的相关理论和概念进行了归纳总结，以此作为浙江自贸区建立的理论基础，并根据这些理论研究浙江自由贸易区建设发展的成效和存在的不足。

（2）比较分析法。通过比较国内外先进自贸区建设经验，分析国内外先进自贸区的管理模式和运营方式，为浙江自贸区的发展提供一些可借鉴的经验。

（3）案例分析法。通过分析舟山进口铁矿石"直卸直装"作业监管模式和外锚地保税燃料油受油船舶便利化海事监管模式两个案例，展现舟山完善油品全产业链相关的制度创新成果，对于其他沿海自贸区具有借鉴意义。

（4）定量与定性分析法。本书在对浙江自贸区营商环境评价时，利用《浙江自贸区营商环境特色指标体系》，以 2018 年的统计数据和 2019 年的目标数据为样本，测算自贸区营商环境的便利化程度，结合浙江自贸区营商环境的特色指标分析和自贸区其他现状分析得出自贸区存在的问题，做到了定量分析与定性分析方法相互结合。

第 2 章　自由贸易区的相关概念和理论

2.1　自由贸易区相关概念

2.1.1　自贸区定义、类型及功能

1. 自贸区定义

自由贸易区（free trade area）是指特定的国家或地区在所涉辖区内建立的一种特殊的经济区域，这个经济区域一般拥有便利的交通、优越的地理位置、享受政府的经济优惠政策和海关的便利，它是一种以对外贸易、技术交流或相关业务为基础的外向型特殊经济区域。

事实上关于自贸区的概念国际上并没有明确的表述，具有代表性的是1973 年国际海关理事会签署的《关于简化和协调海关业务制度的公约》中给出的定义：自由贸易区是指在一个国家（或地区）的某个特定区域内，货物流通自由并且享受关税等其他税收方面的优惠政策，也不像一般商品那样受海关监督。美国关税委员会定义自贸区是一个独立封闭的特殊区域，在该区域内，只要商品不流入国内市场，再出口的商品就可以获得关税豁免权即免收关税。在中国的《中国利用外资基础》一书中认为，自由贸易区是在一个国家范围内但不属于海关管辖内，以达到双方贸易为目的的特殊经济区域。

目前，除了自贸区，自由港也是一个国家对外贸易的特殊区域，基本上这两个区域功能一致，但自贸区功能多于自由港，是自由港功能的延伸。在

自贸区除了可以生产以贸易出口为目的的产品，也可以发展与之配套的金融服务、保险咨询、仓储等其他产业。在其他方面从表 2－1 中可以看出自贸港的关税政策更优惠，在出境签证、公司注册和货物审批等方面手续更加简单，更兼具自贸区所不具有的离岸金融功能。

表 2－1　　　　　　　　　　　自贸区和自贸港的区别

区域	关税政策	出境签证	公司注册	货物审批	税收政策	离岸金融
自贸区	关税优惠	必须签证	需要报批	先报关后进货	优惠小	不具备离岸金融特性
自贸港	零关税	落地签	不需要太多审批	先进货后报关	优惠大	可进行国际资本运作

资料来源：根据文献整理。

　　作为特定国家或地区的政府部门在所涉辖区内设立的特殊经济区域，自贸区可分为两类。一类是全面的自由贸易区（FTA），指签订自由贸易协定的一些国家或地区的组合。各成员签订自由贸易协定后，货物贸易的数量受到一定的限制，并且商品交易过程涉及的关税在各国之间互相取消，使产品在成员之间自由流通，获得互补优势，促进共赢互利发展。例如，东南亚国家联盟（ASEAN）、中日韩自贸区（CJK FTA）。另外一类是自由贸易园区（FTZ），是指在国内创建的多功能经济区，它的主要作用体现在税收方面有一定的优惠，实行特殊的海关监督和管理职责，以开放贸易和便捷化为主要目标的特定小块区域。这两类自贸区在定义方面存在着很大的差异，但是也有相同的功能，都能促进贸易与投资的发展（见表 2－2）。

表 2－2　　　　　　　　　　　FTA 和 FTZ 的比对分析

项目		全面的自由贸易区（FTA）	自由贸易园区（FTZ）
不同点	参与主体	主权国家或单独关税区	单个主权国家或地区
	区域范围	两个或多个国家或单独关税区	单个关境内的一块地区
	国际惯例依据	世界贸易组织	世界海关组织
	主要政策	各成员相互市场开放、消除贸易壁垒、各自对外贸易政策独立	以海关保税、减免税为主，辅以国内税费优惠
	法律依据	双边或多边贸易协定	国内法律法规
相同点		设立目的均是为了减少国际贸易与投资成本，推动外资与投资发展	

资料来源：由文献资料整理而得。

本书研究的中国（浙江）自由贸易区就属于自由贸易园区（FTZ），因此本书所称自贸区特指自由贸易园区。

2. 自贸区类型

国际上对自贸区的类型并没有统一的规定也没有标准范围，各个国家自贸区类型也各有不同。自贸区的多样性由各个国家和地区地理客观因素和发展情况决定。通常来看，一些人多地少，经济不是很发达的国家和地区的自贸区一般以出口加工型为主，而沿海的港口城市或者处在交通要道的国家或地区的自贸区往往以转口贸易为主。也有一些国家，既可以选择发展多功能的综合性自贸区，也可以选择根据自身的地理环境、经济结构和发展水平采用其他类型的自贸区发展模式。各个自贸区根据其比较优势的不同，主要有以下几种发展类型：

（1）出口加工以及物流集散模式。这个类型的自贸区多出现在亚洲、非洲的一些加工制造业集中的国家或地区。该类型自贸区是全球产业转移的中心，出现在二战之后，在一些发展中国家发展非常迅速，但是在像菲律宾等大部分发展中国家的自贸区产业结构中，转口贸易和仓储运输等服务只是占据辅助地位，加工业仍旧是主导产业，这是由于发展中国家的产业能力有限，无法全面发展自贸区产业。

（2）转口集散或物流配送模式。所谓的转口集散或物流配送模式就是利用自贸区优越的地理位置优势，积极发展商品的储运、中转、商业性加工和港口的装卸等业务。这个类型的自贸区多见于欧洲的一些国家。例如德国的汉堡等西欧一些沿海的重要港口城市，其设定的港区为自由港，充分利用其地理位置的优势和交通要道优势，有不断向贸易枢纽发展的趋势。

（3）保税仓储的模式。这个类型的自贸区以荷兰阿姆斯特丹港自由贸易区为主要典范，在长期的一段时间内，一直处于保税状态，境外商品无须办理进出口手续就能进入自贸区内，侧重发展保税。

（4）商业批发零售型模式。这种类型的自贸区不多，最出名的就是智利伊基克自由贸易区，这个自贸区所在的区域是智利北部唯一一个免税商业购物中心。

（5）贸工结合，以贸易为主的模式。这种模式的自贸区主要是在美国。

在全球范围内，美国的自贸区数量是最多的，发展也是最为快速的，这些自贸区以进出口贸易为主，同时配备简单的装配生产和加工辅助。

（6）综合发展模式。这种类型的自贸区主要出现在亚洲部分国家和地区，例如新加坡、中国香港等。这类自贸区遵守的原则就是无论货物商品是转口输出还是用作境内消费，只要在一定的自贸区范围里面，都不收取关税。这种类型的自贸区可以利用其固有的比较优势，将产业集群不断发展壮大，从而构建多样化的产业集群，以利于产业发展的完整性和多样性。

3. 自贸区功能

自贸区的产生是为了提高贸易的便利性，因此在自贸区功能的设定上会根据自贸区自身的地理区位条件、进出口贸易的情况和设区的目标而决定。从全球范围上看，自由贸易区主要有两种基本功能。一种是发展转口贸易，包括离岸转口贸易。利用自贸区的地理优势、交通优势、仓储和对周边地区的辐射作用积极发展转口贸易，例如中国的香港、新加坡、德国的汉堡等自贸区。另外一种是发展出口加工贸易。这个功能多见于一些发展中国家和地区，特点是可以利用当地相对廉价的劳动力和较低的生产成本。

一些综合型的自贸区包含的功能较为广泛，除了上述两种基本功能外，综合型的自贸区还有其他一些功能。例如，仓储以及国际配送功能，充分利用自贸区港口的优势和运输条件，积极发展物流和仓储功能，对自贸区的进出口货物进行分拨和出口集聚；商业零售功能，通过免税店的模式，发展商业零售，这是自贸区与普通大众消费人群关系最为密切的一种功能，通过发展商业零售功能，吸引大批消费人群带动其他产业例如旅游业等发展。除了以上这些功能之外，自贸区还有一些衍生功能，例如金融保险功能、信息咨询功能、商品展示功能等，这些功能随着自贸区的发展而发展，同样，这些功能的发展也促进了自贸区的发展。

2.1.2　自贸区的发展历史

自由贸易区的发展可以分为三个阶段：

1. 初步形成阶段

早在古希腊时期，泰尔和迦太基两个港口就被认为是世界最早的自由贸易区和港口的雏形。在这两个港口，腓尼基人进行贸易往来可以不受国家的监管和其他外来障碍，可以对进入该港口的外来货物进行贸易保护。到了 13 世纪初，法国效仿古希腊的做法，在南部的马赛港口划出部分区域，在这个区域内实行货物自由进出、免税等一系列优惠政策。随后德意志在 14 世纪 60 年代建立了自由贸易联盟，也叫"汉萨同盟"。根据其他国家的经验，意大利在 16 世纪 40 年代建立了全球首个自由港——雷格亨自由港。之后，越来越多的国家相继成立了自由港和自由贸易区，自由贸易区开始发展。

2. 逐步发展阶段

自由港和自由贸易区经历过一段发展停滞时期，直到二战以后，各国开始把重点转移到发展国家经济上，自由港和自由贸易区又进一步发展起来。各国和地区通过税收优惠等政策吸引外商投资。这个时期，出现了"出口加工区"。1966 年中国台湾的高雄出口加工区成为了全世界首个被命名为"出口加工区"的自由贸易区，并快速促进了中国台湾的经济发展。[①] 至此，出口加工区逐渐成为了发展中国家和地区促进经济发展的重要区域。

3. 迅速发展阶段

20 世纪 60 年代之后，随着各国对外贸易的进一步发展，各国都越来越重视与其他国家的合作，区域经济一体化逐步形成，一些发达国家将一些产业逐渐转移到发展中国家，发展中国家经济也进入了快速发展时期，自由贸易区进入了蓬勃发展阶段。各个国家在自由贸易区的基础上不断地进行创新发展，涌现出了自由经济区、免税区、保税区等，自贸区的形式也变得多样化和综合化。形式的变化使自贸区的功能也更完善，各个国家根据自身国情颁布了进出口贸易、金融服务、产品加工储存等政策，进一步完善了自贸区的功能，提高了自贸区在运行、管理、服务等方面的能力。

---

① 钟坚. 台湾加工出口区的产业升级与制度变迁 [J]. 台湾研究，2002（1）44 – 49.

2.1.3　自贸区的主要特点

贸易便利化是指采用一种全面综合的办法，使复杂烦琐的商品交易被不断简单化，费用也不断减少，确保所有交易活动在标准的基础上是行之有效、公平公正和可预测的，这是国际公认的准则和最优的手段。该方法包括交易程序的简明化和协调运作，跨境各个要素的流动性不断加速。首先，促进贸易自由化，减少烦琐程序造成的不必要工作，物资和时间的不必要浪费，以及合理分配和有效利用人力、财力和物力资源。其次，实施货物免税进口。货物免税进口是指从境外进口的货物，海关进行手册备案后，不需要缴纳关税，可以彻底消除国际重复征税，使纳税人实际享受到来源国给予的优惠。最后，实施税收优惠。税收优惠是政府利用税收管理经济交易的一种手段。它可以在税法和行政规章中使用税收政策的措施，减少或消除某些企业和特定税务对象的税务负担。这将有助于合理调整产业结构，合理分配相关资源，加快经济的商业化发展。

2.1.4　自贸区的性质与作用

充分的理论储备是保证改革实践的重要前提，因此，要深入、顺利地推进自由贸易区的建设，需要在理论层面更深层次地理解自由贸易区的性质和作用，只有这样才能帮助我们更好认识浙江自由贸易区存在的问题，并持续地推进自贸区的改革建设。

1. 自由贸易区的性质

在本质上，自由贸易区是发展对外贸易、加快经济发展的一种经济运行机制或工具。它的这种性质主要体现在自由贸易区设立的目的、区域内活动的内容和区域范围的局限性等几个方面。

首先，从建立自由贸易区的目的来看，建立自贸区，在关税和其他税收方面为企业提供了优惠，但是这种优惠也是以获取地方经济利益最大化为目标。自贸区带动了所在地方经济发展，实现了增加就业，同时引入了先进的管理技术，一些科学工业园区引进的高级人才不仅促进了地区的科学技术水平发展，还加快了产业的革新换代。同时，新的科学经营方式进一步拓宽了国际市场，促进了进出口贸易，加快了所在地区的对外开放水平，实现了通过发展外向经济从而带动本地区和国家的经济发展水平。

其次，自贸区的性质还在于区域内的活动局限在特定的经济范围之内。不同的自贸区之间的业务范围和功能也不同。在发展过程中，业务范围和功能经历了从只允许贸易业务往来和简单的必要产品加工，到允许区内进行商品和货物的加工制造，再到允许贸易往来、商品的制造加工、物流、商品的展示及各种配套的商业活动等综合型自由贸易区的出现和发展。虽然不同时期自由贸易区对企业活动内容和范围的限制不同，但是它们的共同点就是在区域范围内只能进行符合政策相关规定的贸易活动、制造加工、物流等经济活动和商业服务活动。

最后，自由贸易区只是用来完成特定经济贸易活动的特定场所，不允许外来人员在园区内的长期居住。一般情况下，大多数的自由贸易区都是用护栏、铁丝网等隔离起来的特殊封闭场所，自由贸易区仅仅是进行经济贸易往来和经济管理活动的地方，是人们进行经济活动或管理经济活动的工作区域，不允许居住。

因此，自由贸易区本质上就是一种经济运行体制或机制，是特定国家或经济体完成经济目标的一种手段。一个目标清晰、定位准确、功能结构完整、管理规范的自由贸易区，在当今经济全球化背景下，如果充分发挥其综合优势，就能产生巨大的经济效益，实现地区及国家高速经济发展。

2. 自由贸易区的作用

自由贸易区的性质决定了它具有明显的外向型经济的特征，因此，自由贸易区的作用也是双向的。作为一个国家或地区实现经济目标的一种特定手段，自由贸易区势必对一个国家或地区的经济产生特定的作用；同时作为一种对外开放联系世界各经济体的重要机制，必然也对国际贸易和世界经济产生特定的作用。

（1）自由贸易区对国际贸易或世界经济产生的作用表现为：从国际贸易角度来看，自由贸易区是国际贸易产生的结果，同时自由贸易区也是目前国际贸易机制中最为开放和自由度最高的经济机制，因此，自由贸易区是一种可以有效促进国际贸易发展的经济体制。具体表现在：

第一，自由贸易区的对外开放性促进了国际贸易的发展。所谓的开放性指的是商品、人员、资金都可以进入自由贸易区享受自由贸易区的一系列优惠政策，换句话说，只要在自由贸易区内，外来的商品、人员在准入标准上才是机会均等的。自由贸易区特定的开放性进一步推动了国际贸易的发展，因为在一定程度上，它克服了贸易保护主义等对较为落后国家的贸易利益保护，比如，在自由贸易区内利用转口贸易功能对商品进行重新包装或进行贴商标的方法打破了一些发达国家的配额限制。

第二，自由贸易区特殊的优惠政策可以有效地降低贸易费用，促进国际贸易的发展。自由贸易区除了可以豁免关税外，往往还有其他方面的优惠政策，能减免一些税收项目，在自由贸易区内的土地租用、厂房租用、水电费用方面也有一定政策上的优惠，同时区内还有完整配套的服务设施，例如货物的装卸、整理、打包等。这些政策在很大程度上减少了商品在生产、加工、贸易往来时的费用，推动了国际贸易的发展。

第三，自由贸易区内提供的贸易便利服务促进了国际贸易的发展。所谓的贸易便利条件指的是区内商品、货物进出的自由方便优势和商品在待售期间内储存、整理的便捷优势。在自由贸易区内，外来商品、货物可以自由进出并且手续便捷，区内设立了一系列货物储存和商品展示的服务功能；对于那些还未出售的商品，商家可以自由地运出或进行商品的重新包装整理或是分类出售，可以利用展示或者储存等待时机出售。总的来说，自由贸易区为商家提供了一个具有一系列便利措施服务的市场交易场所。

第四，自由贸易区功能的多样化创作了贸易的新机会。随着自由贸易区的不断变化发展，自由区的功能也不再局限于贸易，加工制造业的发展为国际贸易带来了新的机会，加工制造业不仅拓展了自由贸易区的经济范围内容，同时进一步增加了出口商品的数量种类，对一些生产原料、生产设备和零部件的需求也促进了国际贸易的发展。

总的来说，自由贸易区是国际贸易发展的结果，同时又推动了国际贸易的发展，两者是互相支撑、互相促进的关系。在全球化经济发展的当下，自由贸易区除了是促进国际经济贸易发展的重要机制外，也对世界经济产生了重要影响。自由贸易区日益增多的功能也推动了资本、技术在全世界范围内的流动，促进了产业结构的转型升级、产业分工等，对国际贸易和世界经济发展发挥了重要作用。

（2）自由贸易区对国家和地区经济发展具有积极意义，具体表现在：

第一，通过自由贸易区加快了对外贸易的发展，增加了国家和政府的外汇收入。《2019 中国自由贸易试验区发展报告》统计显示，截至 2018 年底，我国共有 11 个自贸试验区（不包括海南自贸试验区）累计新设企业 61 万家，其中外资企业 3.4 万家。这些自贸区以不到全国万分之二的面积，吸引了 12% 的外资，创造了 12% 的进出口量，在打造法治化、国际化、便利化营商环境方面发挥了重要作用，成为推动新时代经济改革开放的重要手段。外汇收入的快速增加有利于国家和地区的国际收支平衡。

第二，自由贸易区业务功能的增加可以为国家和区域增加就业机会。自贸区不断地拓展业务功能提高了国家和地区的就业水平。特别是制造加工业需要大量的劳动力，能创造大量的劳动机会。2020 年汇丰银行研究数据显示，目前世界 119 个国家和地区已建立了 2300 多个自由贸易区，出口总额超过了 2000 亿美元，创造了 4000 多万个直接就业岗位，间接就业岗位高达 6000 多万个，为这些国家和地区缓解了就业紧张的压力。

第三，通过自由贸易区还可以吸引外资，引进先进的技术和管理理念，促进本国和地区的产业升级改造，加快产业的发展。早期的自由贸易区功能比较单一，仅仅是贸易往来的交流，现代的自由贸易园区功能非常多样化，拓宽了自由贸易区对本国和地区的积极影响渠道。现代的自由贸易园区允许加工制造业和高新技术产业在园区进行自由活动，并且园区内有很多优惠政策吸引外资，引进先进技术。以中国台湾为例，20 世纪七八十年代是台湾出口加工区发展的黄金时期，外资的利用和先进技术的优势推动了台湾经济的快速发展和产业的更新换代。自由贸易区的快速发展不仅成为外贸企业的集聚地，同时也越来越多地汇集高新技术产业，成为了先进技术和管理理念的集聚地，为传统产业的改造升级提供了便利条件和技术支持。

总体上看，自由贸易区是一种有效的经济运行机制和手段。既可以服务发达国家也可以帮助发展中国家。特别是对发展中国家来说，设立自由贸易园区不仅可以发展对外贸易增加外汇收入，还可以吸引外资，引入先进的科学技术和管理理念，帮助国家和区域的经济社会发展。但是自由贸易园区的持续、健康发展还需要诸多内外条件的支撑。

2.1.5　自贸区发展的内外支撑条件

从众多的文献资料和自贸区的实践中我们可以发现，不同国家的自由贸易发展轨迹是大相径庭的。有的发展很快获得了巨大经济效益，有的发展踯躅不前最终归于失败，有的经历了从繁荣到平稳再到衰败的过程，因此片面地认为自由贸易区对本国和区域具有积极意义是不准确的，自由贸易区的成功运行需要多方条件的有力支撑。

1. 自由贸易区成功发展的内在因素

自由贸易区的内在支撑条件是决定自由贸易区能否成功运行发展的关键。所谓的内在支撑条件指的就是自贸区本身所具备的竞争优势，也是组成自由贸易区基本特点的重要部分。作为特殊经济区域的自由贸易区的竞争优势也是区别于非自由贸易区的重要特点。自由贸易区的内在竞争优势具体表现在：

首先是地理区位方面的优势。早期的自由贸易园区基本都在国家的重要港口、城市要塞等一些交通枢纽，因为这些地方存在着自然优势，是商业中心往来的聚集点。这个特点一直持续到现在，目前世界上一些有名的自由贸易区依然是建在拥有天然良港、广阔的航运辐射范围和国际航道上。例如德国的汉堡、新加坡等。自然条件的优势为自贸区的成功奠定了良好坚实的基础。

其次是基础配套设施的完备性。自由贸易区不仅具有便捷的交通设施，同时在基础配套设施方面也具有一定的优势，不仅有配套的水电设施、网络设施、通信设施，还可以为商家提供厂房、仓库等一些货物储存空间。

最后是自由贸易区的政策优势，这也是它区别于非自由贸易区的重要特点。政策优势包括：关税豁免、财务政策优惠、信贷政策优惠、补贴优惠、海关手续便捷等。

总的来说，政策优惠是自由贸易区优势的核心，是自由贸易设立和发展的前提，也是自由贸易区成功的关键。而优越的区位优势和自然条件是自由贸易持续发展的必要条件，是自由贸易区获得竞争优势的关键，同时完整的基础配套设施是自由贸易区发展的保障因素。这些因素的组成是自由贸易区成功运行的一部分，有些自贸区虽然拥有以上的优势但没有取得巨大成功，因为除了这些因素之外，自由贸易区的成功运行还需要其他因素的支持。

2. 自由贸易区成功发展的外在因素

由于自由贸易区是随着国际贸易的发展而出现的，因此特定时期、特殊区域的国际贸易需求量对自由贸易区的发展规模和前景具有重要影响。同时，随着自由贸易区功能的不断拓展，国家的政策经济环境因素对自由贸易区的影响也越来越大。发达繁荣的国内腹地经济会增加对外贸易的需求量，往往也伴随着出口和投资需求的增长，推动了自由贸易区的繁荣发展。除了本国经济政治环境的影响，国内外的政治局势对自由贸易的影响也很大，甚至决定了自由贸易区的成败。例如，经过两次世界大战，很多战前的自由贸易区遭到破坏，有的虽然还在但是经营惨淡，有的则成了战争时的经济附属品。因此二战后的自由贸易区的快速发展以自由贸易区的重建和转型为主。

可以看出，自由贸易区的成功还取决于国内外复杂多变的政治经济因素。虽然对自由贸易区来说政治环境因素具有不可控性，经济环境因素也在不断变化之中，但是相对于政治环境来说，经济环境等内在支撑因素才是关键，毕竟它们是自由贸易区的"管理者""规划者"，决定了自由贸易区的竞争优势能力。

2.2　自由贸易区相关理论研究

2.2.1　绝对优势理论

绝对优势理论最早是由 18 世纪英国古典经济学家亚当·斯密在他的著作《国富论》中提出的。亚当·斯密认为每个国家都应生产自己具有绝对优势的产品，通过国际贸易的方式获取其他国家生产的具有绝对优势的产品。

那么，如何衡量某种商品是否具有绝对优势呢？亚当·斯密用了葡萄酒的例子来说明：苏格兰的气候不适合葡萄的生产，但是通过其他技术也可以生产好的葡萄，或者利用较好的酿酒设备也可以生产好的葡萄酒。但是这样生产的葡萄酒成本远远高于从国外进口好的葡萄酒，因此在苏格兰种植葡萄不如从其他适合种植葡萄的地方进口葡萄。亚当·斯密认为的绝对优势指的是生产某种商品时，假如一国或地区比另外一国或地区的效率更好，那么我们可以说这个国家或地区拥有这个商品的绝对优势。绝对优势也可以根据劳动生产率来衡量。假如一国或地区生产某种商品时比另外一国或地区投入的劳动力更少，或者单位时间内可以生产更多的商品，那么我们可以说该国或地区拥有生产该商品的绝对优势。总体来说，国家或地区的绝对优势来自于劳动生产率的差别。

亚当·斯密的绝对优势理论具有以下几个方面的积极意义：

（1）首次从生产的角度解释了国际贸易产生的基本原因。

（2）首次肯定国际贸易可以为双方国家带来经济效益的同时，也可以解决国家间进行自由贸易时产生的障碍问题，这为之后国际贸易理论的形成和促进国际贸易的发展奠定了基础。

（3）根据劳动价值论和经济学的理论思路分析国际贸易，并将商品的绝对成本差异作为国际贸易理论发展的基础，奠定了之后国际贸易古典理论的发展基础。

（4）第一次提出一国或地区可以利用国际分工、专业标准化生产等方式提高劳动生产率，并将劳动分工的理念从原来的区域范围推广到国际范围。

（5）解释了国际贸易发生的原因，各国或地区可以利用各自的生产优势进行商品生产，并进行国际贸易，各国或地区通过国际贸易最终各自获利。

虽然绝对优势理论在当时为推动国际贸易的发展产生了很多积极意义，但是它也存在着一些不足。首先绝对优势理论成立的前提条件是假设机会成本是固定不变的，但是实际生产过程中，大多数情况是生产要素的部门间的转移会造成机会成本的变化，从而引起国际分工结构和分工程度的变化，因此绝对优势理论不能完全解释国际贸易中产生的问题，需要进一步完善。其次绝对优势理论没有明确指出当一国或地区在生产两种产品时的成本都处于不利情况下，交易双方是否能通过国际分工或国际贸易来实现经济利益的最大化。

2.2.2 比较优势理论

以亚当·密斯的绝对成本理论为基础，1817 年英国经济学家大卫·李嘉图在《政治经济学及赋税原理》中提出了比较优势理论。这个理论解决了"当一个国家所有商品都具有绝对优势或绝对劣势时，是否可以进行自由贸易"的问题，具有较强的实用价值和经济解释能力。比较优势理论认为，当两个国家开展经济贸易往来时，不是取决于双方是否具有绝对意义上的优势，即使有一方在两种商品生产制造中都处于劣势地位，但是当其中一种商品具有相对较高的生产效率时，该国便处于有利的地位。该国家可以集中生产要素生产制造处于比较优势的商品，而对于相对弱势地位的商品采用进口方式，不鼓励自主生产。因此每个国家都应该集中生产具有比较优势的商品，进口比较弱势的商品，从而达到国际收支平衡，节约生产成本，提高双边经济效益。

比较优势理论阐述了在国际贸易往来中，商品的流动是从比较优势的国家流动到比较劣势的国家，对我国及其他发展中国家具有较强的指导意义。目前，我国及世界上其他发展中国家建立的一些特殊监管区域，例如保税区、综合保税区、保税港区、出口加工区等，都是利用当地廉价的劳动力和土地资源再加上政府政策的有力支持从而降低生产成本，发展劳动密集型产业，吸引外商投资，获取由资源禀赋差异而形成的经济效益，其指导理论属于静态比较优势理论范畴。但是，静态比较优势理论是建立在一系列严格的假设条件之上，例如商品价格完全取决于生产要素、生产技术固定不变、生产资源数量和质量都不变、市场处在完全竞争的市场状态下等。这些假定条件与我国当前的经济环境差距较大，容易导致我国出现贸易条件恶化和贫困现象增加的问题，从而陷入比较优势的陷阱当中。但是随着经济的发展，我国的劳动力成本和土地资源成本越来越高，我国海关特殊监管区域特别是浙江等长三角地区的传统优势明显下降，完全依赖资源禀赋和优惠政策的发展模式难以推动区内贸易产业的进一步发展，作为对外经济重要窗口的保税区面临着重新定位和转型升级等问题，需要重新寻找新的比较优势，探索新的经济增长方式，提高贸易竞争力，实现经济贸易的进一步增长，因此经济的发展除了需要静态比较优势理论，还需要引入动态比较优势理论。

在静态比较优势理论的基础上，经济学家们又把政府政策、公共关系等相关资源引入贸易理论中，形成了动态比较优势理论，以更好地为自由贸易的建立、发展提供理论支撑。

动态比较优势理论建立在静态比较优势理论上，同时也发展了传统国际贸易理论，因为它引入了市场需求、产业规模、人力资源等一些新的资源要素，提出了比较优势不是固定的而是不断发展的，这为自由贸易区的发展提供了重要的指导意义。在发展中国家，一些开放程度低、经济欠发达的地区可以利用比较优势（劳动力资源、土地资源和政策优惠等）发展劳动密集型产业。伴随着经济发展和各方面要素的变化，一些比较优势会逐步消失，因此这些发展中国家可以通过选择更深层次的开放模式或进行相关产业的升级来发现新的比较优势。

亚当·斯密的绝对优势理论和李嘉图的比较优势理论构成了古典贸易理论，古典贸易理论要求生产和出口比较优势产品，进口比较劣势产品。古典贸易理论的成立是建立在一些假设条件基础上的，例如劳动力是唯一的生产要素、市场是完全竞争状态、规模报酬固定不变。这些都形成了国际贸易理论的初步框架，为之后假设条件的进一步放宽提供了重要前提基础。

2.2.3　要素禀赋理论

李嘉图的比较优势理论认为劳动生产率是国际贸易发生的主要原因，而要素禀赋理论则从另外一方面解释了国际贸易发生的原因。要素禀赋理论是新古典贸易理论中的代表理论，简称 H-O 理论，是由瑞典经济学家埃利·赫克歇尔和波尔蒂尔·俄林提出的。该理论认为国家间的生产效率具有差异性，劳动力不是唯一的因素，这个差异性还体现在各国生产资源和生产要素的丰富程度和密集程度，要素禀赋的差异造成了各个国家制造能力的差距，因此各个国家生产制造同一商品的生产成本不同，产品价格也就不同。该理论阐述了不同的商品需要不同的生产要素比例，而不同的国家拥有的生产要素也是不同的，各个国家间需要出口那些要素禀赋丰富的生产要素所生产的商品，进口那些本国要素禀赋相对弱势生产要素制造的商品，从而达到贸易平衡，既能从本国丰富要素禀赋生产制造的商品中获得利益，又能得到本国要素禀赋相对短缺生产制造的商品。要素禀赋理论阐释了在生产同一商品时，不同国家生产制造的成本是不一样的，这也是造成国家间竞争力高低的原因。各国应尽可能利用供给丰富、价格便宜的生产要素生产廉价产品进行输出，以换取其他国家价廉物美的商品。浙江处于中国资源相对丰富的长三角地区，具有丰富的自然资源和充沛的人力资源，适合出口劳动力相对比较密集的商品，因此浙江在服装纺织品、家电等方面出口贸易发展非常迅速。

虽然要素禀赋理论从资源要素的角度进一步解释了国际贸易发生的原因，并从各国的实际生产优势出发，综合考虑了国际贸易产生和利益分配等一系列因素，分析了国际贸易产生的关键，是对斯密、李嘉图经济理论的进一步深化，并且更符合现在的国际贸易形势，许多国家现在仍以此理论作为国家实行对外开放的理论依据，但是该理论还是存在着一定缺陷。

首先自然禀赋是国际贸易发生的必要条件但不是贸易发生的充分条件。这是因为一个国家在实施对外开放战略时，还必须考虑社会因素，社会因素是个非常重要的因素，因为不考虑社会因素，很多国际贸易问题得不到合理解释。例如，尽管很多国家的要素禀赋很相似，但是国际贸易发展的格局却大相径庭，存在着很大差异，针对这种情况，要素禀赋失去了它原有的解释作用，需要选用其他方法来解释这个原因。同时要素禀赋理论表现的是一种静态结果，除了自然禀赋外，一些国家的社会经济发展状况也是国际贸易产生的后天因素。例如，一个国家的资本丰富程度大多数取决于该国社会经济发展情况，人力资源也是从一般的劳动力发展成为高级的智力型劳动力，这是社会经济发展的结果同时也是促进经济社会发展的动力。其次，要素禀赋理论存在的前提假设中没有考虑技术进步和其他经济发展实际因素，而技术进步又是在国际贸易发展中占据着重要地位的关键性因素。因此，一味地坚持要素禀赋理论会导致经济结构固化，一些发展中国家固执地坚持所谓的自由优势，而忽略技术进步提升，这必将影响其经济发展速度。最后，要素禀赋理论没有从需求方考虑。在当前的国际经济贸易活动中，需求已经逐步成为了各国间调整国际贸易的重要影响因素，也是各个国家间实施经济政策中要考虑的重要因素。

2.2.4　发展极理论

该理论是指发展不能同时发生在各个地区，而是集中分布在特定区域，通过极化效应促进地区间的平衡发展，实现地区或区域间完整的经济发展理论体系。该理论对自由贸易园区的发展具有重要的理论指导意义。发展极理论是 1955 年由法国经济学家弗朗索瓦·佩鲁克提出的，之后法国经济学家布代维尔将增长极理论引入区域经济学当中，美国经济学家弗里德曼和赫希曼在不同程度上进一步发展了该理论。从区域上看，不同地区的经济发展速度是不一致的，而具有发展潜能的支柱行业往往聚集在特定的某一区域，从而形成了一个中心点，这个中心点就是所谓的发展极。发展极当中汇聚了大量的先进技术和雄厚的资本，从而产生强大的规模效应，不仅实现自身的快速发展，同时还可以辐射周边区域，引导周边区域的发展，这就是所谓的"扩散效应"，把单一的影响力扩散到整个经济体系当中去，促进经济的整体发展。因此，为推动一个地区经济的整体发展，通常先选定特定区域为发展极，以此引导周边地区的经济发展。

但是发展极理论忽略了发展极对落后区域的消极影响，因此瑞典经济学家缪尔达尔又提出了回波效应，以进一步完善发展极理论。回波效应提出优先发展特定区域虽然对周边区域有积极的扩散效应，但是也会产生消极的回波效应。例如，落后区域内的资源、劳动力、资本被发展极吸引走，进一步减缓了落后地区经济发展速度，加剧了区域间发展不平衡的问题。因此，只有当扩散效应大于回波效应时，发展极才能更好发挥作用促进经济的整体发展。

一些模型也证明发展极理论的不足之处。例如，一些学者通过赫克歇尔－俄林模型构建了某国贸易出口区的福利－效益模型，通过利用成本和效益分析方法发现，尽管在贸易区内从事出口加工可以产生巨大的福利和效益，但是对该国却没有产生明显的福利和效益（Hamilton，Carl，Sbensson & Lars E O，1982；Hamada & Koichi，1974）。相反，有学者通过帕累托模型发现某国贸易区内产生的福利和效益对该国也能贡献明显的福利和效益（Facchini，1999；Wilh Tiann，1987）。

我国是个地广物博的大国，客观因素决定了我国的经济发展不可能均衡。通过发展极理论可以很好解释我国的经济发展情况。我国利用该理论将经济效益好、开放程度高、发展潜力大、科技创新水平高的区域作为中心极，通过扩散效应带动周边区域经济的发展。通过建立保税区、自由贸易区、经济特区，将这些区域作为我国经济开放发展的前沿，正是体现了结合实际国情的发展极理论的核心内容。

2.2.5　非均衡增长理论

自由贸易区通常是被认为一个国家以优惠的政策在资源较为丰富、经济比较发达的地区建立的特殊区域。以阿尔伯特·赫希曼（Albert Hirschman）为代表的经济学者们根据"非均衡增长"的经济理论来解释自由贸易区设立的合理性和必要性。该理论认为国家或区域的经济发展是非均衡的，发展中国家不应该回避这个问题，相反应当鼓励"非均衡增长"，发展中国家应通过建立自由贸易区，加快与世界经济体系和管理体系的接轨，在促进本国经济发展的同时，为其他国家或地区起到示范作用。通过研究发现，设立自贸区不仅能降低贸易成本，还可以促进服务业的全球外包和企业间的供应链合作（Robles，1986；Comwell，1988）。自由贸易园区是一个国家对外开放的重要窗口，可以提升本国在国际上的影响力和竞争实力，引导本土企业走出去，融入全球产业链当中去（Rheetal，1990）。此外，越来越多的国家设立自由贸易园区获得了巨大的经济效益，学者们也对这些国家进行了研究，论证了自由贸易园区对促进经济发展的重要作用。通过研究 1993～2011 年美国自由贸易区经济发展的数据发现，美国自由贸易区对其经济发展具有巨大的促进作用（Boll Mary Jane & Brock R Williams，2012）。学者们对自由贸易区的建立、发展展开了很多研究，但是通过研究相关文献可以发现，经济学界对自由贸易区的设立对一定区域内经济发展的影响存在着一定的分歧。

赫希曼提出了"极化－涓滴效应"理论。该理论认为发达地区的经济快速增长会对经济不够发达地区的经济增长带来不利的"极化效应"和有利的"涓滴效应"。研究发现，一个国家在经济发展的初期，"极化效应"对其经济影响较大，造成国家区域经济发展的不平衡。但是在长期发展中，"涓滴效应"慢慢超过了"极化效应"，区域经济发展差距逐渐缩小。因此，对于发展中国家来说，政府应当鼓励"非均衡增长"，通过建立自由贸易区，先行发展一部分区域，之后带动落后区域发展，最终实现经济的均衡发展。同时，政府还可以加强对落后区域的帮助，加大对落后区域的投资，从而减少"极化效应"，确保各区域间的均衡发展。

米尔顿·弗里德曼（Milton Friedman）在他的著作《区域发展政策》中提出了"核心－边缘"理论，该理论认为区域经济的增长势必带来经济空间结构的变化，这种空间结构的变化被分为四个阶段。首先在经济发展初期，资源、劳动力、商业会集中在区域的核心部分，之后随着经济的发展，慢慢地这些资源扩散到区域边缘地区，直到边缘区域完全消失，达到区域差异的最小化也就是区域间的均衡发展。

威廉姆森（Wiliamson，1965）在对 24 个不同国家的经济增长数据进行深入分析后提出了 U 型理论，该理论认为随着经济发展速度的不断加快，区域间的差异会经历一个从逐渐扩大到逐渐缩小的过程。

也有学者持有与上述理论不同的意见，例如"循环累积因果"理论，该理论将资本在发达区域和落后区域流动引起的经济增长效应称为"回流效应"和"扩散效应"。所谓的"扩散效应"指的是发达地区对落后地区的投资活动，反之则是"回流效应"。在经济市场机制的促使下，这两种效应可以同时并存，但是"回流效应"会先于或者大于"扩散效应"，在空间结构上造成"地理二元经济"结构，也就是发达地区和落后地区会同时出现（Gunnar Myrdal，1957）。

以上不同的理论运用不同的研究方法从不同的角度，对区域经济非均衡增长现象进行了深入的分析研究，对研究区域经济非均衡发展提供了理论依据，但是这些理论是建立在严格的假设条件之上，因此具有一定的缺陷和不完整性，并不能解决所有的非均衡增长问题。究其原因，这些理论都是假设在一个经济发展水平整体较低的区域内，通过建立经济较为发达的核心区域，研究此核心区域发展对区域经济整体均衡发展产生的影响。而本书的研究内容也具有一定的特殊性，舟山周边是上海、杭州等国内经济比较发达的城市，而舟山是相对发展较为落后的地区，在舟山建立自由贸易区会产生何种区域经济效应，无法用以上理论进行准确判断，需要进一步的研究探讨。

2.2.6 区域经济相关理论

区域经济相关理论包括了区位优势理论、区域分工理论、区域合作理论等。

区位优势理论是由美国学者索思纳德提出来的，最初是用来研究美国国内资源区域配置问题。沃特·艾萨德在此基础上，进一步将这个理论发展成为解释对外直接投资的理论。该理论解释了跨国公司企业之所以向某国或某地区投资，是因为他要获取某一方面的区位优势，例如劳动力、市场规模、市场潜力、贸易壁垒等。而具备区位优势的国家通常具有劳动力成本低、市场潜力大、生产成本低等优势吸引跨国公司的投资。因此跨国公司和被投资的国家或地区两者之间存在着相互依赖的关系，是利用彼此的优势发展自身的一个过程。针对出口加工区，该理论提出将出口加工区的优势分成一般区位优势和特殊区位优势。一般区位优势指的是自然资源优势、地理区位优势和政府优惠政策。特殊区位优势指的是完善的社会基础设施、高质量的社会发展服务、高水平的人力资源等。我国的京津冀地区、长三角地位和珠三角地区是发展较为成熟、规模较大的经济区，无论是人才优势还是地理优势、政策优势都较为明显，自贸区应抓住特殊区位优势，提高自身的投资吸引力和市场竞争力。

区域分工理论包含了劳动地域分工理论和新国际劳动地域分工理论。区域分工以区域社会经济体系的发展为基础，同时区域自然体系的性质也对区域分工产生了影响，并最终形成了区域分工。对经济效益最大化的获取是区域分工产生的主要动力。劳动地域分工包括：地域分工合作论、地域分工协调论、最大消费的满足、地域分工竞争论等部分。其中，地域分工合作论认为只有合理的劳动分工才能促进高效率的劳动合作，同时，默契的合作也能保证劳动合理的分工，分工与合作既是互为前提也是互相保障。当双方进行合作时，双方都以提高综合效益为目标，根据各自的优势及劣势进行互补，形成区域内各生产要素的最佳组合，产生协作生产力。这样不仅可以减少由于产业结构单一而形成的冲突，同时还可以提高合作整体的地位和作用，促进一国市场的统一和产业结构的优化升级，为产业的发展提供持续的发展动力。新国际劳动地域分工则认为，由于商品自身技术特征不同因此具有一定的局限性，而且存在着技术周期性、商品的生产过程要与不同国家的技术水平和发展水平动态匹配等问题，因此，营销比较优势的梯度转移，对世界生产格局和贸易格局的形成及阶段性动态变化具有决定性的作用。区域分工理论的核心是由垂直技术差异向水平技术差异逐渐发展的，是从国家间的行业技术差异向产品的技术含量和质量差异逐渐转移的。

　　区域合作理论包含了"新功能学派"理论和"经济圈"或"增长三角"理论。"新功能学派"理论通过研究美国和欧洲贸易集团成功发展的模式后发现：成功的贸易集团的成员基本都是发达的工业化国家或经济体，他们通过经济合作达到政治合作，从而形成以制度为推动力的竞争型贸易集团合作方式。"经济圈"或"增长三角"理论认为，通过制定并实施国家（政府）间的合作及开放政策，加快促进存在经济发展等级差异的发达国家或地区与发展中国家在生产要素方面进行优势互补和经济合作，以此把发达国家先进的技术优势和充沛的资金同欠发达国家的劳动力资源优势和土地资源优势进行互补结合。区域合作理论认为强有力的经济互补具有以下几个特点：地缘相近、政府政策支持和充分合作、较为完善的基础设施建设、较强的经济发展潜力，这些都被认为是具有较强的经济互补、市场驱动力的增长三角合作模式。该模式的重要作用是将生产要素进行优化升级，不仅降低了生产成本而且加强了协作区域内的商品竞争力，实现了贸易双方的合作共赢。

2.2.7　港口和腹地关系理论

近年来，关于港口和腹地关系的理论研究比较多。根据区域自由的禀赋、产业结构和生产效率的差异，劳动地域分工在地理上实现了生产要素的优势互补，从而提高了整体效率。李根柱（2006）将劳动地域分工理论归纳成以下几个观点：（1）地域分工发展论观点认为，地域分工是为了确定或调整区域产业结构和区域发展方向以最大限度地发挥区域的比较优势，可以有效地解决区域产业结构趋同的问题。（2）地域分工竞争论认为，在统一的市场区域下同时具备公平的政策环境和制度，区域之间因为争取自身的利益而展开对区域有限资源和市场的竞争，推动了区域资源的优化和经济整体利益的提升。（3）地域分工协调论认为，合理的分工可以实现资源在区域之间的合理配置，从而使区域之间、行业之间以及区域的人口、环境、资源之间实现和谐统一发展，有利于区域产业结构和空间结构的合理分配。（4）地域分工合作论认为，区域的分工和合作是相辅相成、互相促进的，分工是合作的前提，而合作又有利于分工的更好实施和向专业化发展，在分工基础上的合作使区域之间实现优势互补、资源共享，也有利于形成区域一体化，提高劳动地域分工的效率，更好地发挥劳动地域分工的作用。（5）地域分工效益论是以发挥地域优势为前提开展地域的分工与合作，从而提高工作效率，实现地域的整体效益。（6）地域分工层次论认为，要建立有序的地域分工层次体系，高层次上的地域分工对低层次上的地域分工有指导和制约的作用，使地域分工在纵向上实现有序的发展。

"港口－腹地"的地域组合是由经济和区域系统的多个子区域系统组成，包括港口或港口群、每个子区域的港口城市、腹地中的各地区等子区域。各个子区域具有不同的资源优势、经济发展优势以及比较优势，因此在区域整体发展中，各个子区域要找到适合自己的发展方向、发展重点和功能定位。但是每个子区域优势是"港口－腹地"的组成部分，必须有劳动力的科学合理分配以及垂直之间的合作分工，实现优势互补，才能将整体利益发挥到极致，达到最高的整体效益，实现子区域的最大目标。实质上，区域经济一体化就是劳动地域分工合作的最高形式,实现这一目标的基础和前提就是科学合理的地域分工以及有序地整合区域间的经济活动。可以看出,劳动地域分工理论是港口 – 腹地区域经济一体化的基础。

德国经济学家高兹在 1934 年发表《海港区位论》,对海港和腹地的关系进行了具体分析研究,提出了实行港口 – 腹地一体化的理论依据和指导思想。他认为建设海港最佳位置的选择应该遵循总成本最低的原则,当然也要考虑腹地、劳动成本和资本的因素,这些因素对海港区的腹地因素起着决定性作用,内地优势条件也是需要考虑的重要区位条件。一些自然条件优越的腹地即使没有条件良好的港口,也应该建立人工港,在优越的腹地条件和经济发展需求下选择和建设人工港。同时强调港口发展的腹地也是很重要的。内陆地区的大小、经济规模的大小和经济发展的活力度对港口的发展具有一定的影响力。与港口腹地相结合的整体区域经济结构也是影响发展的重要因素。

总的来说,港口和腹地的关系可以归纳为以下几种:(1)相互依存的关系。港口与腹地之间实际上就是相互关联、相互依赖的关系,没有广阔的腹地、没有良好的腹地发展条件与发展需求,就没有相应的港口发展,两者属于特殊的区域关系,必须把两者联系起来进行研究。(2)高度对应的区域关系。对港口和腹地的关系研究还应考虑它们之间的对应性,港口范围与腹地范围的对应性,港口规模与腹地发展需求的对应性等。(3)有机统一的组合关系。港口与腹地之间存在着内在必然联系,客观上要求港口与腹地之间形成有序的要素流动,实现资源的优化配置,使区域内部更加协调统一。(4)互相促进发展的关系。港口会形成港口 – 腹地系统的龙头,带动腹地的发展,使两者关系更为密切,形成一体。海港建设遵循总体成本最小原则,因此要求腹地与海外市场的运输距离最短。港口建成后,将成为港口和腹地的对外窗口和货物转运的枢纽,腹地要素通过这个"对外窗口"走出去,或在港口地区形成与其他要素的互补;也可以通过"对外窗口"引入外部要素,实现资源的重组和优化配置。

2.2.8 对外贸易的乘数理论

所谓的对外贸易乘数理论指的是 20 世纪 30 年代凯恩斯主义的国际贸易理论，这个理论将对外贸易和就业联系起来，从增加就业提高国民收入这方面入手，阐述保护贸易的重要性。王笑寒（2007）在研究中对对外贸易理论进行了总结，他认为对外贸易乘数指的是一国在既定的边际消费倾向下，对外贸易的收入引起了该部门消费的增加，而增加的消费会通过国民经济的产业链又使相关部门的收入和消费增加，最终对国家经济的发展和国民收入的增加产生双倍的效果。这个理论在一定程度上解释了对外贸易与国民经济发展之间的内在规律性，具有重要的现实意义。同时，这个理论也解释了国民经济体系的运行规律，认为制定和实施切实有效的宏观经济政策是非常有必要的。

第3章　浙江建立自贸区的必要性

3.1　自贸区在我国建立的背景

自由贸易区的设立对我国金融体制的改革、贸易投资的发展、政府职能的提升等均具有促进作用，同时也是我国深化改革开放的重要战略布局。

目前，全球经济开始出现增长乏力，经济呈现新的发展态势，我国设立自贸区是在经济发展新态势下力求突破、在国内寻找新发展机遇的情况下作出的重大决策，目的是激发国内经济发展的新活力，不断促进国内制度的创新和发展。因此，2013 年，我国建立了首个自贸区——中国（上海）自贸区。

3.1.1　国际形势

我国自贸区的设立深受国际形势变化的影响，主要体现在以下几个方面：

（1）无法形成统一的国际贸易规则，各个国家和地区的贸易利益达不到均衡。随着科学技术的进步和经济全球化发展，发展中国家的经济实力不断提升，并且开始从传统产业发展转型到高新技术产业的发展突破上来，在国际贸易中发展中国家的话语权也逐渐增强，全球贸易的职能转变势必产生国家和地区间分配的不均衡，再加上 WTO 组织中成员数量多，无法满足所有成员的利益诉求，造成了国际贸易规则无法统一的局面。

（2）有些国家和地区缩小谈判范围，在一定区域内形成统一的贸易协定。虽然受到难以形成统一的国际贸易规则的局限性，但是阻挡不了国家贸易发展的步伐。一些国家和地区为了更好地实现自身的贸易诉求，选择了缩小合作范围采用多边合作的形式，这种多边（双边）贸易协定具有合作数量少、容易达成一致目标、合作程度深的特点，可以更好地促进自贸区的快速发展。部分国家或地区在自贸区进行合作试验，促进了自贸区的贸易自由化。

（3）国际上贸易保护主义频频出现，一些发展中国家的贸易发展受到了影响。在经济发展过程中，由于一些发展中国家受制于高端技术发展落后，一些发达国家针对发展中国家的高科技专利权增加了关税，进一步加深了国家和地区间贸易发展的不平衡。

3.1.2　国内因素

自贸区的建立对于我国经济发展的影响也是非常重大的。改革开放以来，我国已经过了几十年的经济飞速发展，拥有了比较完善的基础设施建设和产业发展体系。近些年来的供给侧结构改革推动了经济从高速发展向高质量发展转变，制度的创新改革对于我国经济发展的转型具有显著的促进作用，因此，自贸区的建立不仅是为了更好地从我国经济发展内部寻找新的突破点，同时也是我国增加国际贸易影响力和话语权的关键点，除此之外还有以下几个关键因素：

（1）虽然我国的经济发展速度提升比较快，但是在一些领域发展还处于比较弱的情况。近几年来，我国的经济发展速度逐渐放慢，已经从高速发展转变为平稳发展的状态，人口带来的红利逐渐消失，一些制造业已经转移到东南亚国家和地区发展，传统行业使我国面临着产能过剩的问题，因此，急需寻找一条可持续发展之路。高科技的研发和推广可以为中国经济的发展带来新的动力，助力中国更好地树立在国际贸易中的地位，而自贸区的建立可以为高科技的研发提供相应的平台。

（2）随着经济的发展，政府的职能也发生了转变，被重新赋予了新的内涵。在变幻莫测的国际形势发展背景下，如何发挥各级政府和职能部门在发展经济建设过程中的引导作用显得尤其重要。制度的创新对政府加强监管职能、维护市场秩序等有着重要作用。根据全球经济发展新趋势，加快与国际制度的接轨，打造中国以开放促进改革和发展的新发展模式，是目前我国政府要达到的重要目标，因此，需要政府明确自身在经济发展过程中担当的角色。

（3）我国内部经济的快速平稳发展是在国际贸易中立足的根本。高新技术的相对落后使我国在国际贸易中丧失了话语权，但是我国拥有巨大的市场发展潜能，这是其他国家或市场无法企及的，因此，如何更好地在国际市场中占据有利地位，抢占国际贸易上的市场份额，是我国目前急需解决的问题。

总的来看，我国设立自贸区是综合考虑国内外发展形势的结果。建立自贸区以制度创新为核心，在贸易、投资、金融等方面发挥积极的正面引导作用，提高营商环境建设，可以对我国其他自贸区的发展提供可参考和可借鉴的经验。我国自贸区的设立顺应了国际经济发展形势，对内进一步促进了国内经济发展，自贸区是国内经济发展转型的重要试点区域，具有重要的经济战略布局意义。

3.2　浙江设立自贸区的必要性

浙江自贸区的设立，对浙江的经济发展具有重要的影响。自贸区优惠的政策、灵活的控管方式，将资源迅速集聚并不断发展壮大，尤其是对以物流为核心发展的现代服务业注入了新的发展活力，对浙江省经济发展具有较强的辐射力、带动力和影响力。浙江自贸区的建设发展将不断推动浙江省经济的快速发展，同时为发展提供强劲的动力，增强区域经济的整体实力，更好地参与长三角一体区域经济发展当中。

3.2.1　改变大宗商品定价被动局面，保障我国经济安全发展的需要

2008 年全球爆发了经济危机，美国、日本和欧洲等一些经济发达的国家和地区经济发生了衰退，世界经济受到了重创，但是中国作为世界上人口最

多和经济总量第三的大国，依旧保持着8%以上的高经济增长率，成为了世界经济复苏的重要推动力。随着经济发展速度的不断加快，对大宗商品原材料的需求也是逐年上升。作为世界大宗商品原材料的重要需求方，中国在大宗商品定价权上却没有话语权，甚至是作为出口焦炭、稀土等重要出口方，中国也没有多大的话语权，在一定程度上影响了我国的经济战略安全。

浙江省地处中国沿海地区，拥有独特的区位优势与海岸线资源、良好的大宗商品产业发展基础、便利的综合交通运输体系以及优越的自然生态及人居环境，具备"一带一路""长江经济带""浙江舟山群岛新区""舟山江海联运服务中心""自由贸易试验区"等多重国家经济政策和战略的叠加效应。同时，舟山港作为国内最重要的大宗商品散货集散地之一，借助长三角地区巨大的大宗商品原材料的需求量，交易规模上升速度快，处于全国领先地位。在舟山建立自贸区将会加速这种集聚效应，依托舟山天然优势发挥长三角经济带的综合优势，成为我国重要的战略物资的储存、转运、交易和加工基地，同时再加上已经成立的全国大宗商品交易中心，将进一步提升我国在大宗商品定价的话语权，保障国家经济战略安全。

3.2.2 拓展海洋战略空间，加强对外开放的需要

浙江位于中国东部沿海，海洋经济开发较早，据史料记载，古代越人很早就掌握了造船技术和航海技术，从宁波出发，到达过我国的台湾岛和日本。浙江的对外贸易发展也很早，在吴越时期对外贸易雏形已经出现，贸易伙伴包括了日本、朝鲜和阿拉伯等国家和地区。改革开放之后，浙江省经济飞速发展，特别是民营经济，浙江的对外贸易发展已位居全国领先地位。可以看出，浙江的商业经济发展不仅历史悠久而且发展迅速，其商业文化也具有较高的历史地位。

浙江经济发展基础好，对外开放程度高，物产资源丰富，不仅是我国最早实行对外开放的省份之一，同时也是我国经济发展速度最快的省份之一。浙江省的生产总值、人均生产总值和财政总收入均居全国前列，作为我国经济大省的浙江完全具备成为全国先进自贸区的先决条件。浙江自贸区的成立

由舟山市完全承接，舟山位于长三角经济带的东南部，是浙江省对外开放的重要窗口。建设浙江自贸区有利于扩展海关特殊监管区域的发展空间，减少政策限制，更好地聚集和整合国际航运、金融、保险、货物等资源，开拓海洋战略空间，同时也有利于我国进一步加强对外开放程度，更好地参与中国－东盟自贸合作、构建中日韩自贸区。

浙江自由区的建立符合我国战略安排和海洋发展战略需要，在未来将继续发挥其境内关外、适当开放，物流主导、综合配套，区港结合、协调发展，统一领导、属地管理的特点，既可以满足我国贸易开放的发展需求，又可以创新性地弥补原有海关特殊监管区域的发展不足，促进对外贸易的发展。

3.2.3　提高外向经济的便捷度，促进我国对外贸易发展的需要

浙江自贸区位于我国东部沿海地带，在地理位置上具有一定的优势，是长江经济带和"一带一路"的交汇处，不仅有利于促进东西地区的双向开放，同时也有利于开展海陆联动，更好地实现国内外资本要素的自由流动。加快发展浙江自贸区的建设是服务和落实我国重大战略决策的必然要求。特别是浙江自贸区的舟山片区，具有鲜明的海洋特色，舟山群岛由陆域和一系列海洋锚地构成，舟山片区中离岛片区面积最大，有 78.98 平方公里，舟山岛北部片区面积为 15.62 平方公里，舟山岛南部片区面积为 25.35 平方公里。舟山的地理位置得天独厚，处在我国沿海 1.8 万公里海岸线的中心位置，是我国进行贸易和运输最为繁忙的南北海运和长江水运"T"型枢纽中心，也是我国长江流域联通外海的唯一水上通道。① 同时，也是我国对外开放、面向世界、深入环太平洋经济圈的重要战略门户。

从历史角度上看，舟山还是我国海上丝绸之路重要的发源地之一。早在东汉初浙江舟山就已经开始跟日本有贸易往来，到唐朝，舟山已经成为了我国的大港之一，到两宋时期舟山的外贸发展进入了快速发展时期。进入 21 世纪，宁波舟山港不断加强与"海上丝绸之路"沿线国家的互联互通。2017 年

---

① 资料来源：中国浙江自由贸易试验区舟山片区官网。

中国交通运输部官网数据显示，浙江舟山港拥有全球总航线236条，包括114条远洋干线，70条近洋支线，20条内支线，32条内贸线，货物吞吐量超过了5亿吨，成为了我国第一大港口。浙江自贸区中的三个片区位于舟山不仅形成了海上丝绸之路与长江经济带进一步对接、融合、叠加的开放平台，加强了与长江经济带城市和港口的联系，同时也加强了与"一带一路"沿线城市和港口的联系，扩大了我国与世界主要经济体的经济文化交流。可以看出，建设浙江自贸区在我国实现现代化建设大局和构建全方位开放格局中具有重要的战略地位，是各项资本、技术，人才、信息、服务等要素的重要载体，也是各种要素资源进行全球配置的重要市场主体。

从宏观层面上看，浙江自贸区的建立对长三角地区的经济发展将产生深远的经济辐射效应和集聚效应。我国的中北部地区没有发达的自由贸易港，因此中北部地区的大企业、国际船舶、金融机构不得不选择其他较远的自由贸易港落户，例如中国的香港，显然这对企业和区域的经济发展带来了不便。在我国中部沿海地区建立具有国际影响力的自由港不仅可以大大提升我国外向经济的便利程度，同时建设自由贸易区还可以对周边上海等城市的发展产生积极的辅助作用。从国家发展成熟的自由贸易区经验上看，一个具有国际影响力的自由贸易区的形成，除了需要一个经济实力雄厚的经济腹地支撑外，还需要有一个分工明确、服务配合度高的港口群支撑。浙江舟山具有这方面的地理优势，同时可以依靠长三角地区经济最为发达的上海作为港口发展支撑，形成错位发展、互惠互利的互补格局。浙江自由贸易区的建立将大大促进先进技术、资本、信息向浙江自由贸易区甚至是整个长三角地区的流入和延伸扩展。国外先进的科学技术、管理技术和管理理念的加入将进一步带动长三角地区的经济发展。

对于浙江而言，自贸区的建立将大幅度提升对外贸易的发展，促进外向型经济的提升。利用自贸区可以有效地整合国际资源，促进地区产业结构的调整，进一步参与国际分工。但是鉴于自贸区内有限的土地资源，无法形成完整的产业链，因此可以间接带动自由贸易区外其他地区发展配套的产业支撑，完善产业布局，带动地区优势产业的发展。

从微观层面上看，首先建立自由贸易区可以提高货物进出口的便捷度，加快企业资金周转率。自由贸易区外出口企业进入自由贸易区即被认为产品出口，可以办理出口退税，减少了企业营运资金的占用，减少了出口企业物流时间和成本，降低了市场风险。区外进口企业从自由贸易区内购买货物，可以把货物存放在区内，可以不用立即交付所有货物的进口关税，降低营运资金占用的利息费用。其次，自由贸易区内的企业从其他国家和地区进口原材料在区内进行加工并出口至境外，不用交付关税和增值税，对企业来说大大地节约了货物运转时间，也节省了营运资金。由于在自贸区内货物进出口和存放无须报关和缴纳关税，因此企业可以根据市场发展情况，灵活地配置库存和进出口数量。企业根据自身发展需要，可以在全球范围内寻找最优质的供应商，将原材料产品运送到自贸区内进行深度加工，再配送到其他地区，期间将不会产生额外的税收和时间成本，大大提高了企业的经济效益。自贸区内经营环境自由，管理机构精简、高效，可以提高企业的经营便利度。同时浙江自贸区内可以拓展其商品展示功能，在区内建立商品展示场馆，各企业无须走出国门就可以看到全世界的商品，也可以当场签订合约办理进出口手续，境外企业进入自贸区也无须办理签证，大大促进了贸易洽谈的便利性，节约了时间成本，为企业带来了更多的商业机会。最后，企业进入自贸区可以发展转口贸易，对进入自贸区的境外货物进行拼装、分拆，开展中转货物的集运、国际联运等业务。中转集装箱可以在贸易区内进行自由拼装箱，解决了国内港口只能整箱装卸的问题，同时自贸区内货物储存没有具体时间规定，有力地吸引了国际中转集装箱在自贸区内的集散。

3.2.4　推动产业发展，促进我国海洋经济的需要

一直以来，推动浙江产业发展的主要动力来自于民间的创新和创业。当我国进入经济增长速度换挡期、结构调整阵痛期和前期政策消化期三个时期叠加阶段时，以温州模式为主要代表的浙江传统产业的转型困境和民企企业发展的衰落给我们带来了困惑，第三次产业革命带来的新型商业生态环境的变革，直接影响了企业资源的整合模式和组织细条作用机制的变革。产业融合、产城融合、实体经济与虚拟经济的融合、内外经济贸易的融合给产业的

转型和升级带来了新的变革。虽然以杭州的电商龙头——阿里巴巴为代表的一些电商企业依托网络平台，利用全球市场资源和巨大零售市场的需求创新了传统的商业模式，但是，浙江还是缺少第二次产业革命的大工业基础。

海洋经济是我国目前发展绿色经济的支柱产业，包括了船舶产业、航运产业、海洋工程产业、海洋渔业等多个产业，是我国发展工业、农业、服务业等的重要组成部分。

在"十三五"期间，海洋经济继续发挥着"引擎"作用，我国自然资源部发布的《2018 年中国海洋经济统计公报》显示，我国海洋经济生产总值 2001～2018 年平均每 6 年翻一番，海洋经济在国民经济中的份额保持稳定，2018 年，中国海洋经济生产总值达 8.3 万亿元，同比增长 6.7%，对国民经济增长的贡献率近 10%。海洋第三产业已经成为海洋经济增长的主要拉动力。据中国（浙江）自由贸易试验区舟山片区官网数据统计发现，船舶、航运、海洋工程等海洋经济第三产业是舟山经济的主要支柱产业，产值占到舟山市生产总值的 50% 以上，同时舟山还建立了自己的船舶制造、海洋工程设备、运输物流运营基地，因此浙江自贸区可以充分发挥其产业集聚效应，借助长三角地区的经济腹地优势，根据大量的海事运营服务需求，带动相关航运服务及相关企业的发展，特别是海洋经济第三产业如商贸、旅游等现代服务业的发展。

3.2.5 降低企业物流成本的需要

自 2008 年以来，受资源价格上涨、人民币升值和美国次级债等因素的影响，我国出口企业经营状况恶化，出现了众多企业倒闭或者经营难以为继的现象。在以往的国际贸易中，我国在汇率、劳动力成本、出口政策上面有一定的优势，商品价格也存在明显的竞争优势，物流成本的问题未被重视。但是随着第三世界国家在全球经济的崛起，这些国家在外贸出口方面优势的凸显，使我国之前的一些竞争优势不再明显，再加上我国人力资源成本的提升、资源成本的缺乏，我国企业的外贸竞争实力逐年下降，因此物流成本的问题慢慢地被重视起来。

　　国家统计局数据显示，自 2014 年以来，中国社会物流总额呈现出逐年增长的趋势。2017 年中国社会物流总额为 252.8 万亿元，2018 年总额为 283.1 万亿元，2019 年中国社会物流总额为 300 万亿元。物流费用占国内生产总值的比重是衡量物流业总体运行效率的重要指标之一。我国物流业近年来虽保持较快增长势头，但整体运行效率仍然较低。我国的该指标从 1991 年的 23.79% 下降到 2019 年的 16.9%。美国、日本物流费用占 GDP 的比重稳定在 8% 左右，我国与美日相差超过 8%。2018 年社会物流总费用 13.3 万亿元，同比增长 9.8%，增速比 2017 年同期提高 0.7 个百分点。社会物流总费用与 GDP 的比率为 14.8%，比 2017 年同期上升 0.2 个百分点。截至 2019 年底，全年中国社会物流总费用达到了 14.6 万亿元，累计增长 7.3%，增速比上年回落 2.5 个百分点。社会物流总费用与 GDP 的比率为 14.7%，比上年下降 0.1 个百分点。这些数据显示出我国物流业发展比较迅速，发展已初具规模。物流成本虽有下降趋势，但是下降幅度不明显，与发达国家仍有差距。

　　在政策上，我国海关规定在国内开展的深加工结转业务的出口企业不予退税，这个政策也给出口企业带来了资金周转方面的压力。为了合理避税，很多从事加工贸易的企业会通过将半成品或成品出口国外，取得退税后再进口，虽然这种方式减少了税费缴纳，但是大大地增加了物流周转时间，同时增加了企业运营风险和物流成本。而通过自由贸易区可以解决这个问题，自由贸易区具有结转的功能，上游企业不仅可以获得退税，下游企业还可以通过保税区进口货物取得发票，向海关办理"进料加工"获得进口料件保税。通过这个方式既解决上游企业资金周转的困难，同时为下游企业节约了物流成本，减轻了税收负担。

　　我国幅员辽阔，受自然环境因素和地理位置的影响，经济发展水平存在很大的差异，经济状况逐渐使人口分布更加的不均衡。物流运输行业的分布状况与人口消费水平有着直接的联系，同时也会受到交通状况的制约。我国东部沿海地区经济相对发达，物流行业的中转站和接收点分布十分密集，在物流运输发展方面也具有一定的规模。建立浙江自由贸易区，不仅可以服务长三角地区的对外贸易，也可以促进周边地区物流运输业的发展。通过保税贸易、商品加工和高效的物流配送，使区内的外向型企业减轻库存压力，最大限度地降低资金成本、仓储成本、进口成本和时间成本，节约土地资源，加快推进现代化海洋产业的发展。同时，自由贸易区产生的集聚效应可以吸引大量外资企业的进入，包括一些进出口配套产业，可以带动金融服务、物流服务、商品展销等相关自贸区延伸功能的发展，进一步完善自贸区服务功能，提升区内企业的成本控制能力，加快外向型企业的发展。

3.2.6 促进浙江省经济持续、快速发展的需要

浙江是我国最早设立沿海开放城市的省份之一，率先构建了开放型的经济体制，全面参与了国际分工和全球资源配置，成为我国建设开放型经济强国的排头兵是浙江自贸区发展的重要战略使命。

浙江一直是我国经济比较发达的地区之一，浙江省统计局公布的数据显示，2019 年全年浙江省生产总值 62352 亿元，比上年增长 6.8%，人均生产总值为 107624 元，增长 5.0%，位居全国经济发展前列。浙江海洋经济发展迅速，浙江省海洋生产总值从 2012 年的 4958 亿元增长到 2017 年的 7600 亿元，增长 12.6%，比全省生产总值增幅高出 4 个百分点以上，占全省生产总值比重超过 15%。近年来浙江海洋经济稳步增长，呈现出增速加快、质量提升、效益向好、带动力强的新态势。

但是随着全球经济发展情况的不断变化，近年来全球经济的衰退对严重依赖外国市场的浙江省影响也是很大，传统的对外贸易已经不能满足浙江省经济的持续稳定发展。从资源禀赋来看，浙江省的土地资源、能源资源都非常有限。虽然浙江陆域面积不大，但位于中国东南沿海的核心——长江三角洲南翼，是一个名副其实的海洋大省。浙江省统计局提供的数据显示，浙江海域面积达 26 万平方公里，沿海岛屿多达 3000 多个，全国至少有 30% 的深水泊位的岸线是在浙江海域，使浙江至少可建设泊位 100 个，在中国排名第一。良好的海洋资源组合可以继续实施"贸易兴省"的经济发展战略，充分利用浙江在地理和经济方面的优势，保持长期竞争优势，促进经济持续、快速发展。

建立浙江自由贸易区发展对外贸易，不仅克服了浙江省自然资源不足的资源禀赋劣势，充分利用了优良港口、经济腹地广阔的区位优势，同时符合发展海洋经济第三产业，减少资源消耗发展绿色经济的时代要求，同时自由贸易区具有转口贸易、产品展览等功能，拓展了传统贸易的发展模式，具有可持续发展性，进一步推动浙江经济的长远发展。现在距离我国第一个保税区和第一个综合保税区的建立已经过了几十年，国家也积累了一定的自由贸易区发展经验和成果。我国加入 WTO 后，关税不断降低，原有的保税区国际竞争优势已不复存在，同时随着我国保税区、保税港区、出口加工区的发展，浙江自由贸易区如果单纯地复制这些海关特殊监管区的发展模式，则不具备明显的竞争优势，因此进一步改进浙江自由贸易区的开放模式，建设自由开放程度更高的自由贸易区，才能继续保持浙江省在国际市场上对外贸易发展的优势，提升浙江省对外贸易的深度和广度。

第4章 浙江自贸区总体概况

4.1 浙江自贸区的设立及政策支持

舟山位于长三角地区和南北海运通道的 T 字形交汇处,是我国东部地区经济对外开放的海上门户,有着优越的地理位置。2011 年 2 月,国务院批复了《浙江海洋经济发展示范区规划》,突出了舟山的重要地位。舟山群岛获得了我国第四个国家级新区的称号,这为舟山之后的经济发展奠定了政策基础。舟山群岛新区的设立是响应国家发展海洋经济的号召,推动浙江自贸区建立的基础,同年 6 月,浙江舟山群岛新区正式获得批准。

2012 年 9 月,国务院批准建立舟山港综合保税区。舟山港保税区规划设立"一区两片",即在本岛以国家发展海洋经济政策为指导,重点发展制造业。衢山分区根据自身优势,发展货物的贸易和中转。舟山港综合保税区是舟山群岛新区发展的核心区域,全方位展示了舟山的海洋经济,推动了浙江自贸区的进一步发展。

2017 年 3 月 15 日,国务院印发并实施《中国(浙江)自由贸易试验区总体方案》,总体方案将浙江自贸区定位为东部地区重要海上开放门户示范区、国际大宗商品自由贸易化先导区和具有国际影响力的资源配置基地。总体方案还指出,浙江自贸区的发展目标为:经过三年左右的特色改革探索,基本实现投资贸易便利、高端产业集聚、法治环境规范、金融服务完善、监督高效便捷、辐射带动作用突出,以油品为核心的大宗商品全球配置能力显著提升,对接国际标准初步建成自由贸易港区先行区。这是国家不断深化改革开放的成果，提高中国在新形势下资源分配中的全球竞争力的一项重大举措。加快高质量推进浙江自贸试验区建设，事关全国大局和浙江长远的发展，因此国家和地方制定了一系列政策支持浙江自贸区的发展。

为了高效执行浙江省委和省政府的相关决定和部署，充分促进浙江试点自由贸易区的建设和发展，浙江省工商局联合开展监督工作，研究制定了《浙江省工商行政管理局关于支持中国（浙江）自由贸易试验区建设的若干意见》。该意见立足赋权放权，从下放企业登记权限、放宽企业名称登记限制、推广企业住所（经营场所）申报承诺制等8个方面提出支持舟山市市场监管局进一步简政放权、放管结合、优化服务的举措（见表4-1），有利于进一步营造良好的营商环境，助推浙江自贸试验区建设和发展。

表4-1　　　　　　　　　　　相关的政策及内容

时间	政策	主要内容
2017年6月	《浙江省工商行政管理局关于支持中国（浙江）自由贸易试验区建设的若干意见》	一、下放企业登记管理权限 二、放宽企业名称登记限制 三、加快推进电子营业执照 四、支持自贸试验区市场主体做大做强
2018年11月	《国务院关于支持自由贸易试验区深化改革创新若干措施的通知》	一、营造优良投资环境，加强顶层设计，在自贸试验区探索创新政府储备与企业储备相结合的石油储备模式（适用范围：浙江自贸试验区） 二、提升贸易便利水平 三、推动金融创新服务实体经济，推动与大宗商品出口国、"一带一路"国家和地区在油品等大宗商品贸易中使用人民币计价、结算（适用范围：浙江自贸试验区） 四、推进人力资源领域先行先试
2020年8月	《中国（浙江）自由贸易试验区扩展区域方案》	一、建立以投资贸易自由化、便利化为核心的制度体系 二、高质量建设现代化开放型经济体系 三、构建安全高效的风险防控体系

资料来源：由各网站整理而得。

2018年11月，国务院公布了《国务院关于支持自由贸易试验区深化改革创新若干措施的通知》，该通知提出了53项措施，其中两项是专门为浙江自由贸易试点区所设定的。该通知给予自贸区改革有针对性的扶持政策，促进自贸区补齐功能短板，促进新产业、新业态、新模式发展，培育发展新动能，其中有多项举措与健康医疗产业相关，这也可能成为浙江自贸区以后深化改革的方向之一。2020 年，国务院发布《中国（浙江）浙江自由贸易试验区扩展区域方案》，该方案明确提出：支持以市场化方式推进 eWTP 全球布局，探索数字贸易基础设施建设，打造全球数字贸易博览会。根据该方案内容，浙江自贸区将率先实现扩区，在原来自贸区位于舟山的约 120 平方公里基础上，再增加宁波、杭州、金义三个片区。扩区后，浙江自贸区的功能定位进一步拓宽——在目前的油气全产业链建设之外，向数字经济、先进制造业、国际航运和物流、新型国际贸易拓展。

4.2　浙江自贸区情况简介

2017 年 4 月 1 日，中国（浙江）自由贸试验区正式挂牌，全域在舟山，浙江自贸区出台的相关文件提出其发展定位是推动以油品全产业链为核心的大宗商品投资便利化贸易自由化，建成自由贸易港区先行区。浙江自贸区舟山片区由陆域和相关海洋锚地组成，总面积为 119.95 平方公里，涵盖舟山离岛片区、舟山岛北部片区、舟山岛南部片区三个片区。[①] 舟山北部片区以大宗商品贸易、燃料油贸易、石化贸易、仓储和制造业等为主；舟山南部片区主要以大宗商品贸易、航空制造产业、零部件贸易、研发相关产业为主，这里将建立航空产业园区，重点发展水产品交易、海洋开发、金融贸易、航海贸易、高科技产业、信息服务等产业；舟山离岛片区将建立一个大型石化产业园区，重点发展油品的存储、中转等贸易，以及与燃料有关的服务产业。浙江自贸区天然良港众多，深水岸线聚集，港域辽阔，港口资源在世界名列前茅，是我国非常重要的航运基地，拥有大量的深海港口，有三个经政府批准的深海码头，总量超过 40 万吨。这里罕见的深水岸线资源能满足十亿吨级大港建设需要，海岛众多，生态环境容量较大，有利于大项目的落地。该地区

---

①　资料来源：中国浙江自由贸易试验区舟山片区官网。

的宁波舟山港是世界上最大的散装港口。近年来，舟山港发展非常迅速，新开通数百条国际航线，与世界多个国家的港口相连通。浙江自贸区的航运事业发展态势也越来越好，每年都会有很多船只在各大航线航行，海域活动非常频繁。随着浙江自贸区的建设发展，目前已逐步形成了 11 个港区，多个重量级码头。同时舟山港也是我国石油、铁矿石、煤炭等大宗商品货物转运、加工、仓储的重要基地，对促进我国经济发展和长三角地区的经济发展具有重要作用。

根据 2020 年国务院发布中国（浙江）自由贸易试验区扩展区域方案，自贸试验区扩展区域实施范围 119.5 平方公里，涵盖三个片区：宁波片区 46 平方公里（含宁波梅山综合保税区 5.69 平方公里、宁波北仑港综合保税区 2.99 平方公里、宁波保税区 2.3 平方公里），杭州片区 37.51 平方公里（含杭州综合保税区 2.01 平方公里），金义片区 35.99 平方公里（含义乌综合保税区 1.34 平方公里、金义综合保税区 1.26 平方公里）。在功能布局上，方案中提到宁波片区重点建设链接内外、多式联运、辐射力强、成链集群的国际航运枢纽，打造具有国际影响力的油气资源配置中心、国际供应链创新中心、全球新材料科创中心、智能制造高质量发展示范区；杭州片区主力打造全国领先的新一代人工智能创新发展试验区、国家金融科技创新发展试验区和全球一流的跨境电商示范中心，建设数字经济高质量发展示范区；金义片区则是重点打造世界"小商品之都"，建设国际小商品自由贸易中心、数字贸易创新中心、内陆国际物流枢纽港、制造创新示范基地和"一带一路"开放合作重要平台。

4.3　浙江自贸区经济运行现状

4.3.1　经济发展水平高

浙江省是改革开放最早的省份之一，对外贸易规模较大。浙江开放经济一直走在全国前列，浙江省商务厅数据统计显示，浙江省拥有 21 个国家经济开发区，其中 1984 年 10 月成立的经济技术开发区是中国最早、最大的经济开发区之一；1984 年 11 月，宁波保税区成立。这是中国最开放、政策最优惠的经济区之一，区内实行"免证、免税、保税"政策。浙江省共获批设立 4 个国家级出口加工区，这些地区经济相对发达、交通运输和对外贸易便利、劳动力资源丰富、城市发展基础较好。

从经济腹地优势上看，浙江自贸区的主要经济腹地包括上海、浙江、江苏、江西、安徽、湖南、湖北、四川、重庆等，这七省两市都是在长江沿线一带。根据大宗商品发展规律，大宗商品贸易所在地一般都是大宗商品的生产地、消费地或是贸易中转地。长江沿线经济带是我国经济发展最快的地区之一，具有强劲的发展潜力，这些沿线经济腹地城市发展迅速，资源的需求量也非常高，但一些大宗商品原料非常缺乏，例如石油、煤炭、铁矿石等，基本都需要进口。因此在发展过程中长江沿线地区对资源的大量需求和这些需求所产生的贸易往来对浙江自贸区发展起着推动作用。同时，随着浙江自贸区大宗商品贸易的深入发展，浙江自贸区的经济腹地也将逐步扩展到我国南北沿海甚至是韩国、日本等地区和国家。

近些年，浙江经济继续迅速发展，总体实力和竞争力也大幅提高。根据浙江省统计局的数据，浙江省生产总值从 2012 年的 34739 亿元增加到 2020 年的 64613.3 亿元，总体呈持续上升趋势（见图 4-1），经济总量在全国的排序由第 12 位迅速升至第 4 位。2012~2018 的年平均增长率达到 11.9%。2012 年，人均生产总值为 63508 元，2018 年上升到 98643 元，年平均增长率高达 10.8%。与此同时，浙江省的经济结构也发生了显著的变化，比例也在不断的调整，第一产业的比例继续下降，第二产业的比例稳步上升，而第三产业的比例持续上升。2019 年浙江省生产总值 62352 亿元，比 2018 年增长 6.8%。其中，第一产业增加值 2097 亿元，第二产业增加值 26567 亿元，第三产业增加值 33688 亿元，分别增长 2.0%、5.9% 和 7.8%，第三产业对生产总值增长的贡献率为 58.9%。2020 年浙江省生产总值为 64613 亿元，相比 2019 年增长了 2151.3 亿元，其中第一产业为 2169.2 亿元，占浙江省生产总值的比重为 3.4%；第二产业为 26413 亿元，占浙江省生产总值的比重为 40.9%；第三产业为 36031.2 亿元，占浙江省生产总值的比重为 55.8%。

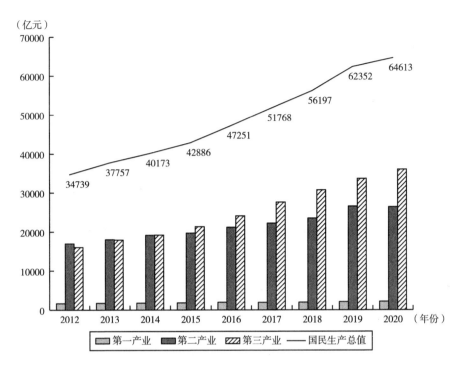

图 4 - 1 2012～2020 年浙江省生产总值及产业结构

资料来源：历年的《浙江统计年鉴》。

根据浙江省统计局的数据，2013～2017 年浙江省企业注册数不断上升，2017 年企业法人单位数达 1792469 个，占全国企业法人数的 10.24%；2018 年，浙江省民营企业进出口 2.04 万亿元，增长 12.7%，占浙江进出口总值的 71.7%，享有第一大进出口主体地位。在充分发挥国有经济主导地位的前提下，浙江省一直以民营经济的发展作为优势和活力所在，以民营经济的发展来拉动整体经济，在 2019 年的中国 500 强民营企业中，有 92 家是浙江企业，浙江省所占比例连续 21 年居全国第一，形成了鲜明的浙江经济特点。浙江省发达的民营经济为建设自由贸易港提供了强大的经济基础。

4.3.2 外贸货物进出口总额高

经过 40 多年的改革开放，浙江依靠市场的先发优势和民营经济的灵活机制，经济发展取得了巨大成就。浙江是外贸大省，外向型经济快速稳健的发展，每年的生产总值稳居国内前列，浙江自贸区成立以来，浙江省货物进出口总额呈不断上升趋势，开放型经济不断发展。根据表 4－2 所示，2017 年浙江省货物进出口总额达 25601 亿元，浙江自贸区外贸货物进出口总额达 231.94 亿元，占浙江省货物进出口总额的 0.9%，2018 年浙江省货物进出口总额达 28519 亿元，浙江自贸区外贸货物进出口总额达 642.17 亿元，占浙江省货物进出口总额的 2%；2019 年浙江省货物进出口总额达 30832 亿元，浙江自贸区外贸货物进出口总额达 699.55 亿元，占浙江省货物进出口总额的 2.3%。

表 4 - 2　　2017～2019 年浙江省、浙江自贸区外贸货物进出口总额情况

项目	2017 年	2018 年	2019 年
浙江自贸区外贸货物进出口总额（亿元）	231.94	642.17	699.55
浙江省外贸货物进出口总额（亿元）	25601	28519	30832
占比（%）	0.9	2	2.3

资料来源：浙江省统计局和中国（浙江）自由贸易试验区数据。

4.3.3　港口货物吞吐量稳步上升

此外，丰富的海岸线资源是浙江的一大优势，浙江海岸线蜿蜒曲折，长度达 6630 公里，居全国首位，其中大陆海岸线长达 2134 公里。[①] 浙江作为海岸线资源的大省，突出了其港口优势，浙江省知名的沿海港口包括宁波舟山港、温州港、台州港、嘉兴港，突出了浙江省港口仓储能力十分发达、港口货物吞吐量大的特色。2020 年宁波舟山港股份有限公司公告显示，浙江自贸区的宁波舟山港拥有 257 条各类航线。宁波舟山港对浙江海洋港口一体化、长三角港航一体化发展起着重要作用。将宁波舟山港作为浙江港口发展的核心，把温州港、台州港与嘉兴港作为辅助港口来发展是决策的关键，争取打破各港口间封闭的格局，实现现代港口的合作共赢，打造全

---

① 资料来源：浙江省海洋与渔业局网站。

球港口集群。

从浙江省港口优势来看，浙江省舟山港域在港口资源及开发条件上有相当大的优势。一是海岸线长。据 2019 年浙江省港航部门统计，全国规划建设 7 个 40 万吨级以上的码头，在舟山港域就包括 3 个，浙江舟山港依靠其资源能够打造出 10 亿吨级以上港口，舟山港域适宜开发建港的深水岸线总长可达到 279.4 公里，占浙江省的一半。二是舟山港仓储能力发达，港口货物吞吐量潜力巨大。据中国（浙江）自由贸易试验区舟山片区官网数据月报统计，2017 年，浙江自贸区港口货物吞吐量达 10604 万吨；2018 年达 19063 万吨，比上年增长 79.8%；2019 年达 20287 万吨，比上年增长 6.4%。2020 年，宁波舟山港完成货物吞吐量 11.72 亿吨，同比增长 4.7%，连续 12 年保持世界第一。

4.3.4 税收收入稳步增长

如表 4 - 3 所示，2017 年，浙江省税收总额达 5006 亿元，其中浙江自贸区的税收总额达 37.04 亿元；2018 年，浙江省税收总额达 5587 亿元，比较上年增长了 11.6%，浙江自贸区税收总额达 61.99 亿元；2019 年，浙江省税收总额 5898 亿元，浙江自贸区税收总额 77.33 亿元，同比增长 1.5% 税收收入持续稳定增长，对浙江省税收增长作出了积极的贡献。

表 4 - 3　　　　　2017 ~ 2019 年浙江自贸区和浙江省税收收入情况

项目	2017 年	2018 年	2019 年
浙江自贸区税收总额（亿元）	37.04	61.99	77.33
浙江省税收总额（亿元）	5006	5587	5898

资料来源：中国（浙江）自由贸易试验区舟山片区官网数据和浙江省统计局。

在纳税服务上，浙江自贸区倡导信息化和便利化，如全面上线"浙江国地税电子税务局"，缴税方式不再单一，提供多元化形式，实现"省内通办"、预约办税等；在纳税监管上，实现办税无须实名认证；在税收优惠方面，支持行政管理前的优惠利润管理，并加强对事后税费的监管。

4.3.5 新设企业数量平稳增加，其中油品企业数量增加幅度大

如表 4 - 4 所示，2017 年，自贸区新增注册企业（包括新设和换发）4167 家，其中油品企业 812 家；2018 年，自贸区新增注册企业（包括新设和换发）7413 家，其中油品企业 1998 家；2019 年，自贸区新增注册企业 6927 家（包括新设和换发），其中油品企业 2917 家，同比增长 46%。

表 4 - 4　　　　　　　　**2017 ~ 2019 年浙江自贸区新设企业数量**　　　　　　单位：家

年份	新设注册企业数（新设 + 换发）	新增油品企业数
2017	4167	812
2018	7413	1998
2019	6927	2917

注：2017 年的统计数据为 4 ~ 12 月（浙江自由贸易试验区于 2017 年 4 月成立）的。

资料来源：中国（浙江）自由贸易试验区舟山片区官网数据。

4.4　自贸区产业发展情况

4.4.1　油品贸易增长较快

浙江自贸区主营以油品为核心的大宗商品贸易，自贸区在油品储存、中转、加工、销售以及燃料油供求中实力雄厚。近些年来，浙江自贸区围绕着油品行业的全面发展，形成了"131"的总体战略，并在建设国际油品贸易中心方面取得了稳步进展。目前，舟山群岛具有 1950 万吨的油品储备能力，同时还有 1000 万吨正在筹建的油品储备。浙江自贸区的石化园区正在建设中，其中第一期已于 2018 年投入使用，这一园区具备 2000 万吨的炼油能力、140 万吨的乙烯储备能力和 520 万吨的芳烃储备能力，重点汇聚国家油品贸易公司、非国家原油贸易公司、资格认证和申请配额等相关工作。2019 年，浙江

自由贸易区有 2917 家新的油品公司，油品产品贸易额达到 3201.8 亿元，同比增长 46%，从表 4-5 中可以看到，从第一季度到第四季度油品贸易额一直呈增长的趋势，且第一季度到第二季度增长幅度较大。

表 4-5　　　　　　　　2019 年浙江自贸区油品贸易额

季度	油品贸易额（亿元）	占全市比重（%）
第一季度	546.16	94.6
第二季度	810.87	95.2
第三季度	854.42	95
第四季度	990.35	94.2

资料来源：中国（浙江）自由贸易试验区舟山片区官网数据。

另外，建设"一中心三基地一示范区"是浙江自贸区的工作重心，是推动我国油品贸易发展的重要举措。2018 年，自贸区已初步建成东北亚领先、接轨国际的油品现货市场。

4.4.2　国际海事服务业务发展平稳

浙江自贸区的舟山片区地处我国南北海运大通道和长江黄金水道交汇处，是海运交通的重要枢纽，同时作为浙江自贸试验区"一中心三基地一示范区"的重要一环，拥有资源丰富的港口岸线，其独特的区位优势、优越的航运区位，罕见的岸线资源，为舟山市着力打造国际海事服务基地提供了坚实的基础。近年来，海事服务业发展呈现"蹄疾步稳"态势。海洋燃料油供应是发展海洋服务行业的一个重要支柱。2019 年 1~10 月，舟山完成了 315 万吨海上燃料油的供应需求，在中国排名第一。目前，舟山市已有 13 个能使用的加油锚位，4 家供油企业总部落户舟山，14 家企业获得经营资质。同时，制定了国内首个供油船"舟山船型"技术规范，5000 吨级、9000 吨级供油船正在抓紧建造。除此之外，舟山港水域广阔、水深且靠岸、有良好的锚泊避风条件，有利于港口开发，群岛的特征又为浙江自贸易区大宗商品的中转提供了便利条件，可以根据实际情况发展就地深加工增值产业。

浙江自由贸易区还积极与新加坡进行比较，找出差距，不断开拓创新系统和机制，不断提高清关效率，港口的商业环境不断优化。2018 年 8 月，舟山海关数据显示，浙江自贸区的进口和出口通关时间分别为 26.70 小时和 1.78 小时，分别比 2017 年压缩了 22.9% 和 19.51%。

4.4.3 金融业务开展良好

为了更好地建立人民币国际化示范区，促进大型商品跨境贸易的发展，金融体系加速了金融行业的实践创新，不断促进大型商品人民币的结算业绩。根据浙江自贸区官网公布的数据，截至 2019 年底，浙江自贸区内有 266 家融资租赁企业，69 家持牌金融机构，人民币贷款余额 1042.1 亿元，同比增长 31.9%。跨境人民币结算金额在 2019 年达到了 960.36 亿元，比上一年增长 31.9%；人民币回流资金 674.79 亿元，比上一年增长 74.5%（见表 4-6）。

表 4-6　　　　　2019 年浙江自贸区金融业务部分指标情况　　　　　单位：亿元

季度	跨境人民币结算金额	人民币回流资金
第一季度	235.81	130.62
第二季度	532.03	326.93
第三季度	81.96	150.85
第四季度	110.56	66.39
总计	960.36	674.79

资料来源：中国（浙江）自由贸易试验区舟山片区官网。

4.4.4 海洋产业聚集，水产品加工业发达

由于地理位置的优势，浙江自贸区舟山片区的海洋产业发展呈集群化，海洋资源颇为丰富，发展特色海洋经济是舟山群岛新区的目标，拥有海洋生物 1163 种，深海岸线占全国的 18%。作为一个临海城市，水产品也是相当丰富，舟山是我国数一数二的水产品加工基地。由于舟山的水产品目前主要靠海洋捕捞获取，技术相对落后，但是随着对海产品需求的越来越大，海洋捕捞设备和技术迅速发展，产量也随之加快增长。虽然水产品养殖产量和规模

增长很快，但其只占水产品总产量中很小的一部分，水产品加工业的发展需要水产养殖和捕捞相结合，如何平衡捕捞和养殖，持续的发展水产品加工业就显得非常重要。舟山市统计局资料显示，舟山 2018 年农林牧渔业总收入达到了 140 亿元，而渔业收入份额超过九成以上，可以看出，渔业在传统产业中占据着重要位置。

舟山的水产品加工业主要有黄鱼、鱿鱼、贝类等，一般都是利用冷冻保鲜技术进行储存加工。为了适应市场不断变化的需求，水产品加工业在储存运输技术上也在不断改进，从传统的冷冻、干制发展到运用深度、精度加工技术进行鲜活熟制品和小包装加工，进一步推动水产品加工业的发展。水产品加工业在大宗商品贸易中占据着重要位置，在促进经济发展方面发挥着重要作用。舟山除了是重要的水产品加工基地外，全球海洋经济比重最高的城市也是舟山，因为舟山拥有以海洋装备制造、海洋生物医药、海洋电子信息等海洋产业为核心的发展优势。地球上海洋面积占绝大部分，可想而知海洋经济的发展具有巨大的潜能，而且在浙江自贸区发展中的地位愈加重要。

浙江自贸区建设了国家远洋渔业基地，以及相关配套的港口和水产品交易中心、加工冷藏物流区；不断发展渔船规模，增加渔业产量，发展海洋经济，成立了浙江首个水产品现货交易平台——浙江自贸易区水产品交易中心，通过发布价格指标，推出了现货挂牌、招标和拍卖等交易模式，交易品种包括了所有的水产品。

4.4.5　重要的大宗散货集散地

浙江自贸区舟山片区官网显示，浙江自贸区的大宗商品贸易主要有能源类、金属类和农产品三大类，并且这三类大宗商品已初具规模。浙江舟山大宗商品交易所在交易的品种中农产品占据了一半以上。鱿鱼、生猪和黑木耳名列前茅，在大宗农产品中占据着重要地位。浙江自贸区大宗商品交易中心的市场服务网络已遍及全国，累积达到了 1.4 万亿元交易量，市场影响力很大；自贸区依托舟山群岛，以整个石油产业链为核心，重点推进商品投资便利化和贸易自由化，目前已取得较大成效。浙江省油品企业快速集聚，为浙江省以舟山港为依托争创国际大宗商品自由贸易港建立了强大的基础。浙江省成为全国性的石油及制品、铁矿石、粮食等大宗商品储备中心、中转中心以及配送中心，具备了以发展大宗商品为贸易特色的突出优势。浙江以舟山为依托，大宗商品仓储十分发达，其吞吐量呈逐年上升的趋势。

1. 原油

由于地理环境、经济环境等因素的影响，我国以及周边国家如韩国、日本等石油资源极度贫乏，每年都需要大量地进口石油。中国海关数据显示，我国作为全球最大的石油进口国，2020 年总计进口了约 5.424 亿吨原油，相当于每天约 1085 万桶，较 2019 年同期增长 7.3%，再一次刷新了原油进口历史记录。同时，就目前发展来看，2021 年中国原油进口仍将保持稳定增长的局面，一方面，随着疫情影响的减小和市场对于疫情的防控已经有了成熟的经验，再加上当前我国国内疫情防控到位，经济受到的影响较小，原油的需求不会显著下降。另一方面，当前市场上原油价格已经从低点开始反弹，原油的进口成本出现了一定的增加。

国际市场上原油的交易方式主要以期货为主，具有相对稳定的流量和流向。但是国际原油价格存在着不稳定的特点，这为原油交易市场的运转和保税带来了机遇，同时，石油市场的短期交易仍在进行中，这给石油产品的保税提供了保障。石油保税不仅可以为我国石油进口业务服务，同时还可以为周边地区和周边国家例如韩国和日本等石油产品的贸易和转口业务提供服务便利。从这里可以看出，浙江自贸区在石油保税方面具有很大的发展空间。从船用燃料油保税业务方面看，保税船用燃料油一般指的是国际免税船航行使用的燃料油，而保税船用燃料油保税业务指的是我国为国际航行船舶供应的保税油免征关税、进口环节的消费税和进口环节的增值税，以使我国企业直接进口的船用燃料油得到更多的使用机会，并且可以储存到我国海关管控提供的特有仓库。在以前，传统的船舶加油一般都在新加坡、中国香港等一些自贸区港口，因为这些港口地区的船用燃料油价格相对比较低，从而在这些港口区域形成了国际上一些主要船舶的加油地点。我国经营的原油出口业务主要是提供国际船舶的加油服务，在我国东部沿海地区的一些主要港口区域也都经营国际船舶的加油服务。随着近几年来海洋经济的发展，海运外贸进出口货物数量逐年增长，从而大幅度地带动了境外船舶加油量的增加。浙江自贸区停泊、转运的船只数量众多，增加了国际船舶的加油业务数量。在浙江自贸区建立相对规模较大的船用燃料油保税业务，为国际上的船舶提供价格相对较低的船用油加油服务，进一步吸引了舟山水运及周边更多的船舶到自贸区加油，扩大了自贸区的发展潜力。

2. 煤炭

我国具有丰富的煤炭资源，无论是煤炭的储存量还是生产量都很高，虽然我国是煤炭资源大国但同时我国也是煤炭使用的大国。国家统计局数据显示，2020 年中国原煤产量为 38.4 亿吨，同比增长 2.4%，作为全球第一大煤炭进口国，2020 年中国原煤进口数量为 30399 万吨，同比增长 1.5%。可以预测，随着经济的进一步发展，我国的煤炭进口数量仍将保持持续增长的势头。从宏观方面来看，未来煤炭的进口趋势将成为我国经济发展的常态，我国煤炭的供给情况会越来越紧张。而且煤炭属于不可再生的重要战略资源，从长远角度上看，尽量减少我国国内煤炭资源的浪费将成为我国能源可持续发展的战略重点。

浙江自贸区建立了我国沿海最大的煤炭转运基地，随着我国日益增长的煤炭数量需求，以及周边国家和地区对煤炭资源的需求，煤炭保税业务在自贸区的发展为我国煤炭资源的进口以及通过煤炭的相关业务转口到周边国家和地区提供了有利的发展机会。因此在煤炭发展方面，浙江自贸区具有良好的发展机会和市场发展前景，也增加了自贸区发展煤炭保税业务的可行性。

3. 金属矿石

随着经济的不断发展，我国对铁矿石的使用量和进口量也在逐年上升。国家统计局数据显示，2020 年，我国铁矿石进口货量达 112429.9 万吨，同比增长 8.6%。我国铁矿石进口贸易伙伴主要来自于澳大利亚、巴西、南非、印度、乌克兰。钢铁行业在支撑我国宏观经济快速复苏方面起到了重要的推动作用，中国铁矿石进口猛增，反映了下游钢铁市场的旺盛需求。

铁矿石贸易中主要以中长期协约为主，尤其是国际上的主要钢铁生产企业。我国同周边区域的国家和地区也是长期协约矿，因此，在国际中转方面基本上没有太大的发展机会。随着我国对铁矿石行业进口市场的整改和对钢铁行业结构的调整，之前一些主要靠市场矿支撑发展的小型钢铁厂将被逐步整改，这将大大减少我国铁矿石的市场贸易量。但随着我国经济的高速发展，其他稀有金属矿石的进口量将显著攀升，世界上绝大多数地区对稀有金属矿石的需求量也存在日益增大的现象，但稀有金属矿石的供给状况却存在不合理的现象，稀有金属矿石的缺失程度加深，这给稀有金属矿石的市场发展带来了机遇，因此在浙江自贸区发展稀有金属矿石的业务具有良好的市场发展前景。

4. 化工产品

改革开放以来，经济的高速发展使我国成为了石化产品制造大国和贸易大国，我国的石化产品贸易额约占世界市场总贸易额的1/4，在国际商贸市场上化学工业品的活跃度很高。浙江自贸区作为长三角区域的油气矿产和液体化工品仓储运输中心，在物流发展与运输储存方面发展非常迅速，其独特的地理环境优势和海港的优越条件为液化化工原料和产品中转储存提供了良好的条件，进一步拓展了转口贸易和液化化工原料的储存等业务。例如，马岙港区已初步建成了为长三角区域提供化学工业品物流服务的化工产品储运中心，预计在未来几年内将在马岙、高亭及六横岛等区域建成杭州湾石化工业园区，助力长三角区域和沿海区域开展化工产品的运输、中转、储存、配送等服务，同时开展世界化工产品的贸易、加工和储存业务。因此，在浙江自贸区内发展化工产品保税业务不仅有良好的发展基础和前景，同时化工产品也将成为自贸区经营保税业务的重要环节。

5. 粮油产品

2020年海关总署公布的数据显示，在2020年我国粮食累计进口额14262.1万吨，同比增加3117.5万吨，增幅达到27.97%，不论是粮食的进口量还是增幅都创最近几年新高。其中，2020年中国玉米进口量达到创纪录的1130万吨，比上年提高135.7%，这也是首次超过全年关税税率配额720万吨。其中仅12月份就进口225万吨，同比提高207%。可以看到，我国的粮食进口同其他大宗农产品进口相比，增幅也是非常大的。浙江自贸区正加快建设粮油服务的进口和转口基地，围绕老塘山港区的进口粮食中转加工基地已基本完成。同时，在粮油食品、国际采购、国际中转、国际转口贸易等众多领域，浙江自贸区具有较大的发展潜力，积极推动粮油食品产业发展成为自贸区发展经营大宗商品贸易的重要部分。

6. 船舶制造业

浙江自贸区设立以来，紧紧把握住发展机遇，积极发挥舟山地区的港口资源优势，发展和完善临港工业，加快建设高技术含量的制造业基地，吸引国内外投资企业进驻到自贸区建造造船厂，目前已有东海岸船业、中远船务、万邦永跃、日本常石集团、太平洋海洋工程、建龙集团等国内外知名的大型船舶制造企业在开展业务，同时，还有大量的精英船舶制造企业进驻，它们推动了船舶制造业的快速发展。随着舟山的六横、长涂、小余等造船基地的建成，自贸区现在可以制造包括 32 万吨级油轮的大型现代化船舶，逐渐成为了浙江省船舶制造产业界的领军行业。自贸区造船业的快速发展，既满足了国内产业的需求，同时还可以出口到周边的国家和地区，目前出口到国外的船舶和相关附属产品获得了国内外地区的一致认可。

除了造船业，浙江自贸区也是我国修船业的重要基地，随着修船业的发展，对大量船舶配件的需求逐渐增大。中国船舶工业行业协会统计数据显示，目前我国国产船舶所用设施的装船率不到 50%，而我国相邻的日本和韩国则达到了 90% 以上，可以看出差距非常大。很多船舶配件需要从国外进口，这为自贸区发展船用零配件的保税业务带来了发展机遇，同时还可以促进自贸区发展大型海洋机械设备制造行业。随着自贸区造船业的不断发展壮大，轮船使用的产品和海洋设施设备保税业务的发展，船舶制造业将很快成为浙江自贸区发展的重要组成部分。

第5章　国内外先进自贸区建设经验

5.1　中国自贸区发展历程

世界上最早的自由贸易区起源于 13 世纪的汉萨同盟，全球海关组织在 1973 年的《京都公约》上对自由贸易区进行了重新定义：自贸区是一个国家领土的一部分，进入自贸区的货物在税收上被认定属于境外商品，免于实施海关监管体系，这就是所谓的"境内关外"。

我国的自贸试验区发展并不是直接规划一批土地进行建设，最初是从综合保税区发展开始的，再一步一步地进行探索寻求发展。为了实现自贸区对经济发展带来的实际效果，我国对自贸区的发展数量和发展速度控制很严格，即根据我国的经济整体发展策略进行自贸区的建设拓展。

2013 年李克强总理在上海外高桥保税区调研期间，就提出相关部门要在实践经验基础上，探讨如何试点先行自贸区。中国（上海）自由贸易试验区官网数据显示，2012 年上海港口的货物和集装箱吞吐量居全球第一，外贸货物吞吐累积达到了 3.6 亿吨，同比增长 5.9%，上海的外高桥港区连续 8 年成为我国国际船舶吞吐量最高的港区，拥有 1536 万标准箱的容量。2013 年 9 月，中国（上海）自由贸易试验区挂牌成立，成为了我国进一步推动改革开放的"试验田"。上海自贸试验区的成立旨在建立符合国际常规标准、立法严明的投资贸易规则体系，争取在更高的起点、更广的领域、更大的空间继续深化改革开放。因此还颁布了一系列改革措施，包括职能转变、金融体系、贸易服务、外商投资、税务政策方面的改革，这些都促进了上海对外贸易的发展。同时上海自贸试验区明确表明要营造合适的监管和税收政策环境，做好组织实施等。为顺应国际贸易规则的演变趋势，缓解国内外经济压力，我国加快了实行自由贸易区的战略政策。

党的十八届三中全会召开后，我国全面进入了深化改革开放的全新时期。上海自由贸易区的成立标志着我国正式进入了自贸区发展的转型时期。上海自贸区以体系政策创新为着力点，通过监管体系创新服务的方式，在投资、贸易、金融等方面继续推进改革，引领中国经济的新一轮转型发展。2014 年 12 月，我国设立第二批三个自贸试验区，分别在天津、福建和广东，进一步提升了沿海地区的经济开放水平。2016 年 8 月，国务院又批准了第三批自贸区：辽宁、浙江、河南、湖北、重庆、四川和陕西 7 个省市。2018 年 10 月，《国务院关于同意设立中国（海南）自由贸易试验区的批复》将海南岛全岛设立为自贸区。2019 年 8 月国务院印发《中国（山东）、（江苏）、（广西）、（河北）、（云南）、（黑龙江）自由贸易试验区总体方案》，设立了我国第五批自贸区。2020 年，国务院发布了第六批自贸区名单，包括北京、湖南、安徽自由贸易试验区、浙江自由贸易试验区扩展区域方案。自此中国内地共有 21 个省区市获批自贸区，初步构建了从点到线再到面的经济开放对外格局。自贸区在空间上依靠海关监管的特殊区开设范围，如上海自贸区综合保税区就有四个海关监管的特殊区，从上海自贸区看，自贸区政策优势主要体现在金融和服务行业开放领域，这也是国家给予自贸区的政策优惠。

我国自贸区发展定位上主要有以下几种模式：

1. 转口贸易型的自贸区

作为转口贸易型的自贸区一般有以下几个特点：内外联通的优越地理位置；具备深水良港、吞吐能力强等作为商品销售中转站的优势。我国对具有中转功能的自由贸易区实行特殊的优惠政策，以促进自贸区基础设施、交通、金融等配套服务的发展，顺利开展转口贸易。在转口贸易中，一个地区与另一个地区的商品输入和商品输出没有直接贸易往来，而是在自贸区内进行交易再出口。转口贸易带来的利润非常可观，这些拥有转口贸易型的自贸区虽然存在自然资源匮乏的劣势，但是可以利用自身地理位置的优势，通过转口贸易有力地促进金融、物流等相关产业的发展。

2. 大宗物流型的自贸区

大宗物流型的自贸区通常具备优越的海运条件和发达的经济腹地两个重要优势。这个类型的自贸区主要建在航运要道上，拥有广阔的经济腹地、市场潜力大、消费需求旺盛、市场经济活跃等特点，这些条件为发展大宗商品物流，推动贸易自由化和便捷化奠定了良好的基础。

3. 出口加工型的自贸区

出口加工型的自贸区跟之前两种自贸区建立条件完全相反，出口加工型的自贸区多建立在经济较为落后、交通不是很便捷的边远地区。这类自贸区没有优越的海运条件，但有廉价的人力资源和土地资源，通过发展出口加工业，可以带动这些落后地区的工业发展，改变这些地区经济发展不平衡的现状。园区内通过保税的方式将生产原材料和配件等输入这些地区，在这些地区内进行生产活动后再出口，不允许在内地销售。在贸易区内实行税收优惠的政策，在生产和贸易方面给企业相关便利，通过自由贸易区的建立，促进外商在区内的投资，给地区和企业带来生产发展和经济增长。

4. 开放自由型的自贸区

不同的自贸区拥有不同的优势和劣势，有些区域没有丰富的海岸线资源、广阔的经济腹地、巨大的市场资源，但是拥有丰富的自然资源，因此利用这个优势发展了开放自由型的自贸区。

通过以上四种不同的自贸区可以发现，不同的自贸区定位不同，发展的路径也不同，但是可以因地制宜，根据自身的自然条件和发展优势来定位发展目标和发展方向。总的来说，转口贸易型和大宗物流型的自贸区多位于海运发达、港口条件优越的地方；出工加工型自贸区集中在劳动力丰富、制造业发达的地区。一个国家可以拥有不同类型的自贸易区，至于建立哪种类型的自贸区可以根据各自经济发展需要和地理位置特点进行探索，各个自贸区之间可以互相错开发展，以推进国家整体对外经济的发展。

5.2 中国自贸区发展情况

5.2.1 中国自贸区发展的政策背景

随着国际贸易环境的变化，国际贸易的标的物也不断地拓展，贸易方式的创新和发展速度也在不断加速。这些方面的变化对贸易要素的流动性提出了更高的要求，需要我们建立良好、合理的政策环境来更好达到经济要素自由、高效地流动。进入 21 世纪以来，国际上各个国家都为推导经济要素的自由流动而不断改革创新。比如在金融投资、人员流动、市场准入、知识产权等方面签订相关协议并与协议国家达成相应的共识。为了更好地融入世界经济发展浪潮，中国必须进一步加快对外开放的步伐，同时建立合理完善的政治制度来保障目标的实现。自由贸易区的设立是中国探索经济对外发展的新模式，不仅有利于中国更好地对标国际贸易标准，同时也是我国进一步改革开放的新举措。

根据国家统计局的数据，自 2008 年金融危机以来，中国经济发展的步伐开始放慢，特别是 2008 ~ 2015 年，除了 2010 年，其他年份都处于下降趋势，同时一直是拉动经济增长的"三驾马车"中的进出口数量也出现了下降趋势，尽管 2010 年有所上升，但是上升幅度也不大，同比只有 3.4% 的增速。

在党中央坚持深化改革的政策指导下，我国的经济发展平稳过渡到新常态。新常态下，显然原有的经济政策已不适合我国经济发展的模式，需要从产业升级优化和创新等方面进行改革，重新激发我国的经济活力，创造更加自由和开放的经济发展环境。而自由贸易区的设立正是我国制度创新和深化改革的成果，可以有效地促进我国的产业升级。2013 年，我国首个自贸区——上海自由贸易区的正式设立，标志着我国进入了发展自由贸易区的新时期。该自贸区的设立以及其成果的发展经验为我国其他自贸区的发展提供了可借鉴的模式，引发了我国各城市积极设立自贸区的发展热情。

5.2.2　中国自贸区发展现状

上海作为中国最早成立的自贸区已经成为了我国改革开放的标杆和引擎。中国（上海）自由贸易试验区官网数据显示，截至 2019 年，上海自贸区内共有企业 8.6 万余家，外资企业超过 2 万家，注册资本超过 2800 亿美元。同时，上海自贸区积极推动保税区的发展，保税区的建立和发展推动了区域经济发展的进一步提升。上海自贸区还有一套与国际贸易制度对标的自贸区制度规范，这套制度规范与国际贸易通行准则和国际投资规则相衔接，为其他自贸区的发展提供了学习的模板。除此之外，上海自贸区还承担着实践以及积累可复制自贸区建设经验的任务。上海自贸区通过不断推进自贸区经济发展的模式转变，建立"负面清单"模式，加强和深化金融领域的开发和发展，推动贸易融资的便利化，争取成为开放程度高、货币兑换自由、法制环境规范和监管高效的现代自由贸易示范区。

中国另外一个重要的自贸区就是广东自贸区，广东自贸区成立于 2015 年，是我国建立海上丝绸之路的一个重要战略点，同时也是我国珠江三角洲地区与港澳深度合作的示范区。广东自贸区不断在金融、贸易、投资方面探索新的发展途径，目前已经推广和复制了多项发展经验和制度。与广州自贸区同一时期设立的福建自贸区也在珠三角经济发展带，其发展重点是积极对接台湾地区，不断深化两岸合作。同时，福建自贸区跟广东自贸区一样也是我国海上丝绸之路的一个重要战略节点，承担着不断推进与深化海上丝绸之路沿线国家和地区进行贸易合作的任务。自成立以来，福建自贸区不断开放、不断改革并不断创新，已经取得一系列阶段性成果，积极建立起对标国际贸易规则的自贸区经济发展新体制。位于中国北方的天津自贸区，其独特的经济地理位置决定了自贸区发展的定位和功能，天津自贸区的主要功能是积极推动京津冀地区的协调统一发展，从而更好地带动我国北方经济的整体发展。

我国第三批自贸区的设立主要集中在我国的北方地区和中部地区，大多在内陆城市，其自贸区的经济发展模式和目标也与之前两批的自贸区不同。湖北自贸区设立在我国长江边的武汉、宜昌和襄阳，是充分利用我国中部地区的发展特点，立足中部，积极带动我国长江经济带的发展和经济转型升级，带动长江内陆航运的发展，从而助力我国内陆地区成为经济开放的另一高地。其发展目标是积极推动科技体制改革，建立科学技术创新、金融体制改革、知识产权保护和相关的人才配套支撑体系。重庆自贸区的建设重点是以中欧国际铁路联运通道为基础，构建国际多式联运体系，推动自贸区成为连接长江经济带与"一带一路"沿线发展国家和地区的重要枢纽。四川自贸区连接我国东西部，通过开放沿江口岸，推动我国内陆地区与沿江、沿边、沿海等地区的协调发展，助力开放国际交通渠道。河南自贸区主要实现了我国贯通南北、连接东西部地区的发展目标，承担着服务"一带一路"建设和建立现代综合交通枢纽的重要战略任务。此外，在第三批自贸区的设立当中，陕西自贸区是我国西北地区唯一的自贸区，其发展定位是不断推动"一带一路"建设对我国大西北开放的带动作用，立足西安发展特点，积极发展对外文化贸易，不断推进与"一带一路"沿线国家贸易合作的创新方式。浙江自贸区设立在我国长三角流域，以发展大宗商品贸易自由化为战略定位，积极推动自贸区油品全产业链的发展，助力建立浙江航空产业园。辽宁自贸区设立在我国东北老工业区，其发展目标是不断提高东北老工业基地的竞争力，深化国有企业改革，积极推动科技创新和人才培养基地建设，进一步推动我国东北地区的一体化协同发展。

2018 年 10 月，国务院发布《国务院关于同意设立中国（海南）自由贸易试验区的批复》，海南成为我国第四批自贸区。2019 年，国务院又批复了第五批六个省份的自贸区，分别是山东自贸试验区、江苏自贸试验区、广西自贸试验区、河北自贸试验区、云南自贸试验区和黑龙江自贸试验区。山东自贸区注重发展海洋特色产业，促进中日韩三国的经济合作发展；江苏自贸区注重发展境外投资项目，不断创新制造业，同时加强金融服务对实体经济的支撑作用；广西自贸区注重发挥国际大通道和西部陆海联通的作用；河北自贸区强调发展大宗商业、生物科技、医疗制药等相关产业；云南自贸区注重发展边境区域的经济合作关系；位于我国北方的黑龙江自贸区则主要是加快实体经济的转型升级，同时加强与俄罗斯的经济合作关系。2020 年 9 月，国务院印发北京、湖南、安徽自由贸易试验区总体方案及浙江自由贸易试验区扩展区域方案的通知。这是我国第六批自贸区，其中，北京自贸区包括科技创新、国际商务服务、高端产业三大片区，湖南自贸区涵盖长沙、岳阳、郴州三个片区，安徽自贸区涵盖合肥、芜湖、蚌埠三个城市，浙江自贸区则扩容到宁波、义乌等市。

总体上看，各个自贸区都需要凭借自身区位优势或资源优势，积极创造自贸区成效，实现区域经济的互补和协同发展。

5.3　中国自贸区的建设经验

5.3.1　上海自贸区的建设经验

1. 上海自贸区概况

中国（上海）自由贸易试验区于 2013 年 9 月 29 日正式成立，自贸区位于长三角东部，平原地区广阔，一年四季分明，降水量充沛，地理和气候环境优势明显。自贸区总体面积为 28.78 平方千米，在 2014 年自贸区总体面积扩展到 120.72 平方千米，坐落于上海市东部浦东新区内，主要有上海市外高桥保税区、外高桥保税物流园区、洋山保税港区和上海浦东机场综合保税区 4 个海关监管特殊区域，以及金桥出口加工区、张江高科技园区和陆家嘴金融贸易 3 个扩展区域。其中外高桥保税区是我国最早的保税区，是全国首个国家进口贸易促进创新引导区，也是我国目前国内业务功能最全、经济规模最大的海关监管特殊区域。[①]

上海自贸区 7 个片区发展各有侧重。外高桥保税区总体面积为 10 平方千米，主要包括酒类、健康食品、化妆品、工程机械、机床、钟表、医药生物、汽车、文化产品等 10 类贸易平台。[②]外高桥保税物流园区是我国第一个保税物流区，除了享有保税区政策外，还可以享有出口加工区和上海港港口资源优势。外高桥保税区和保税物流园区依靠政策优势，统筹协调发展，成为了我

---

①② 资料来源：中国（上海）自由贸易试验区管理委员会官网。

国现代国际物流发展的基地。

洋山保税港区实行"区港一体"的运行模式，是上海国际航运发展综合试验区的主要中心载体，汇集了众多分拨配送中心，包括航运龙头集聚地、出口欧美的大宗商品行业基地和面对国内的进口贸易基地和分拨配送基地。

上海浦东机场综合保税区是上海临空服务业发展的先行地区，实行机场装卸货物和保税物流一体化运作模式，总体面积达 3.59 平方千米。浦东机场综合保税区通过引进世界知名跨国企业和融资租赁项目发展电子产品、医疗器械、奢侈品等项目，同时也引进了包括 UPS、DHL、FedEx 等全球知名快递公司，发展贸易区功能性项目，形成包括快递运作中心、融资租赁、亚太分拨中心、奢侈品消费等临空功能服务行业链。

陆家嘴金融贸易片区包括世博前滩地区和陆家嘴金融贸易区，汇集了上海国际航运中心的高端服务区、上海国际金融中心核心区和上海国际贸易中心的现代商贸区。陆家嘴金融贸易片区侧重发展与国际通行规则相适应的金融体制，推进投资便捷化、贸易自由化、金融国家化和监管体制的创新，营造更加法制化、市场化、国际化的营商环境。而世博前滩地区则侧重发展航运金融、文化体育、高端服务行业等，也是上海推进持续发展的重要动力。

金桥出口加工区面积达 20.48 平方千米，是上海战略性新兴行业先行区，汇集了生产性服务行业、高端制造业的核心功能区、生态工业引导区。金桥出口加工区的发展除了营造便捷化的营商环境外，还要重点创新和改革我国的金融管理体系，发展能在国际上具有竞争力的新兴行业。

张江高科技园区是上海贯彻落实创新型国家战略的先行区域，该园区侧重发展国家自主创新引导区和上海自贸区深度联合，发展"四新"经济，从而提高上海自贸区的创新能力。

上海自由贸易试验区官网数据显示，截至 2018 年，共有 361 家企业通过上海自贸试验区进行对外投资合作核准备案，对外投资总额达到 116.7 亿美元，占 2018 年上海对外新增投资总额的 69.18%，同比涨幅达 150.38%。作为上海企业对外投资的重要窗口，上海自贸试验区不断向自由化、便利化迈进，在"走出去"战略中发挥着越来越重要的作用。

2. 上海自贸区建设采取的措施

上海自贸区发展的总体目标主要有以下几个方面：一是继续扩大对外开放的力度；二是不断改善营商环境；三是推动政府职能的转变；四是积极探索改革开放发展新途径。自贸区在划分监管建设区域之后，以试点区域为基础，根据自贸区的实际辐射范围和带动作用继续扩大自贸区范围。可以看出自贸区的建立目标不仅仅局限于经济上的促进作用，同时还承担着完善市场体制和推动政府职能转变的任务，最终实现区域经济的可持续发展。为了实现这些职能目标，上海自贸区采取了一系列的措施：

第一，继续加大对投资领域的开放程度。为扩大投资领域，不仅对市场准入、投资营商环境等加强市场化改革，营造一个良好的投资贸易环境，而且对外商投资的管理模式进行改革，实施负面清单管理模式；简化登记流程，实行备案制，在保障国家安全的基础上，建立和完善国际化外商投资管理制度。同时，加强对外商投资后的具体事务和服务管理，坚持自贸区的外商投资统计和年检制度，提高对外服务能力。

第二，推动自贸区贸易发展模式的转变。通过发挥自贸区的贸易新优势来提高我国在国际贸易上的地位，促进外包项目、支付业务、营运中心、跨境电商贸易、国际检测系统等相关的发展，并建立与之相配套的物流、监管体系，统筹协调发展。充分利用自贸区的港口优势，发挥苏浙沪自贸区联动作用，建立和发展与航运相匹配的运输、金融等相关业务，建立高效合理的自贸区来往船舶的登记系统，提高自贸区的国际航运服务能力。

第三，促进政府职能的转变。完善的行政管理制度对自贸区的发展具有重要的推动作用。对自贸区来说，要推动政府管理的高效率、法制化和国际化，就必须加强事中事后监管，并且建立高效透明的反馈机制，允许更多的社会各界人士参与监督管理。营造公平公正的市场竞争环境，积极保障投资者的权益，使投资者合法合规地转移资产。

第四，继续推进金融领域的开放创新。在风险可控的情况下，鼓励和支持企业同时开放国际和国内两个市场和资源，充分享受市场化定价和投资便利化带来的有利条件，鼓励外资或合资银行在自贸区的建立，提高自贸区相关企业和金融机构的对外开放能力，加大金融服务功能。

第五，建立和完善相关的法律制度保障。通过优化法律法规制度和制定新的政策，建立与自贸区发展相匹配的规则制度。同时还可以通过各种不同方式发挥监管作用，例如建立线上和线下相结合的监管方式；还可以加强各部门间的监管协作，实施不同的政策优惠制度，对标国际标准，建立适合自贸区发展的税收制度，实施促进贸易投资的税收政策。

从以上这些措施可以看出，建设发展自贸区涉及投资领域、贸易方式、政府职能、金融领域、法律政策、监管方式等多个方面，不同程度的经济建设和制度保障对自贸区的经济发展产生的影响是不同的，带来的辐射作用也会有区别。在自贸区的建设和发展过程中，会遇到不同的新问题，要根据这些问题对政策不断进行改进和完善。例如，2013 年，国务院发布了对外商企业在自贸区投资范围的相关调整条例。

3. 上海自贸区的优势

经过这几年的发展，上海自贸区在制度和法规上不断调整和改进，为其他地区的发展形成了可复制可参考的发展经验。同时，自贸区的法治化建设方面不断得到加强，营商环境建设也在提高，为自贸区的企业提供了良好的发展环境。除此之外，上海自贸区也积累了一系列的经济成果。上海统计局数据显示，虽然上海自贸区土地面积仅占浦东新区的 1/10，但是创造的生产总值占上海地区生产总值的 20% 以上，其中外贸进出口总额占据了 70% 以上。

不断改善的市场投资环境也吸引了越来越多的国内外企业进驻上海自贸区，同时，随着自贸区制度规则的不断完善，自贸区境外投资管理的效率不断提升，为境外投资项目进入自贸区提供给了良好的制度和体系保障。同时备案制的设立大大提高了境外投资管理事务办理的效率，更好地为境外投资服务。据统计，截至 2019 年底，上海自贸区内累计新设立企业 6.4 万户，自贸区建设 6 年来新设企业数是前 20 年同一区域新设企业数的 1.8 倍。新设外资企业 1.2 万户，占比从自贸试验区成立以来的 5% 上升到 20% 左右。对外投资管理方面，实施备案管理，办理时间从 10 个工作日缩减到 3 个工作日。累计办结境外投资项目超过 2800 个，中方投资额累计超过 900 亿美元。

随着自贸区金融服务能力的不断提升和投资环境的不断改善，上海自贸区吸引了越来越多的国内外投资者，也吸引了更多的境外融资。据上海自贸区官网数据统计，截至2019年底，已有58家商业银行、财务公司和证券公司等金融机构直接接入自由贸易账户监测管理信息系统，开立自由贸易账户13.1万个，通过自由贸易账户获得本外币境外融资总额折合人民币1.7万亿元。人民币跨境使用和外汇管理创新进一步深化，2019年，人民币跨境结算总额累计3.8万亿元，占全市的38.99%。累计有1064家企业发生跨境双向人民币资金池业务，资金池收支总额1.94万亿元。

上海自贸区的建立发展也推动了上海浦东新区的经济建设。据上海浦东海关统计，近几年来浦东新区外贸进出口快速增长，截至2019年，浦东新区进出口总值达到了20514.73亿元，占上海全市比重超过了60%。洋山港和外高桥港区合计完成集装箱吞吐量3907.3万标箱，同比增长3%。2019年浦东新区生产总值达到12734.25亿元，同比增长7%。

上海注重改革创新，加快发展开放型经济。2020年上海统计局数据显示，上海港集装箱吞吐量连续十年世界第一，口岸贸易总额继续位居世界城市首位，浦东机场货邮吞吐量位居世界第三。这些优势为上海自贸区的发展奠定了良好的基础，除此之外，上海自贸区的成功离不开以下几个方面的优势：

（1）制度创新。上海自贸区成立以来，形成了多项可复制可推广的制度创新，例如在政府管理制度方面，简化了外资企业的登记手续，实行"一个部门，一个窗口"办理外资企业的登记与准入，实现了"单一窗口"制度，大幅度提高了通过效率。完善了贸易法律规章制度，初步建成了与国际通行规则相衔接的体系，加强了社会信用体系，提高了营商环境的开放度和透明度，为中国构建新的开放经济体系起到示范作用，同时建立了区内企业与政府机构直接沟通的渠道，方便开展国家安全方面的审查。在投资管理方面，上海自贸区建立了以负面清单为核心的投资管理制度，负面清单是上海的众多改革中最具推广价值的创新制度，与传统管理方式不同的是它进行了思维模式的更新，简化企业投资项目更加开放和透明化，不列明可投资项目，只规定不可投资项目。负面清单是一项创新举措，对自贸区便利化起着至关重要的作用。在自贸区改革监管模式方面，上海自贸区主要实行"一线放开、二线安全高效管住"的模式，加强境内关外、区港联动、信息化管库的结合。

管理部门在海关监管的重点口岸办理监管手续时主要是通过全面高速的信息平台进行信息查询，执法部门再做好相应的后续工作，保障上海自贸区的高效安全运作。

（2）人才汇聚。上海在人才引进、经济方面遥遥领先国内其他城市，上海是大多数海归的第一选择。上海统计局数据显示，截至 2019 年 10 月底，上海共引进跨国公司地区总部 710 家（其中亚太区总部 114 家），研发中心 453 家，在中国，地区总部和外资创业中心最多的城市一直都是上海。随着自贸区新片区对外开放的深入，金融、航运、商贸、电信、保险、证券、法律等领域人才的需求不断提升，对建筑、规划、设计等专业服务以及教育、卫生、文化服务等领域人才的需求也会不断拓展。2019 年 8 月 6 日，上海自由贸易试验区临港新片区正式登场，同期发布的《中国（上海）自由贸易试验区临港新片区总体方案》中，对于人才引进与管理作出规划。方案中提到，通过签证、停居留政策，让一定范围的外国专业人才能够在自贸区这个特殊经济功能区内备案后自由执业，让境外人士参加我国相关职业资格考试，不仅要让更多优秀的外国人才"零成本"来去自由，更为重要的是要在贸易区用好、用足外国人才。上海自贸区在人才引进、管理方面的突破在全国具有试验价值，一方面，通过一段时间的探索实践，可在金融、建筑、规划、设计等领域积累经验的基础上，在更大范围开展资格互认和自由执业；另一方面，也将此可复制的经验，在全国各地推广。

（3）金融服务业发达。上海如今已经是国内名副其实的金融中心。上海经济规模大，对外贸易发达，物流运输体系强大，多数国际化企业都聚集在上海，开放水平高，风险承受能力大。

在上海自贸区内，金融服务业对内开放程度高。政府降低了企业入驻的资金门槛，大力支持区内设立金融机构和民营资产的设立。园区内聚集了以租赁融资为主的新型金融行业，政府引进行业协会，带动整个区内金融活动的活跃性。自贸区内资本账户的开放，实现了区内资本的自由化，同时也具有防范潜在金融风险的作用。例如，政府颁布了关于区内用户体系和融资汇兑便利化细则及管理方法，实现了自由贸易账户的开户、存款、结算、汇兑和融资功能，也具备了开放外币账户的功能。

（4）法律法规健全。上海自贸区实施的法律法规经过最高权力机关授予权力、立法者积极行使权力修正相关法律法规这一路径。自贸区的法制建设得到了国家和地方政府的重视。在国家层面上，全国人大先后颁发了4部文件，国务院及相关部门出台了79部文件。从地方政府层面上看，先后出台了《中国（上海）自由贸易试验区条例》《中国（上海）自由贸易试验区管理办法》等多项地方法律法规，内容涵盖了企业、监管、金融等多个方面，丰富了上海自贸区的法制内容，健全了上海自贸区的法律规范体系。

4. 上海自贸区的成效

上海自贸区自建立以来已经取得很多成效，其中最主要有以下几个方面：

（1）贸易便捷化得到了大幅度提升。

（2）"单一窗口"的提出不仅实现了制度创新而且提高了通过效率。

（3）进一步改进了外商投资和海外投资记录管理体系。

（4）贸易功能区得到了不断扩展。

（5）拓展了外汇结算和自由贸易账户的运作功能。

（6）强化了跨境人民币结算功能，对跨国公司总部的外汇资金集中管理，对本外币双向资金池进行了金融创新。

（7）推出了一系列国际金融交易平台。

（8）优化了人才引进政策，创建了有利的营商环境。

（9）加快了自贸区与自主创新引导区的联动发展。

同时，为应对全球经济一体化的发展，上海正着手准备启动全球贸易联合会，联合会的设立将进一步提高全球自贸区的自由化程度，促进上海对外贸易的进一步发展，实现双边投资、双边贸易的自由化和便捷化。

5.3.2　中国第二批自由贸易试验区

为了加快建设我国开放型的经济发展新体制，建设第二批自由贸易试验区是积极落实我国战略部署的重要环节。我国的第二批自由贸易试验区设立在广东、福建和天津。三个自贸试验区根据自身的经济发展特色具有不同的发展定位。具体发展功能定位如表5-1所示。从表中可以看出，中国（广东）自贸区的建设发展主要是以港澳地区为发展平台，积极发展航运、运输物流、国际贸易、特色金融和高端制造业的发展等，同时面向世界，促进我国的经济发展。中国（福建）自贸区以两岸经济发展合作为平台，积极发挥福建的地理和产业优势，不断促进福建地区和我国台湾地区之间的投资贸易自由化，针对台商投资，自贸区还有相应的政策优惠。除此之外，福建自贸区充分发挥与东盟地区的合作优势，携手共建海上"丝绸之路"重点发展中心，助力我国"一带一路"建设。中国（天津）自贸区位于我国的北方，因此以建设我国北方国际航运中心、物流中心、先进制造业基地和科学研发中心等为主要功能目标，积极推动我国京津冀地区的共同发展。总的来说，我国第二批自贸区根据所在区域经济发展的优势、区位优势、产业优势等确定了自贸区的功能定位和发展目标，在借鉴上海自贸区的管理制度、金融体制、法治建设等经验的基础上，制定了符合自身发展的法律规范和经济管理体制，促进了自贸区的建设和发展。

表 5 - 1　　　　　　　　　中国第二批自贸区的功能定位

自贸区名称	包含的区域	战略定位	功能定位
中国（广东）自由贸易试验区	南沙新区、深圳前海蛇口片区、珠海横琴新区片区	加快对外开放，以港澳地区为发展平台，积极服务于内地	航运物流、国际商贸、特色金融、高端制造、旅游休闲
中国（福建）自由贸易试验区	平潭片区、厦门片区、福州片区	加强深化两岸的经济合作，服务于"一带一路"倡议	服务贸易、新兴产业、金融创新、现代服务业、旅游休闲
中国（天津）自由贸易试验区	天津港东疆片区、天津机场片区、滨海新区中心商务片区	积极做好我国改革开放的先行区和制度创新的试验区，促进京津冀地区的共同协调发展	国际物流中心、北方国际航运中心、先进制造业基地、科学研发中心、金融创新中心

资料来源：各自贸区官网。

5.3.3　中国第三批自由贸易试验区

随着第二批自贸区的成功建设和发展，我国加快建设了第三批自由贸易试验区。第三批自贸区共7个，分别位于中国的东部沿海地区（浙江）、西部地区（四川省、重庆市、陕西省）、北部地区（辽宁省）和中部地区（湖北省、河南省）。与之前我国第一批和第二批自贸区不同的是，第三批自贸区主要位于我国的内陆地区，充分落实了我国"先富带动后富"的发展理念。位于我国东部沿海地区的浙江自贸区设立在舟山，是我国唯一一个设立在海岛区域的自贸区，充分体现了我国非常重视舟山在长江经济带建设中的经济地位。随着第三批自贸区的设立和发展，也说明我国的经济发展中心逐渐从我国的沿海经济发展区域向中西部转移，进而推动全国经济的协调统一发展。第三批自贸区根据自身的不同发展特点也有不同的发展功能定位，具体如表5-2所示。

表5-2　　　　　　　　　　　中国第三批自贸区功能定位

自贸区名称	包含的区域	战略定位
中国（浙江）自由贸易试验区	舟山离岛片区、舟山岛北部片区、舟山岛南部片区	不断提高以油品为核心的大宗商品全球配置能力，基本建成对标国际通行标准的自贸港区
中国（四川）自由贸易试验区	成都天府新区片区、成都青白江铁路港片区、川南临港片区	积极建设成为我国西部门户城市开发开放引领区、国际开放通道枢纽区、内陆开放型经济新高地、内陆开放战略支撑带先导区和我国内陆与沿海沿江沿边协同发展开放示范区
中国（重庆）自由贸易试验区	两江片区、果园港片区、西永片区	建设成为我国"一带一路"和长江经济带互联互通的重要枢纽点和我国西部大开发的重要战略支点
中国（陕西）自由贸易试验区	中心片区、西安国际港务片区、杨凌示范区片区	我国"一带一路"经济发展合作和人文交流的重要支点、我国全面推进改革开放的试验区、内陆性改革开放新高地
中国（辽宁）自由贸易试验区	大连片区、沈阳片区、营口片区	加快我国北方对外开放水平，不断提升东北老工业基地的整体发展水平和市场竞争力
中国（湖北）自由贸易试验区	武汉片区、襄阳片区、宜昌片区	打造成为我国高新技术产业、新兴产业基地、带动我国中部地区的自贸区发展、推动长江经济带建设中的示范作用
中国（河南）自由贸易试验区	郑州片区、开封片区、洛阳片区	积极推动我国现代交通体系和现代物流体系相结合

资料来源：各自贸区官网。

5.3.4 香港自贸区建设经验

香港位于我国珠江口东面，地理位置优越，是我国对外贸易发展的重要交通要塞，同时还拥有世界三大天然良港之一的维多利亚港，维多利亚港也是世界第三大海港。香港作为珠三角地区货物运输最重要的中转站，港口优势比较明显，码头成熟，航线航班多，又位于主干航线上，中国内陆腹地的货物大都在香港进行中转。香港经济高度发达，生活水准高，是我国走向世界的重要标志。由于地理位置的优势，它还是亚太地区乃至全球重要的海运枢纽。它不但经济发达，并且实行全境自由贸易政策，是世界上最开放的自由贸易区之一。不过，近年来，深圳港、广州港逐渐崛起，两地更贴近内陆经济腹地，对接更加顺畅，正在削弱香港海运中转站的作用，对其集装箱吞吐量的增长带来不利影响。据香港特区政府统计处公布的数据，2018 年香港港口货物吞吐量较 2017 年下跌 8.2%，为 25850 万吨，其中，抵港港口货物及离港港口货物较 2017 年分别下跌 8.6% 及 7.4%；2019 年全年的港口货物吞吐量同比上升 1.8%，达 26330 万公吨，其中，抵港港口货物同比上升 7.2%，达 17090 万公吨，而离港港口货物同比则下跌 6.7%，为 9240 万公吨，港口吞吐量居全球第 7 位。尽管近些年香港的自由贸易发展有下降趋势，但是香港自贸区仍然是世界上对外贸易最为活跃的自贸区之一，也是世界上最有代表性的自由贸易港，香港自由贸易的发展经验对浙江自贸区的发展具有一定的借鉴作用。

香港自贸区的制度建立与它独特的地理位置、历史背景关系比较密切，香港的自由贸易发展经历了两个阶段：转口贸易型自贸区阶段和综合经济贸易区阶段。

英国 1841 年占领香港后，就宣布香港为自由港。自此以后，香港凭借着地理位置优势不断吸引世界各国的货物、资金、技术、人才发展其转口贸易。随着转口贸易的发展，也带动了相关产业的发展，比如航运船务、港口贸易、运输、仓储、金融保险等行业。香港是世界上实行自由贸易港政策最早的城市之一。香港回归以后也一直保持着自由港的地位，继续实行自由贸易政策。

香港自由贸易区发展取得的成绩主要表现为：其一，对外贸易发展强劲，并且拉动经济发展速度明显，特别是在 20 世纪 80 年代后，对内地经济发展作出了重大贡献。其二，中国香港是全球经济最自由和最具有活力的经济体之一。美国智库 Heritage Foundation 发布的《2018 年经济自由度指数》（*2018 Index of Economic Freedom*）显示，至 2018 年，中国香港已经蝉联全球经济自由度指数榜首 24 年。2019 年，美国传统基金会与《华尔街日报》发表《2019 经济自由度指数》，香港的得分为 90.2 分，蝉联第一位。香港以世界最自由的经济体系得到了国际社会的高度评价。

据香港特区政府统计处发表的《2019 年有香港境外母公司的驻港公司按年统计调查》，截至 2019 年 6 月 3 日，母公司在海外及中国内地的驻港公司数目达 9040 家，总就业人数达 49.3 万人，既有力地促进了香港地区的经济增长，维持了香港在国际上的较强竞争力，也发展了香港的转口贸易。

香港自贸区的快速发展除了自身优势外，还依赖于香港的自由政策的支持。首先，自由贸易制度。除了涉及安全和国际贸易协定规定的管制外，香港贸易区对商品的进出口不设限制，包括进出口商品的种类、价格等。除了对国家规定的酒精制品等 6 大产品征收进口关税和消费税外，对其他商品不收关税，也不设置关税壁垒。同时商品进出口手续便捷，一般的商品都不要报关报批；外来船舶进入自贸区无须办理入境手续，无港口行政税费，实行非强制引水，物流系统非常通畅便捷。其次，自由企业制度。企业可以自由进入贸易区经营，贸易区进入门槛低，新企业注册手续便捷，企业在园区内运行成本低，营商环境优越。最后，自由外汇制度。香港没有外汇管理局，对货币买卖和国际资金流动，包括境外投资者将股息或资金调回本地，都无限制。资金可随时进入或撤出香港。香港的外汇市场成熟活跃，与境外金融中心保持密切的联系，确保外币交易得以每天 24 小时在全球市场不停进行。企业更可在香港银行开立多种货币账户，使用不同货币方便业务往来或进行投资。总的来说，香港自贸区发展的经验有以下几个方面：

（1）管理制度先进。香港经过多年发展，在政府管理、行政体系和经济管理制度上形成了自己的特色。在特区政府管理方面，特区政府不参与企业的经营活动，并通过相关立法营造相对公平的营商环境。特区政府鼓励和支持境内外企业入驻自贸区，并在政策上与当地企业一视同仁；特区政府部门办事手续简便，效率高；对危险品行业特区政府进行分类管制，在宏观上建设社会公共服务性产业。在行政体系方面，香港特区政府职能不干涉市场经济活动，尽可能给予市场经济充分的自由。对区内企业的限制较少，企业进入园区门槛低，不限制注册资金，企业注册手续简便。但是香港对企业的监管规范执行较严，有专门的法律法规对企业行为进行约束，还建立香港各种同业公会和商会规范企业的经营活动。在经济管理制度方面，特区政府对企业控股不限制，对企业经营行业也不限制。对园区内商品进出口管控比较松，自由性高，但是对特殊商品的进出口贸易管控比较严格，需要提前审批申报。对一些会对社会造成危害的行业，特区政策对其进行分类管控，实行严格的管理制度。

（2）贸易自由度高。香港进出口步骤十分简便，海关不约束各类交通工具的进出，无须向海关报备普通商品的进出口，不征收一般货物的关税，不设立贸易壁垒。在进出口额的数量上也没有限制，但有关食品安全、环境保护、国家安全等相关领域需要进行管控。实行对货物进出口最低限度的法律管制。

（3）金融自由。香港的国际银行中心排名全球第二、亚洲第一；投资管理中心排名全球第三、亚洲第一；保险中心排名全球第二、亚洲第一。它作为国际金融中心，外汇及黄金市场完全开放，国际资金可以自由流动，不限制本地资金和境外资金，自由转换离岸资金和在岸资金。香港不仅有完善的法律制度和监管机构，更沿用了符合国际标准的会计准则。加上网络遍及全球的银行体系，令资金和资讯均全面流通且不受限制，配以先进完善的交易、结算及交收设施作为后盾，为国际投资者提供了融资和投资的平台。

（4）对外投资自由。在香港除了金融、电信、公共运输、公共设施及部分大众媒体等领域，其他项目都可以对外投资不受限制。而且香港特区政府给予外商企业的条件也十分丰厚，他们可以享受和本地公司一样的待遇，不管是资金来源地还是资产所有制都平等对待。这一政策吸引了很多外资企业。

（5）法律法规制度健全。香港特区的法律法规制度健全，关于投资贸易、金融监管和知识产权方面的法律法规多达 1000 多件，营造了公平、自由的营商环境。香港特区完善严密的法律制度使在香港的经济活动受到了法律的保护和监督。同时随着经济的发展和社会经济情况的变化，香港特区的法律法规制度也在不断修改、补充和完善。

香港自贸区的发展为我国内地的自贸区发展提供了宝贵经验。2013 ～ 2020 年 9 月，我国陆续批准了七批自由贸易试验区的建设，通过建立自贸区发展对外贸易，加强与全球各个国家的贸易联系，参与全球经济一体化的进程，同时进一步推动我国区域经济建设，从而带动整个国家的发展。

5.4　国外自贸区发展历程

世界上自由贸易区的发展起源可以追溯到 400 年前的意大利，意大利的佛罗伦萨港被认为是世界上第一个以自由港命名的港口。15 世纪以后，资本主义萌芽在欧洲出现，一些欧洲殖民国家开始建立了一些具有保税区性质的自由港，在这些自由港都不同程度地实施一些贸易优惠政策。有些国家开辟了"自由区域"实行以自由放任为基础的自由贸易政策，例如意大利的威尼斯、法国的敦刻尔克、葡萄牙的波尔多等地区。这些国家利用自己的天然港口优势相继设立自由港、自由区，方便这些国家对外扩张。二战期间，各国各地区经济发展进入停顿阶段，自由港和自由区的发展也停滞不前。二战后，以美国为首的一些发达国家开始恢复经济，大力发展对外经济，自由港、自贸区的数量大大增加，自贸区发展进入全新发展阶段，自贸区的发展模式也从单一的转口贸易型向加工制造型转变，开始出现出口加工区。经济一体化开始形成。自从爱尔兰香农国际机场建立全球首个出口加工区后，亚洲的一些发展中国家、南美洲的一些国家和地区也开始逐步建立出口加工区。20 世纪中后期，随着全球化经济的发展，自由贸易区迎来了历史发展新机遇，不仅在数量上持续增长，贸易区功能也日趋多元化，范围也不断扩大，进入了蓬勃发展阶段。这期间，中国也在多个省份建立了保税区和出口加工区。

从实践层面上看，由于各国政治背景、经济发展历程、地理环境差异，形成了不同的自由贸易区模式。绝大多数国家会根据自己国家或地区自然条件和经济结构等来选择适合自身发展的自贸区模式或是发展综合型自由贸易区。有些国家地处一些交通要道拥有较为发达的港口资源，这些国家一般会形成转口港从而发展转口贸易；也有些国家因为自然条件的限制和资源的匮乏，选择发展出口加工区模式。

自由贸易区是全世界各国在全球范围内参与国际分工和竞争、推动贸易便利化和投资自由化、集聚生产要素的重要政策手段。为了顺应经济全球化和区域经济一体化的趋势，自贸区不仅注重服务贸易的发展、投资的自由化和便利化，同时还积极拓展离岸功能，鼓励和支持金融自由、投资贸易制度的创新发展、关注全球供应链枢纽的发展等，总体上看，呈现出以下几种发展趋势。

（1）贸易功能从单一功能转变为贸易功能与投资功能共同发展，目标是实现投资的自由化和便利化。区域经济的一体化发展已经突破了之前单一贸易功能为主的各种局限性，开始向贸易、服务、投资等多项功能联合的综合性功能转变，特别是对投资自由化和便利化的重视程度加深，例如北美自由贸易区和亚太经济合作组织等。因此，自贸区的发展重点也开始向投资自由化和便利化转变，不断改进和完善在负面清单管理、海关监管、投资准入、投资服务等方面的政策，积极为自贸区营造更为宽松的投资自由环境。

（2）从单一的货物贸易功能转变为货物贸易与服务贸易共同发展，积极发展服务贸易。随着全球服务贸易的快速发展，服务贸易总额占全球贸易总额的比重不断攀升，据经济合作与发展组织公布的数据，服务贸易总额超过了全球贸易的 20%，可以看出全球的产业形态逐渐趋于服务化。自贸区当前呈现的发展趋势是从进出口贸易、转口贸易逐渐向服务贸易领域延伸和拓展，为全球服务贸易的发展提供更为广阔的空间。随着高端服务业在全球范围内的发展，服务贸易将代替传统的制造业成为自贸区的主导产业，同时，服务贸易经过产业结构的内部调整优化和升级，产生了一些新型的服务贸易产业，例如金融业、信息业、咨询业等。

（3）贸易自由制度逐渐开始向投资贸易自由、金融自由制度共同发展，调动制度之间的联动性。随着自贸区功能的不断拓展和对标国际贸易新标准，自贸区通过建立和创新自由开放的制度来助力实现投资贸易的自由，争取全球竞争的主动权，改进和推动贸易自由化制度并不断向外拓展，一些总部企业和高端服务业是向外拓展的主要目标。企业在自贸区投资不再需要向政府部门审批，只需要登记备案。投资领域对企业的进一步开放突出了投资自由化制度的便利性。同时，自贸区积极推动金融自由化制度的创新，努力实现自贸区内外汇兑换自由和资金进出自由。

（4）推动在岸业务功能转变为在岸业务功能与离岸业务功能共同发展，积极拓展离岸功能。自贸区的"境内关外"特点适合发展离岸业务。随着全球经济一体化不断发展，跨国公司发展也非常迅速，推动了国际分工向精细化发展，在此基础上离岸业务得到了快速发展，并不断拓展以离岸金融为核心的离岸功能。

（5）区域物流逐渐向全球供应链枢纽发展。全球经济一体化和区域经济一体化的快速发展，促进了跨国性物流的发展，生产要素在全球流通的规模和速度不断加快，自贸区逐渐成为了国际物流和资金流的主导区。跨国公司通过在全球自贸区对产业链自由进行优化配置，在全世界不同的自贸区建立不同的生产区域和全球化配送网络，实现公司生产在全球的布局配置以及实现公司生产成本的最小化和生产利润的最大化。跨国公司通过服务离岸外包、全球发展式制造等方式探索全球经营的最优化模式，也成为了全球供应链的关键节点。

5.5　国外自贸区建设经验

5.5.1　新加坡自贸区建设经验

新加坡自贸区跟其他世界成熟的自贸区一样都具有优越的地理位置优势，拥有200多条航线，并且与世界上100多个国家的600多个港口进行着贸易往来。新加坡港口是亚太地区最大的转口贸易港，集装箱吞吐量也位居全球前列。新加坡凭借着丰富的港口资源迅速发展对外贸易，成为了亚太地区的经济发展中心、海上运输和进出口贸易集聚地，也成为了亚洲重要的国际航运服务中心。自 19 世纪中期以来，新加坡充分利用其得天独厚的地理优势，发挥其作为东南亚交通要塞的作用，同时政府也出台相应的鼓励政策，积极发展对外贸易，推进了以港口服务为核心的航运服务战略，促进了航运服务业的发展。近年来，新加坡的经济发展速度和富裕程度是有目共睹的。自 1970 年开始，新加坡自由港陆续建立裕廊海港自由贸易区、樟宜自由贸易区、空港物流园区等 7 个自贸区。新加坡自贸港的成功在于其软件和硬件设施的建设，以及其港口的持续活力。政府重视自贸港的物流基础设施和支持服务，继续实施"物流产业改善和应用计划"以及电子政务建设。早在 1989 年新加坡政府就推出了全国电子数据交换系统贸易网，物流中涉及的各个环节均实现了无纸化和自动化。现如今，随着需求的变化和科技的发展，新加坡正在建设一个新的平台，名为"国家贸易平台"，这个平台将替代贸易网作为许可申报的国家单一窗口，并且它也会替代 TradeXchange 作为连接政府部门和贸易与物流业界的平台。新加坡发达的基础设施建设和先进的各类功能平台使它成为一个国际知名的自贸港。金融业是新加坡经济支柱产业之一，它的金融市场在亚太地区是最成熟的金融市场之一，同时还是南亚和东南亚的石油交易中心。新加坡自贸区侧重发展国际航运服务业，同时也发展国际贸易、产品加工、物流运输等相关产业，园区的功能定位非常明确，也为其他自由区的发展提供了借鉴模板。

总体来说，新加坡自贸区有以下几个特点：

（1）管理制度先进。新加坡采用的管理模式是以企业化管理为主，政府协调为辅。自由贸易区的管理主要由新加坡的 PSA 国际港务集团负责，港务集团采用企业化方式对自贸区进行经营和管理，并向政府定期汇报工作情况，政府不干涉自贸区的经营管理。新加坡政府属于创新型政府模式，为公众提供优质、高效、公平的政务环境和完善的自主创新服务体系，具有良好的制度环境。同时政府不断地发挥积极性，利用制度创新颁布有利于航运服务业发展的政策，促进经济的发展。在投资管理方面，进入园区门槛很低，除了一些国防相关产业和一些特殊行业，园区内一般不限制行业种类，政府还制定和颁布相关优惠政策、奖励措施吸引外资进入园区。

（2）贸易自由度高。货物从国外到新加坡的机场和港口暂时不需要交关税和消费税，并且在这些地区没有针对货物的储存、包装、分销等行为的海关监管。从 20 世纪 90 年代开始，新加坡的外贸企业便可以自由选择结算货币，这样有益于避免一定的外汇风险。新加坡本地银行、外资银行或者其他金融机构可以向外资企业提供融资方面业务，针对企业的特点提供个性化融资方案，例如：融资、保险等，为新加坡的贸易发展提供了有利条件。新加坡的外国企业可以向新加坡企业发展局、经济发展局等机构申请提供优厚的融资条件。外资企业进入新加坡自贸区只需要按银行要求提交相关文件，就能开设银行账户，政府对这些企业的利润转出也不收取相关税费。这些措施提高了新加坡自贸区发展的活跃度。

（3）贸易便利化。新加坡通关手续简便，自贸区内货物可在一天内完成货物转运，货物卸货到运出只需要约一个小时并且在 72 小时之内散货进出口可以免费储存，如果有需要二次转出或者需要存储的货物也可以免费储存 28 天。在海关监管的控制下可以进行货物从一个自贸区运到另外一个自贸区。新加坡贸易发展局推出"贸易网"，可以简化通关手续，提高行政效率、降低运输成本、提供增值服务，该系统还能同时处理保险、经纪、仲裁、财务等不同环节。

（4）营商环境优越。新加坡营商环境综合实力不可小看，对全球各个经济体进行整体营商环境评估的报告《全球营商环境报告 2020》显示，新加坡位列前三（见表 5-3）。新加坡拥有成熟的金融市场，营商环境也十分优越，金融机构超过 700 家，其中银行就有 200 多家。而且外汇管制没有限制，资金进出自由。新加坡自贸区的物流运输也十分发达，航运、陆运条件优越，基础设备完好，投资条件自由，金融市场成熟等方面营造了良好的营商环境。同时新加坡是先立法后建区，因此新加坡的法律法规体系较为完善。新加坡的《自由贸易区法案》覆盖了自贸区的功能定位、管理体制、运作模式和优惠政策等各个方面，不仅有利于自贸区快速持续的发展，也为执法机构提供了相关执法依据，加强了对自贸区企业的管理，保障了自贸区的健康发展。

表 5 - 3　　　　　　　2020 年世界银行"全球营商环境排行榜"

世界排名	经济体	得分
1	新西兰	86.8
2	新加坡	86.2
3	中国香港	85.3
4	丹麦	85.3
5	韩国	84
6	美国	84
7	格鲁吉亚	83.7
8	英国	83.5
9	挪威	82.6
10	瑞士	82

资料来源：世界银行的《全球营商环境报告 2020》。

5.5.2　阿联酋迪拜的自贸区建设经验

阿联酋迪拜有多个自贸区，其中杰贝阿里自贸区、哈伊马角自贸区、迪拜机场自贸区是相对比较出名的自贸区。目前，世界上发展成熟的自贸区当中，迪拜的杰贝阿里自贸区被认为是经济自由度最高、运营最为规范、开发价值最高的一个自贸区。杰贝阿里自贸区也是迪拜发展最早的一个自贸区，经济活跃度非常高，也是迪拜热门投资地之一。迪拜不像其他中东国家拥有丰富的石油资源，其经济主要收入来自自由贸易区，自贸区的发展为迪拜的经济发展作出了重要贡献。1985 年迪拜政府依托杰贝阿里港区建立了阿联酋第一个自由贸易区——杰贝阿里自由贸易区。经过多年的发展，杰贝阿里自贸区已经发展成了一个集制造加工、贸易服务为一体的综合性服务自由贸易区，也成为了世界上发展最为成功的自由区之一。杰贝阿里自贸区意味着高标准的服务质量、超高的专业效率以及灵活的贸易模式等，杰贝阿里自贸区 Jebel Ali Free Zone 官网显示，杰贝阿里自贸区贡献了阿联酋 25% 的 GDP，促进了阿联酋的经济建设。哈伊马角自贸区成立于 2000 年，自贸区分为了商贸园区、工业园区和技术园区。该自贸区侧重培养物流供应链方面的专业管理人才，因此在技术园区内拥有较多的院校和高等学府，每年培养市场营销、商务管理、电子商务、语言文学等各类专业人才约 6500 人。同时各个园区内设置了各类配送、仓储等相关物流服务配套设施，一些全球著名的跨国企业也在该园区内经营，例如，美国的宝洁集团、百得集团、戴姆勒克莱斯勒集团、德国的丹沙集团等。迪拜机场自贸区是建在迪拜机场的物流仓储枢纽，该自由贸易区拥有超过 1600 家国际公司，行业范围涉及电子、航空、医药、物流、货物和珠宝。其运营至今所拥有的最大优势为：拥有年均超过 15 亿人次消费者进出的庞大市场，通往世界各地的 100 多条班机航线，仅航空年均货运量就超过 50 万吨，该自贸区也是整个中东地区自由区革新或物流仓储枢纽先行者，拥有覆盖面广泛的航空货运服务网络：迪拜航空货运、仓储区、加工贸易区、增值服务区、自由物流中心等设施，积极引进全球先进物流仓储技术设备，24 小时开放运营。①

阿联酋迪拜的自贸区能够取得成功与以下几个方面是分不开的：

（1）税收优惠力度大。迪拜的自由贸易区的税收非常优惠，其主要政策包括：不征收关税和其他税费，包括在该地区存储、交易、加工和制造商品的税费，并且在阿拉伯联合酋长国的海关地区对商品重新征税。自由贸易区内的企业可以享受 100% 的外国投资，50 年内公司不需要交税，在转移资金、货币要求上不受限制；无须进口关税、再出口关税和个人所得税，可以雇用外国人员。海关可以对该地区的货物进行随机检查。迪拜税收政策的成功在于"低税率引入，高租金拦截，与国家垄断经营合作"，这不仅推动了经济发展，也不会造成损失。在运营模式上，迪拜采用的是"1 + N"模式，这种模式的好处在于可以让自贸港与产业协调发展。该模式不仅突破了物理围栏的界限，而且释放了"制度红利"，让港口的辐射效应达到最大。最终的好处是可以在港口和腹地经济之间形成一个综合性的功能网络。迪拜以诱人的优惠政策和完善的基础设施吸引了各类跨国公司的加入，形成了一些具有自身特色的自由区，例如航空自由区、网络城、媒体城、汽车和发动机区、黄金和钻石交易区、金属和商品交易中心等。这些特殊区的建立丰富了迪拜的产业，促进了迪拜的多元化经济发展。

---

① 资料来源：https：//www.dafz.ae/en/。

（2）交通位置优越。目前，迪拜共有 8 个自由贸易区，其中杰贝尔阿里自由贸易区规模最大，发展最丰富，是一个综合性最强的港口自由贸易区。它距迪拜机场约 20 分钟车程，陆海空交通便捷。而且迪拜的自由贸易区已成为连接亚洲东、西和其他国家的世界贸易中转站。

（3）资金流出自由。迪拜是外贸货物进出口额最大的自由贸易区之一，资金进口和货币不受任何限制。它的金融中心拥有 200 多家国际银行分支机构，而且通常存款没有利息。

5.5.3　荷兰鹿特丹自贸区建设经验

鹿特丹港区占地 12606 公顷，其中陆地面积 7796 公顷，水域面积 4810 公顷。港口长度 40 公里，码头长度 89 公里，总泊位 656 个，航道最大水深 24 米，最大可泊 54.4 万吨超级油轮，有 500 多条航线通往世界各地。鹿特丹港水域深且广，内外连通，可停靠巨型货轮，而且每年来往船舶众多，坐拥莱茵 - 马斯河流域广阔的经济腹地，海运条件优越是欧洲第一大港，也是全球最重要的物流中心之一。2017 年，鹿特丹港货物吞吐量为 4.67 亿吨，拥有世界最先进的 ECT 集装箱码头，年运输量可达 640 万标准箱，区内四季不冻，泥沙不淤，常年不受风浪侵袭。该港通往全球 1000 多个港口，货运量占荷兰全国的 78%，是欧洲最重要的石油、化学品、集装箱、铁矿、食物和金属的运输港口。① 鹿特丹港区不仅是国际货物进出口的集散地，提供运输服务，同时，作为国际生产网络的枢纽，还肩负着连接运输网络和工业网络的重任。

鹿特丹自贸区已有上百年的发展历史，二战后又对自贸区进行了扩建，自贸区的发展一直处于世界发达自贸区前列。虽然近些年来鹿特丹自贸区的发展被中国（上海）自贸区、新加坡自贸区等地赶超，但是其发展经验还是值得我们学习。

（1）贸易政策宽松。政府政策对港口贸易的发展具有非常重要的作用。鹿特丹作为全球重要的货物进出口集中地，具有悠久的国际贸易发展历史，

① 根据港口网（http://www.chinaports.com/）的资料整理而得。

商业氛围浓厚。荷兰政府为促进国际贸易的发展采用了相对比较宽松的政策。对商品交易和资金往来没有太多的限制。鹿特丹进出口货物的 75% 属于转口贸易，需要在港口进行中转和存储业务，自贸区内拥有面积较大的保税仓库，可供企业进行转口和待售货物的储存，保税仓库对这些业务免征关税，仅收取少量的仓储管理费；海关管理效率高，进出港口的货物通过效率高、手续便利。港口的优惠政策吸引了更多国家到鹿特丹过境，推动了鹿特丹自贸区转口贸易的发展。同时，欧盟的成立，减少了欧盟各国的货物物流成本，很多欧洲的国家通过内河将货物运输至鹿特丹再转运区世界各地，也提升了鹿特丹港口在世界贸易港口的地位。

（2）发达的临港工业基地。鹿特丹工业园区约占港区总面积的 50%，港口工业的发展为物流的发展提供了货源基础。近年来，鹿特丹港凭借其优越的港口资源，推动港口产业在港区附近集聚，使以原材料输入、产成品输出为主要业务的临港加工业和出口加工业发展非常迅速。鹿特丹港务局统计数据显示，到 2020 年自贸区吸引了超过 4000 家国际贸易公司在园区内落户，并拥有一条包括化工工业、炼油、船舶制造、港口贸易、食品等部门的临海沿河工业带。进入 21 世纪以来，鹿特丹港利用其地理优势和港口运输条件不断发展，形成了以炼油、船舶制造、石化加工、钢铁、食品加工和机械制造为主的临港工业产业链和临港工业体系，使鹿特丹港成为世界三大炼油中心之一，炼油能力占荷兰全国的 50% 以上。

（3）完善的基础配套实施。鹿特丹自贸区发展如此迅速，除了自身独特的地理优势外，还与其完善的基础设施、发达的货物集疏散地和配套的物流服务体系有关。港区及其经济腹地内公路、铁路、航运和管道四通八达，园区内限制进出港区的非必要公路交通，保证了交通畅通无阻，为货物吞吐量的增长做好了准备，也为安全装卸和危险货物运输提供安全的环境。鹿特丹港物流园区除了提供拆装箱、仓储、包装、组装、贴标等加工服务外，还向欧洲各收货点提供配送服务。物流中心与码头之间有专用运输通道、物流运作的必要设备，并提供增值服务和海关现场办公服务。物流中心的配送园区既是众多企业在欧洲建立的配送中心，也是小企业所依托的能保证按时送货到欧洲各地的放心的物流服务商，提升了自贸区的整体实力。

5.5.4　德国汉堡港建设经验

自 2013 年 1 月 1 日开始，由围栏与检查站包围的汉堡港自由贸易区正式终结了它逾百年的历史，自此汉堡不再拥有自由贸易区，取而代之的是汉堡港。作为中欧的主要港口之一，汉堡港具有悠久的历史。汉堡港官网资料显示，早在 2004 年，汉堡港就达到了 9.73 万 TEU 集装箱吞吐量，仅次于荷兰的鹿特丹港，是欧洲最为繁忙的港口之一，跻身世界先进大港行列。汉堡自由港是欧洲自由贸易港区的典型代表之一，被称为"德国通往世界的门户"。汉堡自由港总面积达 73.99 平方公里，实际可用面积达 64.8 平方公里，年港口吞吐量最大能达到 1200 百万 TEU，是德国最大的外贸口岸。依托汉堡自由港繁荣的对外贸易和物流活动，汉堡在国际贸易中的地位迅速提升。

汉堡自由港依靠汉堡港建立，管理特点是由一条长 23.5 公里，高 3 米的金属栅栏将自由港和其他港区分隔开，从而建立关界围墙，实施卡口封闭式管理①。汉堡自由贸易港是世界上规模较大的自由贸易港之一，港区内有大型集装箱中心和超大仓储中心，可开展货物中转、仓储、船舶建造等业务，并且享有优惠的政策。

德国汉堡港成功的经验：

（1）优惠的政策。在汉堡自由贸易港内开展货物的中转、物流运输和货物储存等业务时，能享有丰厚的优惠政策和高效便捷的物流服务。例如，进入汉堡港的船舶无须向海关报关，只须挂一面"关旗"。港内转口货物的审核手续简便，货物通关效率大大提高；进出港口的船舶在区内如果只进行货物的装卸和储存是没有管理限制的，货物也无须立即向海关申报查验。汉堡实施的优惠政策，对进出港口的船只和货物最大限度的自由，带动了汉堡地区转口贸易的发展，使汉堡成为了德国的金融中心之一，可以看出自贸港与城市的发展是相辅相成的。

（2）先进的管理方式。汉堡高效的管理方式是它成功发展的关键。汉堡

---

① 资料来源：https：//www.hafen-hamburg.de/en/homepage。

港建有一套欧洲先进的数据通信系统，该系统不仅提高了港内数据交换的便捷度，还实现了区内各种运输工具之间的协作，为客户提供最佳的运输方案。同时，汉堡港还提供高智能的仓储服务功能，保障高价值和易腐烂货品的安全存放。

5.5.5 美国自由贸易区建设经验

自 1936 年美国在布鲁克林建立第一个自由贸易区以来，美国的自贸区建设蓬勃发展，大大小小的自贸区有上百个。美国自由贸易区的设立是适应转型需求的重要代表。20 世纪末期，美国在全球经济中的地位开始下降，美元贬值，失业人数增加。为了刺激对外贸易发展，各州纷纷设立对外贸易区，对外贸易区全国联合会 2012 年 7 月的报告显示，美国各级政府批准成立的自贸区近年来以 20% 的速度增加，从 1970 年全国的 7 个增至 2014 年的 277 个。在此期间，美国对外贸易占 GDP 的比重及经济开放度均持续提高。

美国各个州或城市经济发展情况不一样，区位条件也不一样，因此设立的贸易区数量和产业功能也不一样。例如美国的迈阿密自贸区，侧重发展报税和产品的展示功能。迈阿密自贸区给进出口商提供了完善的展示交易基础设施，在不违反自贸区规定的基础上，在区内向国内外进出口商展示产品，可以自由选择产品的展示时间和展示地点。有些自贸区设立在交通枢纽或是临空或是临港，因此根据区位条件自贸区的定位也不同。例如美国的西雅图自贸区，侧重提供海运服务和空运服务。在海运服务方面，西雅图依托港口的多元化功能运输不同类型的货物，西雅图目前有集装箱运输码头、冷冻码头和海船内河船都可以停靠的通用码头，不同类型的港口提供了不同类型的海运服务，实现了海运服务的多元化。在空运服务方面，西雅图拥有美国第三大国际机场，机场内货运设施基础完善、配套设施齐全，同时还汇集了大量的空运服务性公司，例如货运代理商、物流服务商和报关公司等，保障了航运服务区运行的通畅。美国自贸区的特点是工贸相结合，不仅发展进出口贸易，同时还具备加工、配送、仓储等功能，自贸区发展比较完善。美国自贸区成功发展的经验主要有以下几个：

（1）健全的法律制度。美国自贸区相关法律制度较为完善，采用的是先立法后建区的模式。美国早在 1934 年就制定了《对外贸易区法案》，规定了自贸区的性质和法律地位，奠定了对外贸易的法律基础。1999 年，美国国会对《对外贸易法案》进行了进一步修改，促进大宗商品在加工制造项目的发展，发展货物的深加工业务。同时，美国各自贸区也有自己相应的法规制度，保障了自贸区的建设与发展。

（2）先进的管理制度。美国各州自贸区先后建立了各种成熟且完善的相关自贸区管理制度，改进和完善各自贸区的运作管理模式。例如建立海关审计核查监管机制，摒弃了逐票逐单监管模式；实施了物流直通式和海关周申报制度，大大提高了物流便捷程度；海关按入区货物类别实施分类监管；等等。在优惠政策方面，美国实行"境内关外"的监管模式，在货物进出口税收方面有很大的优惠政策。

5.6　我国海关特殊监管区域与世界自由贸易区的比较

5.6.1　自贸区的一般特征

通过对世界上一些发展成熟的自贸区研究分析可以看出，自贸区的发展模式是多元化的，这种多元化取决于各个国家政治背景、经济发展程度和地理环境因素影响。根据《京都公约》上对自贸区的分类方法，自贸区可以分为工业区和商业区两种。工业区允许商品的加工制作。商业区只允许储存商品和改进商品的包装、商品的装卸等惯常工作。自贸区按功能分类可以分为以下几种类型（见表 5 - 4）：一是自由港，这类自贸区一般位于港口城市或地区，进出港区的货物免征关税，同时允许货物在港区内进行改装、加工、储存或销售等，只有当货物需要转移到自由港所在国（或地区）的课税地时，才需要缴纳关税。二是贸易型，这类自贸区侧重发展进出口贸易和转口贸易。三是出口加工型，这类自贸区以出口加工为主，同时也有仓储业务。四是工贸结合型，这类自贸区具备贸易型和出口加工型两类贸易类型的功能。五是物流型，这类自贸区主要以货物的保税为主，除了可以让货物较长时间处于保税状态之外，还对境外进出口的货物实行免手续费政策。六是综合型，这类型自贸区不仅具备了贸易型和出口加工型自贸区的特点，同时也兼顾发展自贸区内的金融、旅游、通信信息行业等相关产业。

表 5-4　　　　　　　　世界自贸区的功能地位和发展特点

类型	特点	代表地
自由港	自由港多位于交通枢纽、腹地经济发达、国际航线多、外贸货物吞吐量大的港口。从基础条件上看，自由港不仅具备良好的地理环境优势，同时具备完善的基础设施和服务设施。能满足航运的各项要求，运输条件优越，信息化程度高。从政策上看，自由港有一系列的优惠政策和措施，较高的工作效率和较好的文化生活环境，能够吸引各种经济的专业人才	中国香港、新加坡、开曼群岛、毛里求斯和英属维尔京群岛、巴哈马群岛等
贸易型	拥有优越的地理环境优势，主要发展国际贸易，带动区内经济的整体发展	巴拿马科隆自由贸易区、智利伊基克自由贸易区等
出口加工型	以发展出口加工业为主，同时发展国际贸易、转口贸易和仓储服务。出口加工型的自由贸易区多集中在亚太等地区的发展中国家	韩国马山、菲律宾等
工贸结合型	一般位于交通便捷的地方。主要发展出工加工、转口贸易、国际贸易、仓储服务，同时还提供产品的加工和装配服务	阿联酋迪拜、土耳其爱情海自由贸易免税区等
物流型	物流型的自贸区主要以保税为主，免除外国货物的进出口手续，货物可以较长的时间处于保税状态。建立这类保税仓库的主要目的是发展转口贸易，给贸易商提供经营上的便利。同时保税仓库内的保税产品还可以进行再包装、分级、挑选等业务活动	荷兰鹿特丹港、美国自贸区、英国自贸区等
综合型	同时具备贸易和出口加工的功能，还可以发展金融业、旅游业、交通通信业、科教文化业等相关产业的发展	德国汉堡、韩国仁川、爱尔兰香农、马来西亚自贸区等

资料来源：摘自《全球自贸区发展研究及借鉴》。

　　虽然经济学界对自由贸易的存在与发展还有不同的意见，但是事实上自由贸易区的迅速发展已经成为了世界经济发展的趋势。通过对世界上一些发展成熟的自由贸易区比较分析，可以总结出自贸区的一些发展特点。

（1）功能多元化。自贸区的分类主要是依据自贸区的功能和特点，但是随着世界经济的快速发展和国际经济环境的变化，自贸区都积极地选择了升级和转型。商业型和工业型发展为主的自贸区有相互融合的趋势，并向功能综合化的自贸区发展。现代的自贸区一般都是集合了对外贸易、转口贸易、商品加工、仓储物流等功能，这些产业又相互依存，逐步形成了依托自贸区良好的基础设施和优惠政策的产业群。功能综合化的自贸区比功能单一的自贸区在风险防御、产业集群等方面更具有优势。另外，随着经济一体化的形成，以物流为主的多功能自贸区将不断增加。

（2）自贸区发展呈加速趋势。从资本主义国家建立世界上第一个自由贸易区以来，自贸区的发展突破了经济发展程度的限制和社会形态的差异，呈现出一种不断扩张发展的趋势，这个现象从各个国家在一国内设立不同形式的经济开发区和工业区，以及不同国家跨国设立自由贸易区可以看出。据世界自由区组织统计，全球已有1200多个自贸区，其中15个发达国家设立了425个，占了35.4%，67个发展中国家共设立775个，占65.6%。其中美国是世界上设立自由贸易区最多的国家，约260个。欧洲沿海各个港口均将贸易枢纽作为自贸区发展的目标，如德国的汉堡、荷兰的鹿特丹等。亚洲及拉美的一些发展中国家主要发展加工贸易型自贸区，并逐渐向综合性的自由贸易区发展。近年来，一些非洲的发展中国家也开始发展自由贸易区，例如毛里求斯、突尼斯等。

（3）监管开放程度高。自由贸易区的定义中已经把自贸区定位在一国国境之内、关境之外。采用的管理原则是"一线放开"（也就是自贸区与国境外的通道口打开）、"二线管住"（即自贸区与关境内的通道口管住），园区内政府不干预的政策。在能保证二线管住的前提下，减少对一线的干预，海关对自贸区的监管也从货物监管转移到单证监管和企业监管，提高了管理效率。

（4）管理体制规范化。虽然各国的自贸区管理方法和手段不尽相同，但是在经济发展一体化的推动下，各国制定的优惠政策和自贸区的运作模式趋向一致，管理方面也逐渐向现代化、科技型发展。各国在法律上对自贸区的形式加以确认，在管理上，自贸区多采用最先进的基础设施和最有效的管理方法和技巧。

（5）服务范围扩大化。随着自贸区的发展，自贸区的服务范围也突破了地域的限制。越来越多的自贸区开始思考如何为其他地区提供服务，如何为存在竞争和互补关系的实体经济服务，从而促进自身的发展，因此自贸区在区位选择上开始注重提供更多的经济活动的实体服务。

5.6.2　我国自贸区的特征

我国目前主要有保税区、保税港区、保税物流区、综合保税区等海关特殊监管区域。并且在上海、宁波、苏州等地区陆续推进海关特殊监管区域向自由贸易区转型工作。

1. 我国自贸区与国外自贸区的共同点

我国建立海关特殊监管区域也是以发展自由贸易为目的，与一些世界发达国家成熟的自由贸易区相比，在有些方面具有相似性。（1）都具有相对比较优越的地理位置。国外发展成熟的自贸区一般都建立在对外运输港口、航空港、交通枢纽或陆地边境口岸附近，交通便捷，国际贸易和运输物流相对比较发达的地区。我国的海关特殊监管区域多数也设立在港口或者经济发达的经济区域内，比如长三角、珠三角和环渤海地区，这些地区都是我国对外开放的窗口，具有交通便利、经济发达的优势。（2）按照国际通行惯例，实行隔离设施制度。国外自贸区都在本国相邻的港口、陆路口岸等地区划出特定区域，按照国际惯例设置围网实行区内隔离设施制度封关运行。我国海关特殊监管区域也设置明显的隔离设施，区内与国内其他区域区别开来，实行不同的经济政策。（3）区内贸易自由化程度高。我国海关特殊监管区跟世界其他自贸区一样都是属于特殊的经济区域，非常重视经济属性，视同国内其他区域货物进出口区为进出口，货物进入区内后允许在区内进行自由流通、转让。（4）享受一定的优惠政策。跟其他国外自贸区一样，我国海关特殊监管区实施以关税豁免为主的一系列优惠政策。政策规定货物从境外入区享受进口关税豁免，只有真正进入入境时海关才征收关税和其他税费，而区内正常经营的企业还享受更优惠的税收政策、通过政策和贸易管制等。（5）跟国外自贸区一样，我国区内只允许进行生产制作或服务，不允许居民居住。

2. 我国自贸区与国外自贸区的不同点

由于我国国情的特殊性和经济发展的需要，我国的海关特殊监管区域跟其他成熟的自由贸易区之间还是有比较大的区别，具体表现在以下几个方面：

（1）运行模式方面。自由贸易区根据其定义被称为一国的"境内关外"之地，国外发展成熟的自贸区都是与港口毗邻，采用的是 U 型结构，实行区港一体化管理，设区之初就明确规定自由贸易区建在设区国的国境内，接受政治管辖，在区内海关对其活动并没有管辖权，因此不需要烦琐的海关手续，在关境外，受海关治外法权的关税豁免区域。我国是把这些区域都归结为海关特殊监管区域，受海关监督的特殊区域，运作呈封闭的 O 型结构，在贸易便利程度上比不上世界成熟贸易区。

（2）管理模式方面。自由贸易区在管理上由东道国设置专门的机构，代表国家行使管理权力，拥有较高的管理权力，是一种国家行为。国外自贸区由于历史发展背景和经济发展的差异性呈现出管理体制的多样性。按照层级机构可以分为两层级型即中央管理机构和自由贸易区管理机构，或者三层级型即中央政府管理机构、地方政府和自由贸易区管理机构。这些不同层级的管理体制都由中央政府直接管理的国家级专门机构负责对自由贸易区实行宏观经济管理、协调区域实务，属于国家行为，权威性和规范性高。我国采用的是两级管理模式，在宏观层面上有国务院主管的机构对海关特殊监管区域的设置进行审批，在微观层面上由地方政府设立的保税区管委会对园区进行日常管理。由地方政府制定保税区的优惠政策和招商引资，属于地方政府行为，根据各地方的政府财政情况和管理能力的不同，各个贸易区政策也有一定差异。

（3）法律制定方面。国外在设立自由贸易区前会进行立法，实施严密的法律法规保障园区的健康发展。除了国家设立专门的法律保障外，设区的地方政府还会制定相应的规章制度，规范自由贸易区的内部经济社会活动，保护投资者的合法权益，法律的独立性和稳定性较强。也正是由于建立了完善有效的法律保障体系，遵循简化、信赖和服务原则，采取规范、高效的管理手段，国外的自贸区呈现出了最大化的自由程度和便捷化，经济活跃程度高。我国海关特殊监管区域种类比较多，各区域对园区的管理差异也比较大，国家没有对海关特殊监管区域的统一立法。

（4）海关监管方面。国外自贸区的区域性质属于"境内关外"，因此国外海关实行的是"一线放开、二线管住"的监管模式，以给予区内企业充分信任为前提，强调事后稽查为主，一般实习单证备案管理制度，海关手续简单便捷，区内企业拥有较高的贸易自由化程度。我国自贸区的区域性质是海关监管下的特殊区域，海关监管理念强调"管得住"，对货物实行单证与货物监管同步，直接管理到每个企业，对区内企业生产经营管理较为严格，限制因素较多，海关手续也相对比较复杂。

5.7　国内外先进自贸区的优势总结

根据以上对国内外先进自由贸易区建设经验的对比分析，可以看出，国内外自由贸易区的成功经验有相同的地方也有不同的地方，尽管各国在自由贸易区的政策和定位上存在差异，但它们都有一些相同的优势。

5.7.1　优越的地理位置

从自贸区的定义就可以看出，各国建立自由贸易区主要是为了发展本国的经济，而经济的发展依赖于与各国的贸易往来关系。因此各个国家在自贸区选址上都趋向于选址在一些交通枢纽或者大型国际港湾上。这些港口基本都具有完善的基础配套设施和先进的管理系统，为商品货物、过往船只、人员往来的中转和流通提供较好的条件，方便本国企业与国外投资商进行贸易、洽谈业务。这样的自贸区能与国外市场更好地连接，促进本国经济的进一步开放和发展。同时，目前也有越来越多的国家趋向于把自贸区建立在空港或交通枢纽或口岸，自贸区建设的范围更加广泛。

5.7.2　广阔发达的经济腹地

经济腹地的经济发展程度对自贸区的成功发展具有重要影响力。如果一个国家的经济腹地非常发达,特别是港口所在地,那么该自贸区的发展会非常快速,因为发达的经济腹地能为自贸区的发展提供更为广阔的市场、先进的技术和高素质的人才,进而产生巨大的市场潜力,给自贸区创造更多的发展机会。相反,如果自贸区所在的经济腹地经济相对比较落后,那么自贸区的发展也将会受到影响。经济腹地的发展程度同时还与邻国的发展程度相关联,如果相邻国家较多且邻国经济发展水平高,地域广阔,那么自贸区发展也会比较快。

5.7.3 优越的营商环境

从表5-5可以看到,国内外先进自贸区的营商环境都很优越,新加坡和中国香港一直位居前列,虽然阿联酋排名不如前两者,但是它连续六年列阿拉伯国家之首,在十大类指标中,阿联酋有五项指标位列全球前十。据研究,良好的营商环境有利于引进更多的外资企业,激发市场活力并实现资源合理分配。只有营造良好的营商环境,才能促进自贸区的发展,不但可以留住现有企业,还能够吸引更多的外资企业投资创业,从而促进各方面的积极性和创造性。

表5-5　　　　　　　　　2017~2019年自贸区所在经济体营商环境排名

经济体	2017 年	2018 年	2019 年
新加坡	2	2	2
中国香港	5	4	3
阿联酋	21	11	16
中国	78	46	31

资料来源:世界银行历年的《全球营商环境报告》。

5.7.4 完善的基础配套设施

一般自贸区内的港口码头作业非常多,吞吐量很大,货物集散能力强且分工明确,拥有相对完善的海运、内河、公路、铁路等综合运输系统,能够保证货物运输的通畅和人员流动的便捷,同时还有相对充裕的储存空间,能够使港口和内地的货物流通保持通畅。自贸区还提供一些完善的基础设施，包括货物的装卸实施、仓库、货站等。随着社会经济的发展，现代港口提供的设施服务也更为广泛，除了提供货物的装卸服务外，还大力发展信息功能、商贸功能和工业功能，这些功能的发展又促进了相关产业如保险、金融、信息等行业的发展，提高了服务效率。

5.7.5　先进的管理运作模式

运作模式是否先进是自贸区发展的关键因素。运作模式主要包括三个方面：海关监管、管理模式和法律制度。一般国家会通过立法的形式确定自贸区的功能定位、区域范围和政策管理等，为自贸区的规范管理和运作提供法律的依据。自贸区的另外一个重要特点是实行关税豁免。自贸区内部严格按照"一线放开、二线管住、区内自由"的规则，实行封闭式、信息系统式、集约式的监督管理模式，海关的监管手续也很简单便捷，保证了贸易往来渠道的通畅性。自贸区的管理模式包括政府管理、企业管理和两者同时进行，不管是哪种管理方式都是为了确保自贸区的正常运行。

5.7.6　税收优惠政策力度大

根据表 5-6 的比较分析可知，国内外先进自贸区对进入区内的货物不需要关税和增值税，而且还可以享受出口退税。此外，自由贸易区的功能多种多样，鼓励外资企业创业，促进区内经济发展。

表 5-6　　　　　　部分国内外先进自贸区税收优惠政策比较

自贸区名称	关税	所得税与增值税
迪拜的自贸区	货物无进出口关税和再出口关税	50 年内免征公司所得税、无个人所得税
新加坡自贸区	全球超过 90% 的货物不需要缴纳关税，应税货物只有酒类、烟草产品、石油产品以及车辆等四大类商品	已处于开创阶段的制造业和服务业，免去其利润税；取消非居民的利息所得税

名称	关税	所得税与增值税
中国香港自贸区	货物进出口无须缴付任何关税，应税货物只有烟、酒、碳氢油类、甲醇	无增值税和营业税，境外所得利润也无须纳税
中国（上海）自贸区	对于在自贸区内进行生产加工所需的进口设备物资等免征进口关税以及进口环节增值税	五年内分期支付所得税

资料来源：根据各自贸区官网整理分析得到。

5.7.7　投资自由与金融自由

国内外的自贸区一般均投资自由、就业自由、经营自由、商务人员出入境自由。无论资金来源是本地还是海外，资产所有权是集体的还是个人的，都可以和国民享受一样的待遇。

国际上自由贸易区建设成功很大程度上与金融自由有关。上海主要经济指标的巨大进步很大程度上归功于自由贸易区金融自由化的促进，使上海的对外贸易迅速增长，引进外资的能力也大大提高。中国香港、新加坡和迪拜的自由贸易区在金融自由方面也有很多共同点：外汇兑换不受限制，资金的获取和转移也不受限制，没有国际贸易待遇或非国民待遇。

5.7.8　政府政策的支持

自贸区的发展还需要国家和政府强有力的政策支持，国家和政府不仅要在金融、税务、财政、土地上给予一定的优惠政策支持，还需要给予贸易最大的自由化，尽可能地为贸易提供最大的便利化。各个国家根据各自经济的发展程度和国情的需要，采取的自由经济政策也各不相同。自由贸易政策的实施可以逐步进行，逐步完善。

5.8 浙江自贸区与国内外先进自贸区的差距

5.8.1 相关政策方面

1. 海关监管政策

浙江自贸区成立以来，创新海关监管制度（见表 5-7），鼓励通过企业"单一窗口"实现所有手续的一站式处理，以优化监管和执法过程。但与国外的先进自贸区的海关监管政策还存在差距，还需要进一步优化海关网上业务流程，为海关搭建一个综合的互联网行政服务平台，提高通关效率。

表 5-7　　　　　　　有关浙江自贸区海关监管政策文件内容

年份	文件名	主要内容
2017	《海关总署关于支持和促进中国（浙江）自由贸易试验区建设发展的若干措施》	创新海关监管制度，促进贸易便利化；实施保税监管改革，促进加工贸易创新发展
2017	《浙江出入境检验检疫局支持自贸区"26 条"》	有关支持浙江自贸区出入境检验的 26 条内容，如支持"单一窗口"建设
2017	《中国（浙江）自由贸易试验区条例》	自贸试验区应当完善综合监管体系，整合监管信息资源，建设统一的监管信息共享平台，开展全程动态监管，提高联合监管和协同服务的能力。管委会、驻区工作机构和有关部门应当参与信息交换和共享
2019	《中国（浙江）自由贸易试验区总体方案》	创新通关监管服务模式，实施"一线放开""二线高效管住"；完善"单一窗口"制度

资料来源：中国（浙江）自由贸易试验区舟山片区官网。

2. 金融政策

近年来，浙江自贸区金融行业体系不断扩大，不断创新可复制、可推广的政策，例如加快金融服务业的开放速度，并大力引进银行和非银行金融机构（主要是金融租赁公司），允许在自贸区内开展外汇创新业务等（见表 5-8）。

表 5 – 8　　　　　　　　有关浙江自贸区金融政策文件内容

年份	文件名	主要内容
2017	《中国（浙江）自由贸易试验区条例》	支持自贸试验区推进人民币跨境使用、简化经常项目外汇收支手续等方面的改革，建立与自贸试验区相适应的本外币账户管理体系，促进跨境贸易、投资融资结算便利化
2019	《中国（浙江）自由贸易试验区总体方案》	允许符合条件的中资商业银行在自贸试验区内设立分支机构；支持外资银行在自贸试验区内设立子行、分行、专营机构；鼓励境内外投资者在自贸试验区设立融资租赁企业
2019	《国家外汇管理局浙江省分局关于在中国（浙江）自由贸易试验区内开展相关外汇创新业务的通知》	允许在自贸区内开展外汇创新业务如：实施资本项目外汇收入支付；放宽企业跨境融资签约币种、提款币种等

资料来源：中国（浙江）自由贸易试验区舟山片区官网。

无论是在金融机构数量上，还是在金融偏好上，浙江自由贸易区仍然存在一定差距。此外，自由贸易区在运行过程中需要政策倾斜的支持。

5.8.2　税收优惠力度方面

1. 关税

国内外自由贸易区大都享受减免从进口环节进口货物产生的增值税和关税，但浙江自贸区的关税优惠较小。浙江保税区尚未实现零进口关税，进入保税区的外国货物可以免税，保税区建立生产性基础设施项目所需的器械、设备和其他基础设施材料可以免税；该地区企业自用的生产经营设备，维修所需的合理数量的办公用品和备件，生产用燃料以及建造生产厂房和仓储设施所需的材料和设备，实行免征税；但是，保税区行政部门应对于其自己的管理设备和办公用品以及必要的维修备件进行保税；同时，自贸区内加工和出口商品以及运营所需的产品、原材料、零件、备件和包装材料都要进行保税。

迪拜的自由贸易区的货物没有进出口税和出口关税。除某些商品外，中国香港和新加坡对大多数商品也没有进出口关税。浙江自由贸易区与这些先进的自由贸易区之间仍然存在差距。

2. 所得税与增值税

一般增值税纳税人可以对进口货物扣除增值税，区内生产性交易免征增值税，国内企业税率仍高达 25%。浙江自由贸易区的优惠政策主要支持特色产业、税收补贴、人才补贴、住房补贴和经营补贴。例如，对于新成立或迁入本自贸区的各类融资租赁公司，公司注册资本为 1 亿元（含）至 5 亿元，政府补贴 500 万元，补贴 100 万元，注册资本 10 亿元以上，政府一次性补贴 1500 万元。这些优惠自由贸易区与先进自由贸易区之间还存在差距。

5.8.3 贸易便利化方面

1. 贸易自由结算

浙江自由贸易区正在推广各种贸易结算方式。目前，中央有关部委明确支持在舟山开展人民币结算试点，逐步开展人民币结算和离岸金融服务，建立一站式全球投资服务体系，推进自由贸易结算体系建设。中国（浙江）自由贸易试验区舟山片区资料显示，自贸区挂牌三周年时，累积实现跨境人民币结算金额 960.36 亿元，同比增长 30%。但相比之下，远落后于新加坡自贸区。

2. 物流运输体系建设

浙江自贸区舟山片区存在物流运输体系建设不完善的问题。首先，依靠优越的地理区位优势，拥有发达的深水港口，但公路运输系统因为岛屿化城市的缘故较为单一；其次，航空运输系统，因为普陀山国际机场现有规模和规格较小，导致对于自贸区所需的运输支撑还不足；最后，虽然现在舟山港综保区码头建设了铁路集装箱无轨站，但是铁路运输系统还是不够完善，不够发达。

由于起步较晚，在基础设施方面，浙江与其他自贸区仍有较大的差距。浙江的加速发展，需要依靠加强硬件设施建设，整合供应链，夯实物流发展基础。

5.8.4 海关审核流程

从图 5-1 可以看出浙江虽然在自贸区在海关审核上有了很大的进步，进行了制度创新，缩短了办理程序，简化了申报材料，并实施了无纸化申报，应用"单一窗口"做到了"一单四报"，船舶进出境申报程序减少了一半以上的步骤，只需要两个小时国际航行船舶就可以进出境通关。但与新加坡、中国香港自贸区相比，浙江自贸区的海关审核流程程序仍较为烦琐，与其他地区还存在一定的差距。

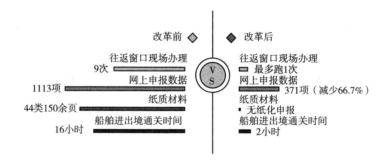

图 5 - 1　浙江自贸区改革前后海关审核流程

资料来源：中国（浙江）自由贸易试验区舟山片区官网。

5.8.5　商业环境方面

浙江自由贸易区设立以来，浙江省政府不断颁布和实施新的政策，不断创新制度，改善自贸区的商业环境，目的是构建一个国际化、法治化和便利化的具有示范性的国际化自贸区。因此，在施工建设方面，政府在财政投融资项目和社会资本投资项目审批上非常便捷，大大缩短审批时所需要的时间和手续。在提升跨境电商贸易便利方面也出台了一系列有力措施，提高了通关效率。在保护投资者方面，制定了相关制度，减少贸易纠纷，保护中小投资者的合法权益。在政府管理方面，加强了组织领导，进一步简政放权，提高了办事服务效率。在一定程度上这些措施改善了商业环境，有利于浙江自贸区的进一步发展。同时，浙江自贸区成立时间不长，各方面的制度政策只是初步建成，还需要经过实践不断改革发展，当然也可以借鉴发达国家成熟的自贸区发展经验，为浙江自贸区的发展提供持续的保障。

在区位上，舟山离岛优势明显，可以总结为"境内关外"。从地缘上来看，舟山距离陆地有一定距离，四周被海包围，舟山群岛具有的远离大陆的性质，可以更好地实行"境内关外"的管理模式，从而更好地实现对货物和人员进出关的管理。除此之外，舟山群岛自然生态环境良好，具有较为广泛的容纳性，非常方便项目的建设实施，所以是进行油品投资和贸易的最好场所。

为了科学地评估商业环境，2019年，舟山市统计局对企业发展环境进行了专项调查，听取了企业在政府服务、企业发展和项目投资方面的意见和建议，为市委、市政府决策提供参考。

2019年，企业对本行业综合经营状况进行判断时，27.2%的企业认为"良好"，65.6%的企业认为"一般"，还有7.2%的企业认为"不佳"（见图5-2）。数据表示大部分企业对经营状况并不满意。

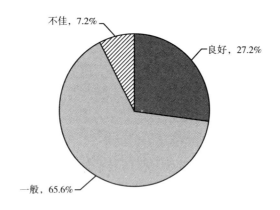

图5-2　2019年企业对本行业综合经营状况的判断

资料来源：根据舟山统计信息网整理得来。

图5-3显示，在企业认为影响企业发展的最大困难选项中（可多选），人工成本上升、资金紧张、社保税费较重等困难排在前三位。其中，54.4%的企业认为人工成本上升是最大困难，42.1%的企业认为资金紧张是最大困难，40.0%的企业认为社保税费较重是最大困难。同时，原材料价格上涨、缺乏人才、行业产能过剩和货款拖欠严重等也困扰企业发展。其中，23.1%的企业认为原材料价格上涨是最大困难，20.0%的企业认为缺乏人才是最大

困难，16.9%的企业认为行业产能过剩是最大困难，15.4%的企业认为货款拖欠严重是最大困难。

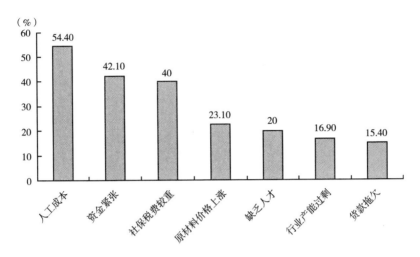

图 5 - 3　企业认为影响企业发展的最大困难

资料来源：根据舟山统计信息网整理得来。

5.9　浙江自贸区可借鉴的国内外经验

从国内外自贸区发展经验上看，各地都通过发挥本地的区位优势、产业优势和经济优势来建设自贸区。如新加坡充分利用了海上交通枢纽的优势，积极发展国际贸易、港口产业、国际航运服务业、临港产业等，成为了世界先进的国际航运服务中心，助推了新加坡对外贸易的发展。同样，中国香港也是利用自己优越的地理位置，不仅发展了航空服务业，同时，利用自己特殊的历史发展背景，积极发展国际金融，在经济领域实行全面对外开放，成为了世界上具有影响力的自由贸易港，促进了香港的持续快速发展。因此，在对国内外自由贸易区建设进行以上对比分析的基础上，可以看出自由贸易区的发展模式一般由自贸区所在国家和地区的政治体制、经济环境、社会发展水平和所在的地理环境决定的。根据我国的政治体制和发展规划目标，结合浙江省的地域优势和地理条件、经济发展水平等实际情况，可以看出香港自贸区的发展更符合浙江自贸区的客观条件，更能激发浙江的经济贸易潜能，满足我国更深层次对外开放的需求。

以香港自贸区模式作为浙江发展自贸区参考模式的原因有以下两个方面：

（1）地域方面的相同点。首先，无论是香港还是舟山在地理位置上都位于重要河流和海岸线的 T 型交汇处，香港是处在珠江入海口和南海交汇处，舟山是位于长江入海口和东海海岸交汇处。两个地区无论是海运还是河运都十分便捷，并且都具有经济发达的内陆腹地资源。其次，香港和舟山都属于海岛地貌，周围优良海港多，香港拥有众多岛屿，并且以维多利亚港为代表的深水港口是世界三大港口之一。中国（浙江）自由贸易试验区舟山片区官网资料显示，舟山拥有 1390 个大大小小的岛屿，水深在 20 米以上的海岸线有 108 公里，海域面积达到了 1000 平方公里，深水区域也有 54 处，可以看到舟山的海运条件优于香港。同时舟山岛屿面积不大，不适合建成以大规模出口加工制造为主的出口加工区模式。

（2）经济条件方面的相同点。首先浙江自贸区跟香港一样都位于我国最为发达的经济带，有可辐射世界的重要经济区域，香港位于珠三角地带，可辐射亚洲东盟各国；舟山位于长三角地带，贸易可辐射日本、韩国、中国台湾等地。两者分别对应了我国的南北地带，可以形成互补关系。其次，香港和浙江自贸区在经济发展初期人口基数都很小，主要发展以渔业为主的传统行业。香港在发展初期主要受到英国的影响，作为英国远东扩张的重要支撑点，政策上享有很大的自由，香港的经济贸易发展得到了大幅度提升。浙江自贸区作为我国实施海洋经济战略的重要试验区，同样获得了具有突破意义的自由政策的支持，拓展了经济发展空间，依靠原有的海洋和贸易基础，成为了我国重要的对外贸易窗口。因此，香港自由贸易区的发展经验对于浙江自贸区的建设具有参考价值。但是"育人需因材施教，治病需因人而异"，我们还需要关注浙江自贸区的客观现实和特点，以提出更为可行的参考措施。通过总结和实际考虑，可以从以下 6 个方面学习相应的措施。

5.9.1　精简海关审核程序

根据自由贸易试验区的建设特点，浙江自贸区可以采取以下几种改善现状的方法：首先，继续深化"最多运行"与自由贸易试验区相结合的改革；其次，努力削减海关稽查的中间环节；最后，加强网络服务平台建设，实现企业在线自我管理，海关在线审核，减少线下环节，避免浪费等待时间。

5.9.2　加大金融建设的力度

为了吸引外商投资，除了政府颁布实施优惠政策外，还需要完善的金融服务体系，金融服务支持体系对于保税区的发展非常重要。例如上海自贸区通过开通资本账户加大区内的自由化程度；中国香港特区政府不限制对货币的自由流通和国际资金的流通，从资金的注入、流动、监管一系列流程中建立了一套完整的风险防范管理体系；新加坡则在融资服务方面鼓励对企业提供个性化金融服务。但浙江自贸区在这方面做得还不够。为了改善这种情况，应加强相关政策支持。例如，促进人民币结算业务，建立跨境人民币投资基金以吸引更多的投资者；加强商业银行对自由贸易试验区企业的帮助；尽可能给企业提供多种融资方案，营造宽松的金融环境。

5.9.3　创新管理体制，建立良好的营商环境

创新管理体制，提高管理效率，是自贸区持续发展的重要保障。例如，新加坡采用以企业化管理为主、政府协调为辅的管理监管模式，积极构建优质、高效、廉洁的政务环境和综合服务体系；中国香港特区政府通过不干预区内企业的经营，营造公平的营商环境，降低企业注册门槛，简化管理手续来提升工作效率；中国（上海）自贸区则实施"单一窗口"的管理制度，简化流程，提高通关效率，建立以负面清单为核心的投资管理制度，改革管理模式，实现境内关外、区港联动、信息化管理的有机结合。这些自贸区在管

理和营商环境建设的经验，值得浙江自贸区学习，以便区内的企业在投资、就业、经营和人员出入境方面享有更大的自由，从而创造良好的投资环境。

良好的投资环境有利于促进投资自由和金融自由，也是自贸区发展成功的关键。虽然金融开放不是发展自贸区的核心目标，但自贸区的发展是离不开金融的改革和投资自由的，只有做到建设良好的营商环境才能促进自贸区发展，只有做到投资自由才可以吸引更多的企业来到自贸区创业。因此，浙江自贸区应该在现有的基础上正确有效地促进引导外汇自由兑换，资金自由流动，利率市场化，资本项目开放，建设宽松稳定的营商环境。

5.9.4　改革税收体制

浙江自贸区的税收优惠政策还可以加大开放力度，以吸引更多的企业投资创业。根据以上研究内容，先进自贸区的税收优惠政策一直都是引入国外企业投资项目的重要手段。可见，税收优惠力度的大小关系着自由贸易区发展。

浙江自贸区的建设可以借鉴国内外经验，努力实现对自贸区企业减税，以吸引更多的企业入驻。例如可以实行货物进入区内无须缴纳进出口关税及50 年内免公司所得税、增值税和个人所得税等政策。

5.9.5　推动货物贸易自由化

自由贸易旨在降低和约束关税，消除贸易壁垒，并允许国内外资本在自由贸易区平台上竞争和分享政策红利。

浙江自贸区总体规划中明确地将自贸区发展重点放在"石油"上，扩大和加强商品贸易，实现以石油产业链为主导的商品投资便利化和自由贸易。自贸区要进一步扩大开放货物贸易的范围，继续推动以石油为中心的商品自由贸易，特别是扩大整个石油产品产业链的相关领域，废除石油类大宗商品进出口的资格和配额要求，使企业能够自由选择结算货币和结算方式，企业可以在银行中以各种货币开户并以任何货币结算交易。

5.9.6　促进物流体系建设

完善和便捷的物流运输系统将大大提高货运代理、货物分配的效率，并促进贸易便利化。迪拜的自由贸易区在自然良好的航运基础上还建立了很多航运物流。香港是全球集装箱数量数一数二的港口。结合中国（浙江）自由贸易试验区的实践，其舟山片区位于舟山群岛新区，地处东海之滨，毗邻西太平洋，地理位置也十分优越。此外，它拥有许多具有深水通道和深水泊位的深水港口，并拥有完善的航运基础设施。铁路运输系统在舟山港综合保护区码头建立了铁路集装箱无轨站，通过集装箱支线和集装箱卡车与附近的铁路货场无缝连接。在此基础上，如果中国（浙江）自由贸易试验区加强物流体系建设，整合各个物流系统，将使建立一个发达便捷的物流运输体系的目标具备高度的可行性和建设性。2018 年末，国家发改委和交通运输部联合发布《国家物流枢纽布局和建设规划》，金华入选生产服务型国家物流枢纽承载城市，金华（义乌）入选商贸服务型国家物流枢纽承载城市，这其中浙中多式联运枢纽港是金华市建设生产服务型国家物流枢纽承载城市的主要载体和推手。浙中多式联运枢纽港不仅是全国多式联运示范基地、国家铁路货运示范物流基地，也是浙江自贸区金华联动创新区和义乌国际贸易综合改革试验区的组成部分。该物流园区的建设，有助于进一步提升浙江自贸区金义片区物流枢纽在浙江省、全国的地位，推动现代物流业加速发展。根据《中国（浙江）自由贸易试验区扩展区域方案》，浙江自贸区宁波片区将积极探索"互联网＋口岸"新服务，促进海港、陆港、空港、信息港"四港"联动发展，支持全球智能物流枢纽建设，推动海上丝绸之路指数、快递物流指数等成为全球航运物流的风向标，打造全球供应链的"硬核"力量。

第6章　浙江自贸区改革建设成效

6.1　浙江自贸区改革建设的现状

2011年国务院发布的《浙江海洋经济发展示范区规划》中提到浙江实施"一核两翼三圈九区多岛"的发展规划，并提出浙江实施海洋经济试点的五个战略定位：一是将浙江海洋经济示范区建设成为我国大宗商品国际物流中心；二是推动舟山群岛综合开发建设，重点推动杭甬海洋科技创新、杭甬港航配套服务、温台民营海洋产业发展等试点工作的开展，建设我国海洋海岛开发开放改革示范区；三是打造一批具有国际竞争力的产业集群，建设我国现代海洋产业发展示范区；四是加强海陆联动，统筹安排协调，建设我国陆海协调发展示范区；五是加快发展清洁能源，调整优化能源结构，建设我国海洋生态文明和清洁能源示范区。浙江自贸区自2017年4月正式成立以来，已走过了多年的实践路程。根据我国的规划和经济发展的推动，在这几年的发展中，浙江自贸区可谓是硕果累累，积极把自贸区建设成为面向亚太地区、重点辐射长三角地区，并进一步服务全国，成为我国东部沿海地区重要的国际性海上开发窗口，不仅成为我国大宗物资储备中转贸易中心，同时还要把浙江自贸区打造成为区港一体，更为自由的境内关外区域，在我国海洋经济发展战略上形成南有香港自贸区、东有浙江自贸区的格局。

根据《中国（浙江）自由贸易试验区总体方案》，"一个中心三基地一示范区"是浙江自贸区的发展重点，即打造国际油品交易中心、国际海事服务基地、国际油品储运基地、国际石化基地、大宗商品跨境贸易人民币国际化

110

示范区。自方案提出以来，浙江自贸区依托舟山独特的深水岸线资源优势，以成为我国海上开发门户示范区为目标，积极打造国际化油气全产业链的投资合作平台，大胆推进油气全产业链为核心的大宗商品投资便利化，将建设"一个中心三基地一示范区"作为自贸区发展的重要任务，聚焦油气全产业链。自贸区成立以来，"一个中心三基地一示范区"建设成效显著，充分发挥了浙江作为改革开放排头兵的作用。具体表现在以下几个方面：

（1）油品交易发展快速，推动了国际油品交易中心的建设。浙江自贸区以原油和成品油进出口贸易为发展突破口，不断引进国内外知名的油品供应商、贸易商和交易商，加快油品贸易的发展，利用贸易带动发展了交易，全力打造国际油品贸易中心。同时，世界油商大会在舟山的成功举办，为舟山在国际油品贸易中打响了知名度，吸引了大量的油品企业在浙江自贸区内注册、交易，提高了自贸区油品交易中心的活跃度。同时，浙江自贸区以浙江石油化工交易中心为核心平台积极建设国际油品交易中心，不断提高中国在全球大宗商品交易中的话语权，形成了亚太地区油品交易的"舟山指数"和"舟山价格"。大宗商品交易方面，浙江自贸区加强与上海期货交易所的合作，积极发展"期现结合"的大宗商品发展模式，浙江自贸区官网显示，截至2019 年，自贸区内已有 3 个保税 380 燃料油期货制定交割仓库成为上期所原油期货交割仓，油品期货交割量累积达到了 21.4 万吨。

（2）船用燃料油加注快速增长，推动了国际海事服务基地的建设。舟山国际海事服务基地围绕燃料油供应为发展中心，同时发展仓储物流服务、特色航运服务、外轮配套服务和一些船舶及大型配套设施设备融资租赁等服务。浙江自贸区自开设以来不断推动东北亚船用燃料油加注中心建设，在一船多供、先供后报、跨关区跨港区直供等方面创新发展，加速了船用燃料油加注量的快速增长，同时跻身全球十大自由港之一。同时浙江自贸区以船用燃料油加注为发展突破口，吸取新加坡、中国香港等自贸区发展先进经验，积极查漏补缺，开拓外轮供应市场，发展了船舶维修、船舶交易等业务，不仅拓展了自贸区海事服务业务，同时提升了自贸区海事服务能力，促进了国际海事服务基地建设。

（3）发挥地域优势，推动国际油品储运基地建设。浙江自贸区将油品基地建设在舟山，舟山的港口、区位、资源优势明显，国际油品储运基地就建在离岛上。近几年来，浙江自贸区不断建设和完善油品储运基地基础设施，包括码头、管网、油罐、锚地等基础物流设施建设。以原油、成品油为发展核心，积极布局和形成国际上知名的大型油品储运基地。除了推进油品基地基础设施建设外，自贸区还积极完善油品储备体系，合理利用闲置的油品储备库资源，为一些国际上的跨国石油公司和企业组织提供油品储存服务，推动舟山成为我国最大的油品储存基地。

（4）加快发展绿色石化项目，推动国际石化基地建设。自贸区的绿色石化项目建立在舟山的岱山县鱼山岛上，是目前世界上最大的单体产业项目，同时也是我国民营企业投资规模最大的项目。这个项目主要负责原油码头、仓储、运输、炼油、加工等建设。重点生产芳烃、乙烯等一些化工新材料和高附加值化学品。一期工程建设已经完成，并已开始运行试生产。二期项目已于2019年开始建设，三期建设也开始布局建设，紧紧围绕建设方案、产业布局等方案，积极引进符合项目产业规划的高端配套设施，不仅要建设完成自贸区投资开发、上下游完整产业链的国际石化基地，同时也要推动我国石化领域的供给侧结构性改革。

（5）拓展金融服务功能，推动大宗商品跨境贸易人民币国际化示范区建设。不断拓展自贸区金融服务功能，研究自贸区融资租赁产业的发展，并做大做强融资租赁市场。同时建立服务石油产业的专项保险公司，为保险业服务发展提供配套的保险代理、保险经纪、风险测评、业务咨询等专业保险服务机构。中国（浙江）自由贸易试验区舟山片区官网数据显示，自贸区成立以来，跨境人民币结算也在快速增长，自贸区成立两周年时累计实现了984.4亿元的跨境人民币结算金额，带动了浙江省跨境人民币结算金额增长了689.9亿元。此外，舟山的小可能源公司设立的第一个人民币资金池，完成了自贸区第一笔跨境资金调拨交易，这标志着浙江自贸区完成了首个跨境双向人民币资金池业务。自贸区的金融系统也在不断积极创新，大力引进银行类和非银行类金融机构，扩大金融服务主体，研究探索了一些可复制推广的金融政策，进一步推动了金融服务领域的对外开放。

浙江自贸区已基本形成了国际先进一流的综合海事服务生态链。宁波舟山港已成为全国第一、世界第九大加油港,大大提升了我国在油气领域的国际制度性话语权。自贸区发挥了海岛资源优势和世界最大港口优势,建造了我国最大的石油储运中转基地和国内重要的化工品中转储备基地,自贸区国际石化基地的落成标志了世界单体投资最大、国内民营企业投资最大的 4000 万吨/年炼化一体化项目的落成建设,促进了中国高端精细化工产业的发展,国际油气交易中心的建成实现了保税燃料油"舟山价格",使我国在国际油气市场上有了一定的话语权。近几年来,在自贸区内一大批重大油气产业项目加快落成。2020 年 3 月,国务院正式出台《关于支持中国(浙江)自由贸易试验区油气全产业链开放发展的若干措施》,自贸区充分发挥该若干措施的产业集聚效应,聚焦油气产业,强化招商引资工作成效,例如百亿级的 PTA 聚酯项目、年产量 140 万吨 400 亿级的乙烯项目、20 亿级的聚苯乙烯生产基地项目等。浙江自贸区舟山片区官网数据显示,2020 年自贸区全年新增企业 7357家,其中油气企业超过了 1880 家。这些企业的增加进一步促进了自贸区的发展建设。同时自贸区加强金融服务能力的创新发展,加快了大宗商品跨境贸易人民币国际示范区建设的步伐。上海期货交易所正式入股浙江国际油气交易中心,开展一系列浙沪跨港区供油业务,推动了自贸区的油气改革。同时浙沪合作开发小洋山项目北侧区块也开始建设,加强了浙沪联动,顺应发展了长三角区域一体化国家发展战略。

6.2　浙江自贸区改革建设的优势

6.2.1　独特的区位优势

浙江自贸区拥有优越的地理位置,独特的区位优势和港口优势;其次它是中国东部地区的海上通道,并且拥有能够让各种岛屿建设深水港的能力;同时,舟山地处东海与长江的交汇处,是我国江海联运的关键;最后宁波舟山港物流设施发达,运输便利,流通效率高,居于全球货物吞吐量的首位,连续 11 年获得全球货物吞吐量第一名,有益于外贸货物运出口的发展。

6.2.2　聚焦油气全产业链优势

浙江自贸区是全国唯一具有全油气产业链建设特色的自贸区。自 2017 年 4 月挂牌以来，不断改善营商环境，例如保税油供应量发展飞速，保税船用燃油供应量创新高。

另外，建设"一中心三基地一示范区"是浙江自贸区的工作重心，推动我国油品贸易的发展。自贸区已初步建成东北亚领先、接轨国际的油品现货市场。

6.2.3　海洋产业聚集优势

得力于地理位置的优势，浙江舟山的海洋产业发展呈集群化，海洋资源颇为丰富，其发展特色海洋经济是舟山群岛新区的目标。舟山新区网资料显示，舟山海域内鱼、虾、蟹、藻类等海水品种有 500 多种，海域深海岸线占全国的 1/5。全球海洋经济比重最高的城市就是舟山，该城市拥有以海洋装备制造、海洋生物医药、海洋电子信息等海洋产业为核心的发展优势。

6.2.4　经济开放优势

浙江省是改革开放最早的省份，对外贸易占我国的一席之地而且规模十分庞大。图 6 - 1 显示浙江开放经济一直走在全国前列：拥有 21 个国家经济开发区，其中 1984 年 10 月成立的经济技术开发区是中国最早、最大的经济开发区之一；1984 年 11 月，宁波保税区成立。这是中国最开放、政策最优惠的经济区之一，区内实行"免证、免税、保税"政策。浙江省共获批设立 4 个国家级出口加工区，这些地区均经济相对发达、交通运输和对外贸易便利、劳动力资源丰富和城市发展基础较好。

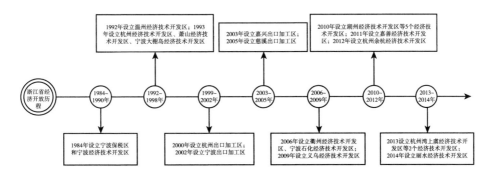

图6-1　浙江省经济开放历程

资料来源：根据中国（浙江）自由贸易试验区舟山片区官网资料整理所得。

6.3　浙江自贸区改革建设的劣势

6.3.1　产业规模较小，竞争力较弱

据表6-1所示，现阶段，就产业总值来说，浙江省并不具优势，其产业总值水平与全国最发达的省份相比，距离还非常大。存在着产业水平低、创新能力不强的问题，这主要是因为浙江的中小企业发展较快，大规模的企业以及能够进行协同发展的企业非常少，使其在产业结构上难以形成产业链和集群效应，不利于产业规模的扩大和企业的高效协同发展，特别是在制造业方面没有完善的产业集群，导致其产业创新能力不足，使其产业效率低下，产品质量难以得到快速提升。其次，在浙江制造业中以劳动密集型产品为主，多为技术含量低、产品附加值少的商品，近年来，浙江正在向科技含量高、附加值高的产业升级，但其高科技产业的规模仍较小。

表6-1　　　　　　　**2017年我国部分自贸区城市三大产值**　　　　单位：亿元

自贸区	城市	第一产业	第二产业	第三产业	生产总值
浙江自贸区	舟山	140.48	402.85	676.44	1319.78
广东自贸区	深圳	19.572	932.81	1315.39	2249.01
	广州	22.45	601.10	1527.69	2150.32

自贸区	城市	第一产业	第二产业	第三产业	生产总值
上海自贸区	上海	110.78	9330.67	21191.54	30632.99
天津自贸区	天津	168.96	7593.59	10786.64	18549.19

资料来源：中国统计年鉴。

由于高等学府和大型企业的稀缺，浙江缺乏对高端人才的吸引力。浙江省产业集群是由农村工业化、家庭工业、专业市场起步和发展起来的，据表6-2所示，舟山绝大多数企业为民营企业，它们规模小，起步晚，进入门槛低，整体实力不足，且缺乏专业的内部管理制度。

表6-2　　　　　2017年舟山市各类企业覆盖情况及比重情况

企业类型	企业数量（户）	数量占比（%）	注册资本（万元）	资本占比（%）
非私营内资企业	3734	22.6	9016782	53.6
私营企业	27932	77.4	7069733	46.4

资料来源：根据舟山统计信息网整理得来。

制造业为主的块状经济造成的各行业发展不均衡，导致各行业发展先天不足。目前还未有优秀案例可以参考借鉴，对于针对浙江省自身特色发展的相关方针政策不成体系，没有形成具有地方特色的产业格局，优势产业没有实现完全化的发展，因此，与国内其他发达省份相比，其并不具备很强的竞争力。

6.3.2　引进和利用外资有待提升

浙江自贸试验区在外贸政策方面出台了一些支持性、创新性的举措，为贸易开放提供了重要的支撑，但与上海、广东、天津这些设立相对更早的自贸试验区相比较，仍有需要查漏补缺的地方。如上海自贸试验区发挥扩大开放、市场准入方面的政策优势，开展试点探索，仅2018年吸引外资的各种金融优惠政策就有25条，对于外资金融机构入驻、开展贸易具有相当大的吸引力。所以，上海自贸区利用外资质量不断提升，整体外贸一直保持较高水平和较高发展。

反观浙江自贸试验区，如图6-2所示，在引进外资方面，与其他自贸区相比，浙江自贸区实际利用外资水平较低，这主要是由于浙江自贸区没有足够优秀的国际化招商引资平台，导致外资无法进入国内市场；缺少以商引商的基础，大型企业的稀少使外资引进和利用效率较低；没有建立招商引资的一体化服务体系，外资引入流程没有简化到一定程度。另外与其他自贸试验区相比，浙江自贸区在人民币国际化方面的短板也让引进境外企业数量和利用外资金额不高，在实际利用外资方面，浙江自贸区仍做得不够充足，没有做到真正高效率地引进和利用外资。

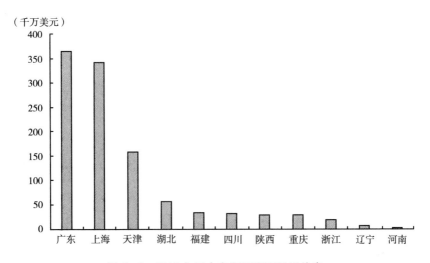

图6-2 2018年国内自贸区实际利用外资

资料来源：中国统计年鉴。

6.4 浙江自贸区改革建设举措

6.4.1 浙江自贸区营商环境的法治化

1. 改革措施

良好的营商环境为自贸试验区发展提供基础条件。2016年世界银行在其发布的世界营商环境报告中用大量的篇幅和翔实的数据，对世界范围内的营商环境做了非常细致的剖析，甚至将注册企业和注销企业等的程序、法律以及与经济活动相关的各种行政许可加入营商环境的评价体系中。世界银行的这一报告中明确指出，健全的法治环境是营造优良的营商环境必不可少的条件，也是从根本上改善营商环境的基本措施。

之所以要为营商环境创造优良的法治基础，就是为了企业在特定市场中能够实现利益最大化，能够在进入市场时获得自主经营的权利、公平竞争的权利和各种公共服务权利。浙江自贸区坚持以"最多跑一次"改革为引领，不断加深"单一窗口"的适用范围，在各方面实行"证照分离"改革和商事登记"最多跑一次"，实现了"最多跑一次"制度的全面覆盖。通过"最多跑一次"，企业开办手续在3个工作日就可以办理完成，外资备案实现了网上办理功能，审批环节纸质材料减少了90%以上，一些办理业务时间从原来的20多个工作日缩减到即时即办。

为优化营商环境，浙江自贸区积极建设高效的政务环境。浙江自贸区全面落实负面清单，加大事中事后监管体系建设，积极营造国际化、便利化、法治化的营销环境。建设"四位一体"的事中事后监管体系，包括市场主体的自律、业界自治、社会监督和政府监督。明确对自贸区内各行政机构以及市级相关工作部门在自贸区经营中所承担的各种监管职责，这种监管既包括事中的监管也包括事后的监管，对外资进入实行的是"准入前国民待遇"和"负面清单"相结合的制度。另外，自贸区还协同浙江省市场监管局的相关部门，经过多方商议，最终发布了《舟山市企业投资项目高效审批实施办法（试行）》以及《浙江自贸试验区企业注册登记管理暂行办法》，办法规定对所有涉企经营许可事项实行动态清单管理，同时出台《舟山港综合保税区地址使用管理办法（试行）》加强对公司免费地址的管理。

2. 改革成效

浙江自贸区出台了一系列改善营商环境的制度，不断提升营商环境，明确自贸区里政府部门和企业双方的职责，不断对市场准入机制进行简化，使企业的审批流程大大缩短，赋予企业更多的经营权，使政府部门能为企业提供更加便利的业务办理渠道，提升信息传递的效率，增强政府事中和事后监管的力度，保护了市场竞争的公平性，降低了企业进入营销市场的门槛。例如，浙江自贸区不断进行制度创新，其推行的"一个窗口受理""后台分类审核""次办结出件"等政策，使企业注册能够在三个工作日完成，外资企业入驻可以在一个工作日完成，这一系列政策大大提升了政府部门的办事效率，也为企业营造了良好的营商环境。"先照后证"以及"证照分离"政策的试行，也在很大程度上提升了浙江自贸区的工作。除此之外，舟山自贸区还出台了"清理取消一批"改为"备案一批""实行告知承诺制一批"等一系列政策，解决了企业进入和经营过程中的很多难题。

营造法治化的营商环境，是自贸区顺利建设的法律保障。浙江自贸区在营商环境营造过程中所做的制度创新，表现在各种合理制度的出台和规范化程序的培育。浙江自贸区的改革有利于在规范企业准入条件、提高企业质量的同时，不妨碍市场的自主性和竞争的公平性，不仅提升监管效能，更能营造更为开放、规范、有序、健康发展的营商环境。

6.4.2　浙江自贸区税收服务的便利化和信息化

1. 改革措施

2017 年 11 月，浙江省国税局与浙江省地税局制定下发《关于创新税收服务支持中国（浙江）自由贸易试验区发展的若干意见》，与此同时，还在海洋产业服务中心和自贸区的政务大厅两个地方设置了能同时办理地税和国税的服务网点，使企业在同一个地方就能同时完成地税和国税的业务办理，极大地方便了企业。另外，自贸区还提供网上地税服务，纳税人无须到营业网点，只需登录"浙江省地税电子税务局"的网站，就能在线办理诸多税务服务，比如发票申请、退税申请、优惠办理等。税务部门还实现了移动终端服务，客户通过手机等设备就可以即时进行业务的申请办理。在发票的办理方面，企业只需要在网上提出申请，税务部门就会将发票寄送至企业，减少了企业来回奔波的烦琐，方便了企业。同时，自贸区积极推广"互联网＋便捷退税"，进一步提高税收服务的便利性。

2. 改革成效

自贸区对出口退税系统、税收征管系统和电子抵账系统在数据对接方面的功能做了优化升级；建立了海关电子口岸数据通道，使报关信息、发票信息能够快速导入，并自动导出申报表，大大降低了数据录入的工作量，纸质材料可以实现电子扫描和快速上传，实现了电子数据报关的全程无纸化办公。据中国（浙江）自由贸易试验区舟山片区官网资料显示，2017 年 4 ~ 12 月，浙江自贸区税收总额 37.04 亿元，2017 年新开设的企业的纳税额为 2.23 亿元，整个自贸区内平均企业纳税额为 51.89 万元，比整个舟山市的平均企业纳税率高了 10%。2019 年以来，浙江自贸区着力于推动企业和项目在当地落地，大力提升企业的生产效益，大力开展招商引资活动，为入驻企业提供高水平的服务。据中国舟山政府门户网站资料显示，2019 年一季度，舟山新城新入驻的企业实现税收额 6057 万元，完成年度目标的 75.7%。

　　信息化、便利化的税收服务大大提高了纳税的效率，且一定程度上促进纳税的积极性。提高税收服务质量是自贸区促进贸易和投资的重要手段之一，也是国家加快自由贸易区发展的有效举措。完善的税收服务体系能够大大推动贸易发展，提高生产的总体效益，实现产业集群效应，促进区域经济协同发展，实现资源的集聚优势，由此可以提升税收服务质量，从而对自贸区发展起到积极作用。出口退税（免税）流程的简化，提高了出口退税（免税）的工作效率。简化工作程序，减少了企业来回奔波的烦琐，提升发票事项便利度，提高了企业纳税申报的自动化水平。

6.4.3　浙江自贸区金融领域对外服务开放扩大

1. 改革措施

　　浙江自贸区金融业的开放集中在三个方面：要素市场开放，原油期货等都是重要的内外联动渠道和平台；金融机构开放，监管部门进一步放宽外资金融机构设立条件，吸引外资机构落户自贸区；金融市场开放，进一步扩展了资本市场双向开放渠道，深入推动了资本项目可兑换。浙江自贸区不仅支持国内期货交易机构在特殊机构建立原油期货交割库，而且支持原油期货交割、质押的业务，另外，浙江自贸区在金融机构的入驻资质上做了调整，减少了银行分行、金融公司、融资公司等入驻的要求，使更多的外资银行有机会进入自贸区。浙江自贸区还在金融业务领域进行创新，降低了跨国公司在自贸区进行外汇资金业务的要求，也降低了跨境人民币双向资金业务的要求。自贸区金融管理机制也进行了改革，建立起完善的金融监管机制，创新跨境资金风险防控机制和保险监管方式。

2. 改革成效

2018 年，浙江自贸试验区共确认内资融资租赁试点企业 23 家。其中，国有企业 11 家，民营企业 12 家；注册资金合计 81.9 亿元，实际已到位 65 亿元，有力地支撑了浙江自贸试验区发展。自贸区的金融机构已经实现了首笔跨境人民币双向业务，完成了首个跨国公司外汇集中运营方案，实现了首笔区块链业务，开出了首笔保税油直供业务等。据中国（浙江）自由贸易试验区舟山片区资料显示，截至 2019 年底，融资租赁企业总共 266 家，其中内资融资租赁 29 家，外资融资租赁 237 家；持牌金融机构 69 家，实现营业收入 39.2 亿元，人民币贷款余额 1042.1 亿元。2019 年，跨境人民币结算金额达到 960.4 亿元，同比增长 31.9%；跨境人民币回流资金 674.8 亿元，增长 74.5%。

针对浙江自贸区的油品全产业链的问题，自贸区的招商引资部门加大了信贷的投放力度，支持浙江自贸区油品贸易，推动油品产业向价值链高端迈进。中国银行浙江分行积极与境外银行合作，尤其是吸取中国银行新加坡分行在油品交易方面的先进经验，依靠浙江自贸区所具有的大宗商品交易的先天优势，为自贸区油品交易提供巨大便利。根据中国人民银行舟山市中心支行数据统计，截至 2020 年，浙江自贸区人民币国际化示范区建设已有突出进展。跨境人民币业务量实现历史性突破，累计完成交易量超 2000 亿元，年均结算量为挂牌前的 10 倍，油品贸易跨境人民币便利化结算机制基本形成。政策惠及企业数增长近 4 倍，政策惠及面由区内 242 家企业拓展至浙江全省 800 余家，开办银行由 12 家增至 16 家，贸易便利化支持政策基本到位，油品贸易跨境人民币便利化结算通道基本打通。业务辐射带动效应明显，跨境人民币业务辐射面由原来中国的香港和澳门等地逐渐发展至海外的日本、美国、德国等 42 个国家和地区。

同时，金融服务功能不断拓展。浙江自贸区积极开展对融资租赁产业方面的发展研究，解决融资服务困难的局面，积极突破发展瓶颈，做大做强融资租赁市场。政府积极引导融资租赁企业发展航空制造、油罐、船舶及一些大型配套设施设备等融资租赁业务。出台相关金融支持政策，推动金融服务功能的拓展。

6.4.4 浙江自贸区通关监管服务的一体化和科技化

1. 改革措施

海关方面，浙江自贸区推出了"通关监管服务一体化"机制，该机制主要包括两个方面：通过对宁波舟山港现有船舶的统计登记，建立统一的申报平台，从而能够更好地监管港口的船舶，实现信息的及时更新，对国际船舶在该港口的进出流程进行优化升级；对集装箱货物在宁波舟山港口的运输进行分析，发现问题，并根据相关部门提出的需求，实现转关的无纸化办公。对油库的功能进行全面整合，对监管仓库和保税仓库的功能进行集中清查，健全两个仓库的功能，也就是实现同一个仓库既能进行出口监管又能进行保税监管。除此之外，还在跨地区直供、一库多供、简化无纸通关单证、港外锚供油、同商品编码等多个方面进行改革，使通关更加便捷。在货物检验检查方面，进行随查随放、快速查放、申报免检放行等货物查验方式，试行在自贸区有产地优惠证等创造性的措施。

2. 改革成效

在保税燃油出库审批方面，自贸区推出了"最多只跑一次"的政策，由于出口监管仓和保税仓实现了联网，所以在进出库上可以实现网上申请，保税油从保税库到邮船的整个流程都可以线上申请和审批，省去了到海关办理的程序，这就大大提高了通关的效率。同时也推动了"单一窗口"工作制度在自贸区的实行，使进出口业务中的舱单、运输工具和货物三大申报工作实现了顺利对接。浙江自贸区的这些改革措施在全国属于首创，并在运输工具申报等多个领域取得了第一的好成绩。

浙江自贸区在通关监管上的创新性改革，实现了监管体制的一体化，大大提升了通关的效率，为自贸区提供了优质的物流、贸易信息和航运的资源。浙江自贸区在通关上缩减查验环节、节约时间、缩减成本、提升服务质量，实现了工作效率的大幅提升，将口岸通关监管程序通过制度创新简单化和一体化视为工作的基本标准，并切实落实到执行层面，对通关中的重要环节进行把控，注重智能化的发展，在通关改革中做出了重大贡献。与此同时，改革海关通关监管制度在一定程度上推动了浙江自贸区向着贸易变化发展，也推动了自贸区服务水平、服务效率的提升。

6.4.5　浙江自贸区改革创新成果凸显

浙江自贸区自 2017 年挂牌成立以来，按照国务院批复的浙江自贸区总体建设方案，以构建油品全产业链为核心任务，经过一系列的改革探索，基本实现了投资贸易便利化、高端产业的集聚、法制环境的规范化、监管措施的高效便捷、金融服务能力的提升、辐射带动范围的扩大等发展目标，大幅度提升了以油品为核心的大宗商品全球配置能力。同时围绕吸取和推广前两批自贸区的试点经验，围绕以油品为核心的大宗商品领域不断地进行改革创新突破，力争先行先试，在改革创新制度方面效果显著。

据中国（浙江）自由贸易试验区舟山片区官网资料显示，至 2019 年 2 月底，浙江自贸区将自贸区建设总体方案分解成 89 项任务且已全面启动，该 89 项任务的有效实施率达到了 93.3%，其中完全完成的任务已有 61 项，完成部分任务的项目有 22 项。同时自贸区累积探索形成了 84 项制度创新成果，其中 34 项制度创新成果具有重大的突破价值和战略意义，是我国首创的制度。首创率位居第三批自贸区成果前列。除此之外，已有 10 项制度举措被国务院发文并向全国推广复制。浙江自贸区的制度创新还体现在油品特色制度的创新。在 84 项制度创新成果中有 28 项制度涉及"保税船用燃料油"领域，包括了燃料油的供应、仓储、运输、交易等环节，这些制度的创新大大地推动了燃料油产业的快速发展。

这几年来，浙江自贸区的制度创新围绕油气的"运输、周转、仓储、加工、交易、贸易"全产业链，不断地提高投资便利化程度，有效地突破了现有体制机制、监管模式、规章流程，改革创新成效凸显。

6.5 浙江自贸区改革实践案例

在实现了贸易自由化和投资便利化的基础上，浙江自贸区为了实现油品产业链的更加完善，制定了一系列的制度创新，以下两个案例都是与完善油品全产业链相关的制度创新成果。

6.5.1 进口铁矿石"直卸直装"作业监管模式

1. 模式内容

自贸区与舟山检验检疫局实现协同合作，针对铁矿石进口贸易，推出了"直卸直装"的管理措施，从国外进来的铁矿石，在进行取样之后，从外轮上卸货后可以直接进入国内二程转驳船只，实现境内运输，避免了堆场储存等相关检查检验环节，节省了时间。为了确保这一监管模式的顺利完成，自贸区出台了相关措施，包括重量鉴定、矿石取样、样品检测、诚信管理、转运过程中的信息采集等。

从图6-3可以看到，为了实现直卸直装这种监管工作模式，企业需提前提出申请，然后选择"直驳转运"或者"提前转运"，即可实现快速通关。直驳转运，指的是从国外进口的铁矿石无须经过堆场储存检验，直接进入二程转驳船只，进入国内运输；提前转运，指的是从国外进口的铁矿石需要进入堆场储存，但是其可以在检验完成前就实现转运，并进入国内运输。这两种转运方式都可以减少物流环节，都能大大节约运输所耗时间，也因为减少了装卸次数而减少了铁矿石的耗损，整体上提高了工作效率。在铁矿石的转运过程中，真正做到了事前评估、事中管控和事后追溯，实现了全程监控，在"单一窗口"工作模式下，做到了电子口岸和海事、海关等部门协同合作。

2. 模式成效

该模式的主要成效体现在两方面。一方面，堆场使用率提高，最直接的表现就是堆场的容量得到了扩大。根据舟山江海联运数据中心显示，这一模

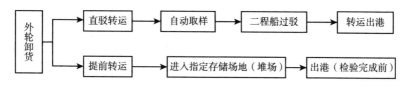

图 6-3 进口铁矿石"直卸直装"作业监管模式

资料来源：根据中国（浙江）自由贸易试验区舟山片区官网资料整理所得。

式实施的 2017 年内，有 32 艘外轮在宁波舟山港进行了铁矿石的转运，涉及 600 万吨铁矿石，在全年外轮停靠率上占到 15%，体现出堆场容量的扩大，也提高了港口货物的周转率。另一方面，这种管理模式大大地降低了企业运营的成本。在这一工作模式下，货物进港等待检查的时间大大缩短，而且因为不用进入堆场储存，节省了堆场使用费，降低了货物装卸的磨损，从整体上实现了经营成本的节省。在这一模式实施一年的时间里，共计为企业节省了超过 110 万元的资金成本。

3. 模式意义

从国外进口的铁矿石在取样之后可以直接进入国内转运环节，省去了堆场储存环节，首先提高了堆场使用的效率，其次加快了铁矿石的运输速度，最后提高了港口资源的使用效率。另外，减少堆场储存环节，节约堆场费，减少了装卸次数，减少了铁矿石损耗，从而降低了企业的运输成本。关于进口铁矿石的装卸问题，国内一直以来奉行的是在完成检验检疫之前，铁矿石不得进入流通环节，装有铁矿石的外轮需把铁矿石卸载到堆场储存等待检验，拿到检验结果后才能进入二程转运驳船，通常铁矿石要在堆场区储存 12 天之久，大大增加了堆场区的工作负荷。浙江检验检疫局这一创新性的举措，使铁矿石实现了直卸直装，在监管流程上做到事前、事中和事后的流程化标准化监管，可以向其他自贸区大力推广应用。

6.5.2 外锚地保税燃料油受油船舶便利化海事监管模式

1. 模式内容

针对对外锚地供油船只装载的危险物品，推出在 24 小时以内审批的机制；针对保税燃油项目，推出不需上门办理的制度，同时还实现了由之前的 3 次办理合并为 1 次办理，实现在无特殊情况下低概率登上轮船检查验证和一次性申报、审批以及办理的快速通关工作方式；对于外锚地保税船舶的安检，实行开放性的安检制度，从供油企业入手，从根源上做好安全工作，提高安全管理工作的效率。

2. 模式成效

据表 6 - 3 显示，2019 年，浙江自贸区的保税燃油量实现了较大幅度的增长，与 2018 年相比大大提高了保税燃料油加注效率，也大大提高了舟山海事服务中心的知名度和影响力。保税油加注在实施新的监管机制后，其作业流程缩短，也减少了流程时间，也使"最多跑一次"的口号切切实实得以实现。在监管模式改革之前，海事监管部门的审批程序相对繁杂且耗时，企业办结一次外锚地加油船舶的交通时间在 2 小时左右，办理手续过程 2 ~ 4 个小时，而现在一次办结出入境手续的时间可以控制在 1 小时以内，为企业大大缩短了办事花费的时间，从而大大提高了工作的效率。仅 2019 年，就累计为企业节约了超过 2000 个小时的时间。

表 6 - 3　　　　　2018 ~ 2019 年浙江自贸区船用保税燃料加注效率

一级指标	二级指标	三级指标	2018 年	2019 年
船用保税燃料油加注	全周期供应效率	受油船抵达锚地到进入锚地（处马峙锚地）（小时）	16	15
		受油船进入锚位到加满 1000 吨油平均时间（小时）	8	7.5
		从加满 1000 吨油到受油船愿意驶离平均时间（小时）	3.5	3.3
	市场监管与服务质量	申报无纸化率（%）	60	75

资料来源：根据中国（浙江）自由贸易试验区舟山片区官网资料整理所得。

3. 模式意义

外锚地加注保税油在国际航行船舶口岸手续办理流程由多次到 1 次的流程改革，大大简化了作业环节；那些在事前评估中具有高信用度的企业以及船舶风险低的船舶，可以省去登船检验这一环节，减少了船舶在港口的停留时间，为企业降低了时间成本；船舶代理公司及企业等也参加到监管过程中，对供油公司形成监督机制，大大提升了其安全管理的水平。

　　浙江自贸区是我国首次实施保税燃料油的地区，并在全国范围内第一次实施保税燃油加注这一业务，保税油监管一体化模式也属全国首创，并制定出台了《外锚地加注保税燃料油国际航行船舶口岸手续流程》以及其他与保税燃料相关的各种政策，包括先供后报、一船多供等，从而形成了一个完善又系统的保税燃料油产业链，这在中国都是史无前例的。更让人惊喜的是，这些政策实施后取得了非常骄人的成绩，在全国范围内产生了较大的影响力，对于其他沿海自贸区来说具有借鉴意义。

第7章 浙江自贸区营商环境测度

　　党的十七大提出要把自贸区的建设提升到国家战略；十八大提出要积极实施自由贸易区战略，加快发展自贸区；十九大提出要加大自贸区的开放力度，给予自贸区更大的改革自主权。从一系列国务院、党中央的政策可以看出，自贸区的发展承担了我国对外开放的重要使命，是我国深化经济体制改革、积极探索对外发展模式、寻求经济发展新平台的战略性举措。建设和发展自由贸易区其根本目标是通过小范围局部地区的制度改革和创新试验，为我国其他地区或更大范围的改革实践提供发展方向，提高改革治理能力。近年来，营商环境建设越来越受到广泛关注，我国各级地方政府都高度重视营商环境的优化工作。2019年我国的《政府工作报告》中营商环境这个词被多次重点指出，报告中提到"要激发市场的主体活力必须优化营商环境"，"打造法治化、国际化、便利化的营商环境，让企业可以更加安心搞经营，让企业家更加放心办企业，让各类市场主体更加活跃"。可以看出，随着我国经济的发展，我国对优化营商环境的重视程度越来越高，营商环境建设成为了自贸区完成历史使命的重要关键点。

　　通过制度创新，打造制度高地，吸引企业聚集，促进经济发展，提升全球资源配置能力，是浙江自贸建设的重要目标，而良好的营商环境是实现这一目标的基础性、关键性环节。浙江自贸区是我国构建开放型经济新模式的先行试验区，其不断创新机制体制并出台了一系列的创新政策措施来改善营商环境。例如：深入推进简政放权、放管结合、优化服务改革；设立"单一窗口"提升区域通关信息化共享共用水平；建立统一开放的市场准入和高标准监管制度；创新海关监管制度，促进自贸试验区贸易便利化等。相关数据显示，浙江自贸区发展态势良好，发展速度迅猛，但是相较于发达地区仍有差距。因此对浙江自贸区营商环境进行测度具有重要意义。

7.1　浙江自贸区营商环境现状

营商环境是一个国家或者地区有效开展国际交流与合作、参与国际竞争的重要依托，是一个国家和地区经济软实力的重要表现，也是提高国际竞争力的重要内容。营商环境概念是由世界银行集团提出的，基于实施"加快发展各国私营部门"战略对企业发展环境的评价，世界银行将营商环境定义为一个企业在开办、经营、贸易活动、纳税、企业破产及执行合约等方面遵循政策法规所需要的时间和成本等条件。在我国，关于营商环境的相关研究的时间较短，学术界还未形成一个明确统一的定义。《2018 中国城市营商环境质量报告》中提到营商环境是指影响市场主体行为的各种不同的综合发展环境因素的综合，包括社会环境、政治环境、经济环境、文化环境等，营商环境是市场、政府和社会三方相互影响作用的结果。一些学者认为营商环境指的是企业活动的过程以及各种周围境况和条件的总和，包含了政务环境、市场环境、法治环境、基础设施环境等一系列企业活动的内在发展因素。虽然目前对营商环境的定义还未统一，但都体现市场主体在营商环境中的作用和定位，即：不仅为市场主体提供服务，而且也为经济的高质量发展提供服务。

营商环境的基本要素包括：（1）市场化。不断地向市场化方向深入改革，打破市场壁垒，尊重市场规律，营造一个公平的市场环境。（2）法治化。切实提升执法的公平性，切实完善法治的整体性和完善性，切实维护和保障投资者、消费者的基本权益。（3）国际化。遵循一般的通行规则，以基本国情出发为基础，在营商环境上更多要兼顾国际的一般通行规则。

优化营商环境对一个地区的发展具有重大的推动作用，主要表现在：（1）有利于提高综合竞争力。营商环境是一个地区经济软实力的表现，优化其中一个或者两个营商条件，都能提高综合竞争力。因为综合竞争力是由多个局部或者多个单一竞争力共同作用的结果，综合竞争力和局部竞争力是相互渗透、共同作用的。（2）有利于引进外商投资。一个企业或一个地区的经济发展的好坏离不开投资环境的便利与否。所以当一个地区经营条件改善，营商环境国际化，就能使该地区的企业轻装前行，更好地吸引外资，从而带动地区及全国经济的发展。（3）有利于解决我国经济社会面临的发展瓶颈问题。经济发展总是会经历起步、高速发展、减速发展、遇到发展瓶颈等阶段，若不能好好处理发展的瓶颈问题，就将面临着经济衰败。此时只有优化营商环境，执行一系列改善营商条件的措施，提高综合竞争力，才能提高企业的创新能力和企业活力，帮助其跨越发展瓶颈。

总体来说，浙江自贸区外贸发展形势良好。浙江省统计局数据显示，自2017 年 4 月挂牌到 2017 年 12 月，浙江自贸区已经实现口岸进出口总额为149.6 亿元，外贸货物进出口总额为 231.94 亿元；2018 年实现口岸进出口总额为 259.87 亿元，外贸货物进出口总额为 642.17 亿元；2019 年统计到 11月，外贸货物进出口总额已达到 699.55 亿元。2020 年，浙江自贸区进出口总额超 4800 亿元人民币，实际使用外资近 12 亿美元。

7.1.1 经济开放程度

许多学者认为，经济开放程度可以用对外贸易比率进行衡量，即外贸进出口总额与生产总值之比。据表 7 - 1 所示，2017 年以来，浙江自贸区的外贸进出口总额逐年呈上升趋势，占全市的比重也呈上升趋势，浙江自贸区的对外贸易比率由自贸区外贸进出口总额和舟山市生产总值之比构成，截至 2019年 11 月的数据显示，从 2017 年挂牌到现在对外贸易比率总体呈增长态势，且近两年的比率较高，总体来说，浙江自贸区的经济开放程度较高。

表 7 - 1　　　　　2017 年挂牌以来浙江自贸区经济开放程度

时间	外贸进出口总额（亿元）	占全市比重（%）	舟山市生产总值（亿元）	对外贸易比率（%）
2017 年 4 ~ 12 月	231.94	37.95	950.05	0.24
2018 年	642.2	56.5	1316.7	0.49
2019 年 1 ~ 11 月	699.55	56.3	1371.6	0.51

注：浙江自贸区的生产总值，由舟山市生产总值来代替。

资料来源：中国（浙江）自由贸易试验区统计月报、舟山市统计局。

除了对外贸易比率，外商直接投资也可以考察经济开放程度。在利用外资方面，2017 年 4~12 月，浙江自贸区实际利用外资 9611 万美元，占全市实际利用外资总额的 27.99%；2018 年实际利用外资 29418 万美元，占全市实际利用外资总额的 70.44%；2019 年实际利用外资 170524 万美元，占全市实际利用外资总额的 76.1%。所以，总的来说，浙江自贸区引用外资占全市的比例逐年上升。

一个地区的经济开放程度离不开政府的政策，近几年来我国自贸区的"负面清单"长度不断地缩短，对外开放力度不断加强。据图 7-1 所示，2013 年 9 月，我国自贸区第一份"负面清单"因上海自贸区的建立而出台，六年来中国自贸区的"负面"清单经历了 5 次"瘦身"。2013 年的清单，长度达到 190 项；2014 年的清单，数量减至 139 项；2015 年的清单，数量减至 122 项；2017 的清单，数量减至 95 项；2018 年清单，"大瘦身"，数量减至 45 条；2019 年的清单，数量再次精简到 37 条。由此可以看出中国在不断地持续对外开放、坚定外商投资的决心。

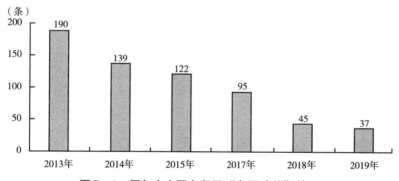

图 7-1　历年来中国自贸区"负面清单"情况

资料来源：商务部国际贸易经济合作研究院。

7.1.2　贸易自由化水平

贸易自由化是指一国对外国商品和服务的进口所采取的限制逐步减少，以市场为指导为进口商品和服务提供贸易优惠待遇的过程。有很多学者通常用跨境人民币结算金额来衡量我国境内自贸区的贸易自由化水平。

在资金结算方面，浙江自贸区明确建立与之相适应的账户体系；允许自贸区开展油品现期货交易初期采用双币计价、结算，逐步探索采用人民币计价、结算，实现资金结算自由化。表 7 - 2 显示，自 2017 年 4 月浙江自贸区挂牌以来，跨境人民币结算金额飞速增长，至 2019 年已实现 960.36 亿元。

表 7 - 2　　　　　浙江自贸区挂牌两年来跨境人民币结算金额统计

时间	跨境人民币结算金额（亿元）
2017 年 4 ~ 12 月	20.72
2018 年	727.9
2019 年	960.36

资料来源：中国（浙江）自由贸易试验统计月报。

舟山港综合保税区作为浙江自贸区的重要组成部分，享受综保区保税、退税、免税等特殊优惠政策。综合保税区在推进浙江自贸区的贸易自由化和促进大宗商品的贸易上起着举足轻重的作用。据浙江自贸区统计月报显示，仅综保区，2018 年铁矿石混配矿达到了 1296 万吨，2019 年铁矿石混配矿达到了 1572 万吨。

7.1.3　贸易便利化水平

贸易便利化定义为进出口流程的简化、现代化和统一，为国际贸易交易创造一个协调的、透明的、可预见的环境。许多学者通过衡量通关手续、申报的无纸化率来判断一个地区的贸易便利化水平。

据中国（浙江）自由贸易试验区舟山片区官网资料显示，在办理船舶进出境通关手续上，浙江自贸区从原来累计需要 16 小时以上，压缩到 2 小时；船舶进出境网上申报数据数量从原来的 1113 项压缩到 371 项；外轮供应指标下，行业经营许可证获得从原来的 48 个工作日将减少至 24 个工作日；跨境资金结算下，贸易外汇事项办理耗时将压缩 20%。这都得益于"最多跑一次"的政策出台，从原来的至少跑 9 次，到"最多跑一次"。

大宗货物进口贸易中，据中国（浙江）自由贸易试验区资料显示，2018

年 5 月 1 日起正式实施《关于舟山口岸国际航行船舶进出境通关无纸化的公告》，进口单证申报无纸化率将从 10% 提升至 90%；船舶进出境申报无纸化率将从 30% 提升至 90%；在外轮供应方面，申报无纸化率将从 0 提升至 90%；船用保税燃料油加注方面的无纸化率将从 60% 提升到 75%。自 2018 年 1 月，国家口岸办经过调研，明确提出建设舟山口岸"单一窗口"，到 5 月，取消进出境船舶申报环节纸质单据的使用。2018 年 4 月，已超前超额实现国家口岸办 2018 年实现 70% 覆盖率的计划。通过互联网电子数据来代替传统的各类单据，大大地提高了工作效率，不仅减轻了船代人员的工作量，而且降低了船舶停留耗时太长的损失。

可以看出，目前浙江自贸区在营商环境优化中的贸易便利化建设方面重点是在压缩性改革上，即压缩一些已有程序办理的时间，尽管这项工作已有一些成效，但是仍然还有一些不必要的程序需要整合优化。例如，浙江自贸区在一些工程项目审批上，如果按照正常流程需要经过项目备案、审批、设计方案等共 18 项流程，而新加坡等一些相对先进的自贸区则仅需 10 项流程，大大压缩了审批流程时间。并且，支持"最多跑一次"改革的信息交互体系还没有完全建立，信息同步建设还未完善，导致信息沟通出现不畅，各部门信息传递还不够通畅，没有完全实现"数据跑起来"的作用，审批材料过程中也存在着材料重复提交、有些材料还要线下提交的现象，大大延长了审批时间。同时自贸区域地方各级部门职能层级权责划分不够明确，致使管理权和审批权限不清，降低了监管和审批效率。

7.2　浙江自贸区营商环境评价

近几年来，无论是从国家层面还是从各地区层面都越来越重视营商环境的优化建设问题，并将营商环境的优化工作提升为政府重点开展的工作之一。各部门和相关科研机构也在不同范围内积极开展营销环境的研究工作，建立了多套不同的营商环境评价指标体系。从国际层面上看，世界银行营商环境评价体系是目前国际上认可度比较高的营商环境评价体系，因为它包括了从企业创办到日常经营，甚至到破产管理的全过程生命周期要素，涉及 11 项一级指标和 43 项二级指标，其具体详实的指标体系成为了自贸区对标国际的重要标准。在我国，对于营商环境的指标体系研究还在初始阶段，需要不断地发展完善。一些学者从企业层面对中国营商环境进行了调查研究，调查包括了企业的金融准入、土地准入、商业许可、法律、海关贸易监管、人力资本、劳工管理、税收管理以及政治稳定性等一系列营商环境测试指标。一些营商环境的评级体系则是以市场主体和社会公众的满意度为评判标准，在整体感知、环境感知、要素环境感知三个方面建立评估指标体系。

7.2.1 指标构建

1. 指标选取

浙江自贸试验区综合协调局会同相关部门，在充分结合世界银行的营商环境指标和发改委营商环境的评价指标基础上，结合浙江自贸区的改革探索实践，制定了《浙江自贸区营商环境特色指标体系》，本书借助该指标对浙江自贸区营商环境进行评价。将 6 大方面作为一级指标，17 项问题作为二级指标，从而形成相应的框架，具体见表 7 - 3。

表 7 - 3　　　　　　　　浙江自贸区营商环境评价指标体系

一级指标	二级指标	三级指标	2018 年度	2019 年度目标
大宗货物进出口贸易	从货物抵港到允许提离耗时	铁矿砂（小时）	<6	<5
		原油（小时）	<8	<7
		粮食（小时）	<10	<9
	从货物抵港到允许提离花费	铁矿砂（万元）	184	180
		原油（万元）	149	145
		粮食（万元）	293	290
	进口单证申报无纸化率	铁矿砂（%）	10	90
		原油（%）	10	90
		粮食（%）	10	90

一级指标	二级指标	三级指标	2018 年度	2019 年度目标
国际航行船舶进出境	进境/港申报到准予进港时间	外国籍船舶（小时）	<3	<2
		中国籍船舶（小时）	<3	<2
	出境/港申报到准予出港时间	外国籍船舶（小时）	<3	<2
		中国籍船舶（小时）	<3	<2
	申报无纸化率	外国籍船舶（%）	30	90
		中国籍船舶（%）	30	90
外轮供应	行业经营许可获取便利度	经营许可手续办结时间（工作日）	48	24
		申报到放行时间（小时）	1	0.5
	日常业务开展便利度	申报无纸化率（%）	0	90
船用保税燃料油加注	全周期供应效率	受油船抵达锚地到进入锚位（出马峙锚地外）（小时）	16	15
		受油船进入锚位到加满 1000 吨油平均时间（小时）	8	7.5
		从加满 1000 吨油到受油船愿意驶离的平均时间（小时）	3.5	3.3
	市场监管与服务质量	申报无纸化率（%）	60	75
跨境资金结算	贸易外汇事项办理便利度	耗时（天）	5	4
		网上办理覆盖率（%）	100	100
	跨境融资便利度	耗时（天）	10	8
	资本项目收入结汇支付便利度	准入条件全国最优（是/否）	是	是
		比重（%）	90	95
跨境资金结算	跨境人民币结算	结算量（亿元）	728	800
		跨境收支总额中人民币结算比重（%）	40	45
制度创新成果	制度创新成果数量	累计制度创新案例数量（项）	59	100
	制度创新案例首例	全国首创制度占比（%）	39	40
	制度创新案例在全国复制推广率	全国复制推广案例（项）	6	14

2. 资料来源

本书的研究对象为关于自贸区营商环境的相关指标，样本是 2018 年的统计数据和 2019 年的目标数据，资料来自中国（浙江）自贸试验区的统计月报、舟山市统计局和国家统计局等。

7.2.2　浙江自贸区营商环境的指标计算

1. 评价方法：熵值法

熵的概念由德国物理学家鲁道夫·克劳修斯于 1850 年首次提出。在信息论中，熵越大，信息的无序性就越高，信息的价值就不高，反之，信息价值就越高。熵值法的基本思路是根据指标便利性的大小来确定权重，熵值越小，说明信息的无序性越低，提供信息多，所占的权重也就越大。

（1）确定分析对象及相应的指标。本书选取浙江自贸区 2018 年的数据和 2019 年的目标数据作为分析对象。首先将数据量化，公式为 $y_{ij} = \dfrac{(x_{ij} - \min(x_j))}{\max(x_j) - \min(x_j)}$。

（2）求第 j 个属性下第 i 个方案 A_i 的贡献度，公式为 $p_{ij} = \dfrac{y_{ij}}{\sum y_{ij}}$。

（3）求出所有方案对属性 x_j 的贡献总量，公式为 $e_j = -k \sum p_{ij} \ln(p_{ij})$，其中 $k = \dfrac{1}{\ln(m)}$，m 为样本组数。

（4）计算差异性系数 d_j，公式为 $d_j = 1 - e_j$。

（5）计算权数 w_j，公式为 $w_j = \dfrac{d_j}{\sum d_j}$。

（6）计算指标评价得分 S_{ij}，$S_{ij} = w_j \times y_{ij}$。

2. 评价结果

本书研究浙江自贸区营商环境的便利化，通过公式计算获得 2018 年和 2019 年的三级指标得分，得分在 0 ~ 0.002 之间；为了更加直观和准确地辨识结论，笔者还计算了 2018 年二级指标的得分（见表 7 - 4）。

表 7-4　　　　　　　　浙江自贸区便利化指标的权重和得分

一级指标	二级指标	2018 年二级指标得分	三级指标	2018 年三级指标数据得分	2019 年三级指标目标数据得分
大宗货物进出口贸易	从货物抵港到允许提离耗时	0.000163251	铁矿砂（小时）	0.000062115	0.000043357
			原油（小时）	0.000052788	0.000039650
			粮食（小时）	0.000048348	0.000037856
	从货物抵港到允许提离花费	0.000658665	铁矿砂（万元）	0.000208216	0.000185038
			原油（万元）	0.000185472	0.000163877
			粮食（万元）	0.000264977	0.000238450
	进口单证申报无纸化率	0.000043287	铁矿砂（%）	0.000014429	0.000065684
			原油（%）	0.000014429	0.000065684
			粮食（%）	0.000014429	0.000065684
国际航行船舶进出境	进境/港申报到准予进港时间	0.000239154	外国籍船舶（小时）	0.000119577	0.000058064
			中国籍船舶（小时）	0.000119577	0.000058064
	出境/港申报到准予出港时间	0.000239154	外国籍船舶（小时）	0.000119577	0.000058064
			中国籍船舶（小时）	0.000119577	0.000058064
	申报无纸化率	0.000008312	外国籍船舶（%）	0.000004156	0.000006306
			中国籍船舶（%）	0.000004156	0.000006306
外轮供应	行业经营许可获取便利度	0.002333831	经营许可手续办结时间（工作日）	0.002333831	0.001044717
	日常业务开展便利度	0.000264386	申报到放行时间（小时）	0.000264386	0.000024071
			申报无纸化率（%）	—	—
船用保税燃料油加注	全周期供应效率	0.00009639	受油船抵达锚地到进入锚位（出马峙锚地外）（小时）	0.000044561	0.000037021
			受油船进入锚位到加满 1000 吨油平均时间（小时）	0.000029420	0.000023771
			从加满 1000 吨油到受油船愿意驶离的平均时间（小时）	0.000022409	0.000016905
	市场监管与服务质量	0.000018619	申报无纸化率（%）	0.000018619	0.000009888

续表

一级指标	二级指标	2018年二级指标得分	三级指标	2018年三级指标数据得分	2019年三级指标目标数据得分
跨境资金结算	贸易外汇事项办理便利度	0.000099444	耗时（天）	0.000070995	0.000046539
			网上办理覆盖率（%）	0.000028449	0.000015541
	跨境融资便利度	0.00010853	耗时（天）	0.00010853	0.000075097
	资本项目收入结汇支付便利度	0.000024138	准入条件全国最优（是/否，1分/0分）	—	—
			比重（%）	0.000024138	0.000013430
	跨境人民币结算	0.000094624	结算量（亿元）	0	0
			跨境收支总额中人民币结算比重（%）	0.000094624	0.000010769
制度创新成果	制度创新成果数量	0.000867076	累计制度创新案例数量（项）	0.000867076	0.001332672
	制度创新案例首例	—	全国首创制度占比（%）	—	—
	制度创新案例在全国复制推广率	0.000240447	全国复制推广案例（项）	0.000240447	0.000496211

本书将浙江自贸区营商环境的指标综合得分划分等级。采用等宽分箱法，把每一个指标得分通过等宽箱分为3个区间，即将该指标的最大值和最小值视为箱边界，让数据集在箱边界构成的区间上平均分布，得到4个数值0.00008312、0.000783485、0.001558658、0.00233381为等级划分点。对应的便利化程度等级分别为：一般便利、比较便利、非常便利。从得分的等级可以看到（见表7-5），2018年的数据可得"行业经营许可获取便利度"这一指标已达到非常便利的程度，"从货物抵港到允许提离耗时""从货物抵港到允许提离花费""进境/港申报到准予进港时间""出境/港申报到准予出港时间"等11个指标已达到比较便利的程度，"进口单证申报无纸化率""申报无纸化率""市场监管与服务质量""资本项目收入结汇支付便利度"4个指

标都还只达到一般便利程度。将各类指标的得分通过升序可以看到，在网上申报"无纸化"情况不佳，得分比较低；在行业经营许可获得便利度方面，成绩较好，得分较高。

表 7-5　　　　　　　　浙江自贸区营商环境指标便利化水平等级

指标分值	便利程度	二级指标
s_{ij} 值大于 0.001558658 小于 0.00233381	非常便利	● 行业经营许可获取便利度
s_{ij} 值大于 0.000783485 小于 0.001558658	比较便利	● 从货物抵港到允许提离耗时 ● 从货物抵港到允许提离花费 ● 进境/港申报到准予进港时间 ● 出境/港申报到准予出港时间 ● 日常业务开展便利度 ● 全周期供应效率 ● 贸易外汇事项办理便利度 ● 跨境融资便利度 ● 跨境人民币结算 ● 制度创新成果数量 ● 制度创新案例在全国复制推广率
s_{ij} 值大于 0.00008312 小于 0.000783485	一般便利	● 进口单证申报无纸化率 ● 申报无纸化率 ● 市场监管与服务质量 ● 资本项目收入结汇支付便利度

7.2.3　浙江自贸区营商环境分析

对标国际化的营商环境要求，浙江自贸区营商环境还有很大的进步空间，例如在通关无纸化率上低于 50%，但早期成立的上海自贸区在 2018 年通关无纸化率上已实现 95.6%；在人民币结算方面，浙江自贸区 2018 年结算量达到 728 亿元，但上海自贸区已实现 25518.88 亿元。结合浙江自贸区的营商环境的特色指标分析和自贸区其他现状分析可以得出以下自贸区存在的问题。

（1）申报无纸化率过低，通关效率低。从表 7-3 看出，2018 年，在进口单证申报无纸化率中，铁矿砂的单证申报无纸化率达到 10%，原油的单证无纸化率达到 10%，粮食的单证申报无纸化率达到 10%；在国际航行船舶进出境中，外国际船舶申报无纸化达到 30%，中国籍船舶申报无纸化率达到 30%；在船用保税燃料油加注中，申报无纸化率达到 60%。2018 年 5 月，浙江自贸区出台《关于舟山口岸国际航行船舶进出境通关无纸化的公告》，据统计取消了 44 种 70 余项共计 150 页左右的纸质材料，只保留护照和临时入境许可证两项纸质资料，但是自贸区的无纸化程度还太低，这意味着自贸区的通关便利度还有待提高。

（2）跨境资金结算便利度有待提高。在跨境资金结算方面，2018 年的数据中，网上办理覆盖率为 100% 这一指标还挺便利，但是跨境融资便利度不佳，需要 10 天时间，贸易外汇事项办理需要 5 天时间，跨境收支总额中的人民币比重只有 40%。浙江自贸区于 2019 年底实现跨境人民币结算金额达到 960.36 亿元，但上海自贸区于 2018 年已实现 25518.88 亿元。各数据显示，跨境人民币结算流程还应该简化，所需提交的单据数量应该减少一些，从而实现跨境资金结算的高度便利化。

（3）船用保税燃料油加注基础设施不够完善。根据表 7 - 3 的数据显示，2018 年，受油船抵达锚地到进入锚位需要 16 个小时，受油船进入锚地到加满 1000 吨油平均时间为 8 个小时，从加满 1000 吨油到受油船驶离的时间是 3.5 个小时。船舶进入锚地的时间过长，由于入境手续较复杂，有时候保税燃油加注还需要排队等待，造成船舶等待而产生的费用。

（4）外贸活动和外资规模有待提升。浙江自贸区自 2017 年挂牌以来，也出台了许多政策措施来为贸易开放提供重要支撑，但是相对于上海等更早建立的自贸区，还有进一步完善的空间。例如浙江自贸区外商投资主要领域为大宗商品相关产业、海事服务、制造业等，而上海针对医疗、法律等行业领域出台了外资管理办法，金融服务对外开放方面也卓有成效。而且浙江自贸区缺少国际化的招商引资平台，缺少以商引商的基础，缺少招商引资的一站式服务体系，所以浙江自贸区的外商数量和引进外资总量方面较其他自贸区少。

（5）营商环境的法治化需要进一步提升。2017 年浙江自贸区出台了《中国（浙江）自由贸易试验区条例》，这一条例的颁布使自贸区走上了有法可依、有法可据的道路，给自贸区的投资者带来了利好消息，由此可见，自贸区法治环境的建设对自贸区的发展具有重要的影响。但是在目前市场准入负面清单制度持续深入实施过程中，仍然有"隐形门""玻璃门""旋转门"等现象的出现，这不仅打击了自贸区投资者的积极性，同时也减弱了自贸区的市场活力。同时，浙江自贸区从总体上看，法律提供服务水平偏低、法律专业化水平不高、法律服务供给不足，不能很好地承担起国际上复杂的法律咨询以及仲裁等业务。

（6）营商环境保障要素有待完善。企业生产要素是保障企业正常生产经营的先决条件，也是企业生产价值链的重要组成部分。生产要素的保障是引进企业、留住企业的关键因素。但是浙江自贸区目前生产要素的保障主要有三方面的问题：一是工业用地供给短缺。由于受地理因素的限制，舟山虽然有丰富的海岸线资源，但是缺少可供生产的土地资源，资源的短缺使舟山的平均土地价格偏高。二是金融服务水平低。浙江自贸区内的金融机构相对较少，而且金融产品种类单一，无法满足自贸区内企业的需求，尤其是一些跨国企业融资和跨国结算的需求。三是劳动力相对短缺。舟山本身人口数量不多，劳动力相对匮乏，一直存在着招工难和用工难的问题。随着自贸区的发展，这个问题越来越突出，特别是一些高端专业人才引进政策与周边地区相比竞争优势不明显，企业发展所需要的专业人才得不到相对应的待遇，引进人才的效应也没有充分发挥，同时城市相关配套设施，如医院、教育、生活基础性设施不够完善，存在着人才留不住的问题。

（7）政府沟通机制需要进一步加强。营商环境的改革政策多是由上而下颁布实施，多由政府主导，缺少自下而上的反馈机制，即缺少企业向上反馈和诉求的渠道，因此不能及时提供企业在政策解读方面的咨询服务和申报使用系统方面的培训指导。自贸区与政府各职能部门缺少沟通，将会影响政策的推行，忽略各职能部门的意见，从而不能很好地形成统一战线，进而影响政策的实施效果和工作效率。自贸区和相关职能部门对相关政策宣传力度不足，企业获取相关信息渠道较少，影响了政府职能部门和企业沟通渠道的通畅性。

本节的实证分析可以得出：浙江自贸区自 2017 年 4 月挂牌以来，通过制度创新和借鉴早期建立的自贸区的经验并且结合自身优势的发展，呈稳中有进的发展态势，目标明确，态势良好，但短短几年的发展，自贸区还是存在很多不足，例如申报无纸化率过低，通关效率低；跨境资金结算便利度有待提高；贸易自由化水平较低等问题。浙江自贸区还需向上海自贸区等优秀的自贸区看齐，继续学习，不断改善营商环境，提高自贸区的综合竞争力。

7.3　优化浙江自贸区营商环境的对策

营商环境的优化是一场系统性的全方位改革过程，关系到企业经营的各个方面，具有范围广、细节烦琐、难度大的特点。营造和优化浙江自贸区的营商环境需要结合浙江自贸区的实际发展情况，在自贸区现有的建设基础上，把握主线，明确方向，从企业的角度出发，不仅让企业获得利益，而且要帮助企业长期经营和发展。

7.3.1　提高申报无纸化率，提升通关效率

一是继续推进"单一窗口""互联网＋"等政策，除了海关、口岸、海事等国际贸易主要监管部门外，还应纳入与税费、关税、外汇管理等有关的部门；二是对标先进自贸区良好的通关效率，受理全程电子化，各项事务办理都能实现"最多跑一次"；三是海关部门引进先进的监管制度来实现提升通关效率。

7.3.2　提高人民币结算便利度

完善和优化浙江自贸区人民币跨境业务政策，所有依法使用外汇结算的跨境交易，企业均可以使用人民币结算，并且将更多关于外汇监管、跨境融资等事项纳入"最多跑一次"的改革范围，全程无纸化，以促进贸易便利化。

围绕大宗商品跨境贸易人民币示范区建设目标，支持企业使用人民币进行跨境结算，提高企业的支付便利度，进一步做大经常项下跨境人民币业务，优化业务结构。

7.3.3　完善供油基础设施建设

开发船用燃料油智能调度系统并投入使用，合理布局海上保税燃料油加注区域，在加油船舶排队、供油数据管理等方面，优化供应流程环节手续，实现智能化和信息化，全程无纸化，完善供油基础设施，降低加注等待时间，降低船方由于等待造成的损失。通过改善保税燃料油加注的营商环境和更大力度的政策措施来吸引国内外的保税燃料油供应商的落户。

7.3.4　进一步吸引外资、促进国际贸易

对内要不断完善基础设施建设，降低体制成本，市场准入成本；深化"放管服"改革，打造良好的外商投资营商环境，营造对自贸区内外企业一视同仁、公平竞争的市场环境，吸引外资。

对外要遵循市场规则和国际通行规则，主动与国际大宗商品投资规则对接，拓宽外商投资企业融资渠道；缩短外资准入的负面清单长度，允许更多领域进入外资，扩大自贸区的经济开放程度。

同时，营商环境的优化要对标国际先进。不仅要参考世界银行营商环境指标体系，还要吸取国内外先进的自贸区发展经验和改革措施，对涉及企业全生命周期的各个过程进行优化完善，对各项审批事项流程进行进一步改革，减少不必要的审批环节，促进"单一窗口"的数据交换联通和数据接口的开放，从而建立一套完备高效的体制机制，进一步吸引外资发展国际贸易。

7.3.5　提高贸易自由化水平

在全面实施舟山综合保税区政策的基础上，取消不必要的贸易监管、许可和程序的要求，实施更加自由便利的贸易政策和制度。积极探索相适应的海关监管制度，推进服务贸易的自由化。在外籍人员进出境方面，优化办理工作手续，对外籍人才入境等给予"绿色通道"。

建议浙江自贸区以中国香港、新加坡为对标，提高国际化开放水平，破除通关壁垒，打造自由便利的营商环境。

7.3.6 提高营商环境的法治化

营商环境的法治化是自贸区发展的关键。近些年来，各地的自贸区纷纷出台了自贸区法治化的相关条例，进一步规范了自贸区的法治化环境。在这个基础上，浙江自贸易应加快建立相适应的竞争优势和市场机制。对市场设置统一的准入机制，同时在机制设立后要严格按照标准执行，杜绝"有条件执行"这类情况的发生。除此之外，要进一步厘清自贸区与政府职能部门的管理权限和审批权限，处理好自贸区相关条例与上位法之间的关系，保障有法可依、依法审批，重视法治环境的延续性和可预期性。

营商环境的优化需要以市场化为发展路径，围绕企业经营活动，以激发市场活力为目标，保证自贸区内市场主体经济活动的公平性，避免自贸区之间依托政策洼地进行恶性竞争。自贸区在进一步优化营商环境过程中，要明确政府与市场之间的关系，将营商环境优化的重点放在市场环境建设上，以政策环境促进市场经营活动的扩展，确保产业链和价值链的延伸和集聚，避免恶性竞争。

7.3.7 优化自贸区政策沟通机制

通过建立自贸区营商环境优化沟通机制，加强政府和企业的信息沟通，同时提高"单一窗口"信息公示的功能，使自上而下的营商环境优化政策措施与自下而上的建议意见形成一个完整的体系，不仅可以促进营销环境的良性发展，而且可以使自贸区营商环境的优化措施更加精准和精确。具体举措可以参考中国香港自贸区的政策沟通机制，香港自贸区在特区政府财政司的领导下设立了便利营商处，不仅受理和调查自贸区企业对营商环境的意见和建议，评估自贸区政策监管措施的影响，同时还承担"精明规管计划"的推行，对计划实施中的策划、咨询、推行和检讨四个方面进行深入的调查和评估，这些措施为加强自贸区政策沟通机制的建立和推行提供了有力的保障。

7.3.8 完善企业经营要素配套建设

完善的生产经营要素不仅可以为企业带来比较竞争优势，同时也是创造顾客价值的重要资源，影响着企业的生产与发展。所以在建设和优化营商环境时不要仅局限于优化企业全生命周期，同时还要兼顾优化企业的生产经营要素。优化企业经营要素需要依托企业的基础性建设，包括企业的用地成本、物流成本、劳动力资源成本、水电气成本等，对浙江自贸区来说，要尽量降低这些基础性建设成本，同时要积极发展金融服务业和法律服务业，促进国际结算体系和货币流通体系的建立，鼓励支持大型金融机构进入自贸区开展金融创新工作。推动公共服务配套设施建设，提升医疗服务水平，发展教育资源，完善生活配套设施，积极打造良好的居住和商务活动环境。针对各类高水平专业人才的各类优惠政策要积极落实，同时对人才的使用情况进行跟踪服务。调查和了解企业人才需求，推动人才引进政策改革，制定符合企业需求和自贸区发展的人才政策，加大人才引进政策宣传，积极组织人才引进活动。通过不断优化调整环境要素和公共服务环境，吸引更多的创新要素在浙江自贸区的集聚。

第8章 浙江自贸区发展策略及经验

8.1 浙江自贸区发展策略

不同的自贸区有不同的发展特点，也承担着国家不同的改革使命与任务，但制度创新是自贸区共同的发展核心。建设高标准高质量并以制度创新为核心的浙江自贸区，不仅要参考一些先进自贸区的成功发展经验，紧紧围绕制度创新这个目标，同时也要结合浙江自贸区自身的发展特点和战略功能定位，尽快形成一批可复制可推广的自贸区创新成果，把浙江自贸区建设成为国际大宗商品贸易自由化先导区、东部地区重要的海上开发门户示范区和具有国际影响力的资源配置基地，形成我国改革开放的新高地。因此，需要围绕建设经济开放和创新为一体的综合改革试验区、开放型金融体系风险压力测试区这一目标，以政府治理能力先行区为导向，根据长三角区域一体化国家战略为指导思想，不断拓展创新内容，发挥自贸区的"风险压力测试"效应，为自贸区营造宽松的经济环境，推动自贸区的高质量高效率发展。

8.1.1 推动政府职能的转变

要积极探索与世界贸易自由投资体系相适应的政府行政管理系统，加快推动政府职能的转变。

（1）加快行政体制改革。建立高效便捷的统一行政管理机构，加快开放便捷受理、综合审查以及"一站式"的高效便捷系统。推行"一个印章审批"制度，同时推行统一的市场准入机制和国际商贸一体化受理体制。深入贯彻企业自由注册制度，积极开展经营主体权限和商贸主体权限分离的试点工作，积极落实"多证合一"的管理机制。完善海上和陆上一体的全面执法行政体系，拓展公开公正的政府购货渠道。建立市场主体信用信息公示系统，完善国内外追偿保证机制。发展和完善融资者权益保护体制，允许国内外融资者根据其意愿合理分配投资收益。同时政府各部门也要积极改善"四张清单一张网"的行政制度。

（2）制定和完善市场准入和商标监管制度。根据内外资一致的准则，以实施负面清单措施为抓手，鼓励其他市场主体参与清单以外的项目和产业工作。积极推进工商注册制度的高效便捷化，全面实施注册资产认缴、商事注册联办、先照后证、企业年度报告公示等措施。将政府管理的重点从事先审批转移到同时兼顾事中、事后管理。持续推动和完善高效标准的市场管理全面核查体系工作，在质量技术验收、食品和药品质量审查、税收体系检查方面建立完善的监察管理体系。同时，要依法开展企业的信用信息收集、公示和查询工作，加强市场主体信用体系的建设。实现政府部门之间监管信息的互通互联，鼓励和支持各行各业发挥企业信誉自律的作用，从而更好地建立企业的商誉管理系统进行分类管理，鼓励企业承担社会职责，保障企业职工的权益。严格实施环境保护法律法规等。

8.1.2　加强基础性设施建设

随着自贸区的发展以及扩区的趋势，浙江自贸区现有的港口设施、油管储量、码头数量等基础保障设施将不能满足经济发展的需要，同时还会影响自贸区的产业增长、发展速度、国际市场竞争力等一系列不良连锁反应，因此加强和完善基础性设施迫在眉睫。

1. 加快和完善交通运输体系的建设

建设和完善浙江自贸区的运输体系首先要加快海陆空联运一体的建设。目前，舟山的交通运输体系主要依靠航运，交通运输体系比较单一。在公路建设方面，甬舟铁路还在建设当中，航空运输的基础条件也较为薄弱，需要进一步加强空运基础设施建设。

2. 建设码头一体化信息平台

舟山岛屿众多，岛屿之间的交通不能单纯地依靠桥梁，主要还需通过班轮来解决运输问题。但是浙江自贸区舟山片区内岛屿之间直达的轮渡比较少，通常都是先到本岛再转坐其他轮渡到达目的地。为提高自贸区交通的便捷度，可以在岛屿之间建立直达的轮渡。同时还可以在码头设立绿色通道，每天都有几艘船在码头停滞，方便紧急需求。在码头之间还可以建立信息平台，通过信息一体化随时查找轮渡即时信息。

3. 升级港口发展模式

一方面要改善自贸区港口的硬件设施，包括设立大型化、深水化的航道，通过引进先进装卸设备提高码头设施的专业化，设立可以直通全世界的国际型干线，加快港口现代化、信息化建设。另一方面升级港口模式，建设第四代港口或是更先进的港口模式，加强与自贸区实业的结合，通过政府主导联合区内企业共同设计和确定建设方案，同时也可以通过金融机构发行债券进行融资，共同建设现代化综合型港口。

8.1.3 提高大宗商品贸易自由化水平

充分利用自贸区的港口优势和地理区域优势，不断加强油品等大宗商品储存、运输、中转、贸易等功能，积极服务国家经济安全战略需求，将我国打造成为大宗商品货物仓储运输转口加工贸易中心。

第一，要加快完善自贸区码头、物流运输基地等大宗商品储运基础设施建设，发展自贸区油品、铁矿石、煤炭、粮油等大宗商品货物保税储存再生产业务，保障我国能源安全和粮食储备能力。

第二，促进油品储运中转的自由化和便捷化。（1）推动油品储运投资的便利化。以原油和成品油为发展重点，在自贸区内完善油品储运设施，承接全球资源，面向亚太地区市场，充分满足国内对油品的需求。同时放开对石油投资市场准入的限制，鼓励各类市场主体对标国家标准参与自贸区投资建设油品的储运罐区、装卸泊位和管道建设等基础设施，不再对投资股比和投资主体等进行限制。（2）建立和完善油品储备体系。积极发展国家战略储备和商业储备相结合的新模式，不断丰富油品的储备种类，建立油品储备动用应急机制和商业化轮换机制。鼓励各类市场主体租赁国有油罐，提高油罐的周转率。同时，免除油品进出口的关税和进口环节的增值税等，促进自贸区油品贸易的自由化和便捷化。（3）实现油品储备的国际合作。盘活民间闲置的油品储备库资源，为一些国际组织和石油公司储存战略原油，为期货市场上的投机者设立交易转运仓库，也可以把石油的库存容量租赁给国际石油期货交易所，成为交易所的交易储备库资源。积极与国际上的主要石油资源国合作，共同建立石油仓储中心。

第三，促进石油加工投资的自由化和便捷化。为将鱼山岛打造成为世界先进的绿色石化产业基地，必须实施最为具体的环保管理措施，加快建设上下游一体化生产链。加大石油加工领域的投资开发程度，鼓励和支持国内外的投资商以资金、技术、资源等方式参与建设和发展绿色石化基地上来。允许国外投资者对自贸区内的石化项目拥有全部的控股权，同时支持基地退还石化企业利税。对自贸区内的石油化工企业的石油进出口执行零关税制度。石化基地可以将一些禁运和受管制的货物与服务负面清单同境外往来所涉及的基地建设和经营所需要的设备、工具、原材料、石化用品等进行税收免除，实行石油保税炼制，石化基地上的产品可以用保税方式通关。

第四，对以油品为重点的大宗商品自由贸易模式进行创新改革。（1）建立浙江自贸区国际油品交易中心。鼓励和支持浙江自贸区依托石油储备建立国际油品交易中心，支持国内外石油产业的贸易商、生产商、做市商、供应商到交易中心开展场内场外市场交易，加强做大石油现货交易。同时在油品交易中要积极探索利用人民币进行计价和结算的模式。不断发展和完善石油交易模式，以自贸区石油储备库原油为基础油，适时开展原油期货交易，允许以油抵债、以油换油的准现货交易方式的存在。促进石油贸易衍生品的发展，发布石油贸易指数，形成国际石油贸易的"舟山指数"和"舟山价格"。（2）丰富油品贸易的市场主体。取消自贸区内原油和成品油的国营贸易管理模式，支持和鼓励国内外从事油品贸易的企业在自贸区的进驻和发展，丰富自贸区油品贸易的市场主体。取消油品进出口企业的准入资质限制，积极开展自贸区内原油和成品油的进口、转口贸易，对进出口数量不再限制。

（3）创新油品贸易模式。鼓励和发展原油和成品油的调和贸易业务，取消税号和品种等限制。油品通过自贸区入关，视同进口，可以根据国家现行的油品进口和批发零售等管理规定进行实施。同时，关内的油品或者石化产品进入自贸区中转、储存、交易、加工等，视同出口，要及时办理出口退税业务。

第五，完善油品补给服务。（1）设立保税燃料油供应中心。完善供油港口和储罐加注锚地等基础配套设施建设，设立东北亚保税燃料油储存、混兑和供应的重要基地，对海上的燃油加注区域进行合理布局。推动生活饮用水供给、生活品供应、设施装备维修、生活物资储备、船上人员替换等相关业务的发展。（2）积极开放供油市场。取消保税燃料油供应资质限制。支持和鼓励国内外大型燃供企业入驻自贸区并开展业务。开展在不同税号下保税燃料调和业务，积极建设海上燃料油供应储存地，提高燃油调拨、供应的便捷度。加快建设自贸区燃料油交易中心，推动燃料油现货买卖市场的发展和提供避险场所的纸币市场发展。（3）调整和优化供油服务模式。积极调整和优化海事、通关、边检、港务等领域服务模式，推行加油船舶自由通航政策，对加油船舶进出自贸区港口和相关海域实行免通关手续，取消船舶吨税，停止强制引航。同时加快发展跨关区供油。

8.1.4 完善和创新金融体系建设

1. 完善金融体系

浙江自贸区成立时间不长，自贸区的离岸贸易和金融发展依赖于上海国际金融中心，自贸区在金融方面的建设还需要进一步培育发展和创新。为培育建立适合浙江自贸区发展的金融体系可以从以下几个方面进行建设。

（1）完善金融服务业功能定位。自贸区可以按照功能来确定金融服务业务的功能。银行作为主要的金融服务机构可以分为商业银行和商人银行。商人银行可以根据企业的具体要求提供个性化服务。例如商人银行可以为企业提供融资中介服务，包括代理股票、债券、承销以及交易。除了中介服务，商人银行还可以担当财务顾问的角色，提供收购咨询、帮助企业策划与安排以及企业的资产重组和兼并。同时商人银行还承担资产管理、直接投资、基金托管和金融服务等。商业银行按照业务功能可以分为全能银行、限制性银行和离岸银行。通过完善金融服务业加大对外资的吸引，提高自贸区的经济地位，避免恶性竞争带来的金融市场的动荡。

（2）创造积极公平的金融市场环境。制定相对宽松的金融政策，积极开发自贸区的金融市场，支持符合条件的民营资本依法在自贸区内设立民营银行，创造积极公平的竞争环境。政府可以根据国家的银行法，制定适合自贸区发展的金融市场规则，实现自贸区内资金流动的自由性，同时在相对自由的资金管理上，加强对资金流动的监控，防止金融风险的发生。

（3）建立高效功能性监管体系。形成以人民银行、银保监会、证监会为主体的金融监管体系，并进行多层次监管。明确金融监管职责与界限，尽量减弱行政模式的监管干预，不能因为行政监管而影响自贸区的金融发展和金融创新。金融监管是"监"与"管"的有效结合，而不是阻碍金融发展或是禁止金融创新。

2. 创新金融体系建设

将"联防联控"和"智慧监管"结合起来，加强自贸区内海关数据资源互联互通和风控模型的共享供应，推动长三角地区数字口岸建设，共同开发海港、空港、陆港、信息港的"四港联动"建设，进一步高质量发展长三角地区的油气资源、资金、技术和市场。积极推动金融领域的制度改革，加强金融服务意识，发展融资租赁业务，为自贸区的快速发展营造良好的服务环境。在推动金融领域创新方面可以从以下几个方面进行：

（1）积极推进金融领域制度的创新。吸引国内外金融机构在贸易区内设立营业机构，支持自贸区内设立企业财务管理、租赁等非银行金融机构，同时鼓励民间资本进入自贸区建立或者参股银行业。推动自贸区内的银行机构开展离岸业务，提高准入方式的简便化，准许自贸区内的企业开设离岸账户，同一主体内的两个不同账户可以进行资金的划转。积极开展自贸区内外商投资资金意愿结汇试点工作以及跨境企业外汇资产统一运作经营试点工作，并探索跨境机构双向人民币资金池试点工作，引导境外大宗商品贸易商、供应商和贸易服务商在区内创建区域性或者全球性资产运营机构。不断推动外汇管理的开放，在油品贸易项下提高资金的自由化，在最初阶段采用"净额管理"的模式，限制企业数量的自由兑换，对资金总量进行控制。鼓励和支持在自贸区内开展大宗商品的跨境贸易和跨境结算工作，允许符合条件的企业申请互联网支付业务许可证，并允许开放跨境电子商务中外汇支付项目的试点工作的开展。积极推行国际贸易结算中心的试点工作，鼓励本外币自由结算和凭电子成交数据办理跨境人民币支付，提高自贸区和境外资金的自由化。

（2）推进融资租赁业务的发展。积极推动海洋工程、国际船舶、公务机、大型设备以及成套设备的融资租赁业务，支持各类融资租赁企业在自贸区内开设项目子公司并开展境内外出租服务。推动租赁单一业务企业汇总缴纳企业所得税的试点工作。允许在自贸区内企业设立自由贸易账户，同一主体融资租赁公司下的项目子公司账户资金可以进行集中管理，更好地推动自贸区的融资租赁业务的发展。

8.1.5　促进海洋制造业投资便利化

浙江自贸区应重点发展海洋先进设备制造业，不断优化和升级海洋制造业，在自贸区设立现代海洋产业基地。

首先，要积极建设海洋高端制造中心，在自贸区布局建设海洋高端制造业的集聚地，从而更好地吸引各类投资主体的参与，加快发展和完善海洋电子信息技术、海洋工程基础设备、高端海洋工程、海洋水产精深加工产业、海洋生物制药及航空配套设备等以海洋新兴产业和高端制造业为核心的工业集群，加快我国海洋高端制造业基地的发展。

其次，持续深度开放海洋制造业。按照内外资一致的原则，实施海洋产业投资负面清单管理模式，除了负面清单上禁止或限制发展的产业，其他产业投资一律自由。针对一些境外投资的海洋高端制造业不设投资股比、投资主体和投资领域的限制。放开设计和制造由中方控股的限制，同时对船舶（包含分段）的修理也要放开，支持鼓励境外投资者民用直升机和通用飞机的设计、制造和维修，针对海洋工程设备的制造与修理的外资股比也要放开一定的限制。对内外资投资项目要实施存档备案制，鼓励外资企业对自贸区内的制造业企业进行股权投资，并对投资金额不设投资股比限制。颁布和实施具有国际竞争力的自贸区产业发展政策，在自贸区内注册的海洋高端产业可以推行企业注册后前 5～10 年内免征增值税、营业税和消费税等流转税以及所得税率为 15% 的优惠政策。

最后，要积极完善海洋制造业的价值链。发挥各类海洋产业跨国公司在自贸区内的集聚效应，助推研发设计、成果转化、高端制造为一体的产业集群的形成。支持和鼓励大型海洋装备制造企业在自贸区内构建研发中心和技术基础共享研究平台，吸引境外大型跨国公司在自贸区内建立全球维修中心和零配件加工储备中心，积极发展含高科技、高附加值的检测修理等保税项目。政府和自贸区对海洋科技研发企业给予科研经费的补贴或是融资担保支出。自贸区还可以设立保税展示交易中心，助推海洋高端制造业与国际贸易、装配、转口贸易、物流运输等的联动发展，共同完善和提升海洋制造业的价值链。

8.1.6　加大现代海洋服务对外开放程度

积极推动现代海洋领域的第三产业发展，加快现代海洋服务贸易的转型升级，探索研究海洋服务的新发展模式和途径。

（1）提高国际航运服务能力。在自贸区内开展有利于提高大宗商品贸易便利化的运行模式和航行制度。推行开放的国家船舶制度，提高注册手续的简便化，降低注册费用，同时对船舶的吨位年费进行减免政策。加快推动航运运价指数衍生品贸易项目的发展。支持国内公司拥有或控股拥有的非我国国旗船在自贸区内保税注册，不设中外合资或中外合股国际航运企业的外部资金股比限定。继续推进国际航运经营许可流程的精简工作，支持外商独资的国际航运管理企业，并允许外商利用合作或合资的方式进行国际航运代理业务，支持外商独资开展国际海运与装卸业务，外资持股限定可以降至 51%，同时把外资企业经营的国际航运管理项目准入权限下放到浙江省。允许在自贸区内注册的国内企业持有或控股的非我国国旗船办理浙江自贸区和临海港口的沿海捎带业务。鼓励有实力的船舶运输企业在自贸区设立单船运输公司，鼓励在自贸区内提供国际运输船舶税收修理服务。吸引和支持国内外保险公司、保险经理、保险公估企业在自贸区设立营业部并开展船舶运输保险等相关业务，同时还可以引导国内外企业在自贸区内开展船舶运输保险、海损理算、航运贸易、船舶运输仲裁等高端船舶运输服务，鼓励海事仲裁部门等进驻自贸区，推进自贸区国际航运服务平台的建设。

（2）持续推进海洋旅游领域的开放创新。利用自贸区舟山片区的海岛优势，开展与国际海岛旅游国家地区的交流和合作。吸引国内外资金等进入海洋旅游的相关产业，鼓励外资建设，打造主题海洋公园、提供商务飞行、空中游览等通用航空服务。同时，还可以降低国际邮轮公司的注册资质条件以及游艇船舶登记所有人住所限制，助推邮轮和游艇经济的发展。积极开展中资邮轮试点，允许自贸区内注册的中国境内资本邮轮企业所属的"方便旗"邮轮通过批准从事国内外邮轮运输，同时进一步放宽对台航线的审批限制。积极建设自贸区国际展示交易中心，放开出入境管理、船龄等一些政策限制，同时推进检验登记等手续的简化工作，允许自贸区内进行境内外二手邮轮和游艇包括装备的交易。

（3）积极建设和发展自贸区高端进出口商品贸易中心。在自贸区内设立高端进出口商品的免税销售中心，发展进出口货物相关的交易、集散和推广业务。对离岛商品推行免税措施，境内和境外人员进入自贸区购买免税产品，可以采取在一定数额内免征关税、消费税及进口环节增值税的措施。积极发展自贸区跨境电商的进出口贸易，加快推进自贸区机场开放和扩大，开设更多的国际客货运航班航次。针对一些国际旅游团游客、国际邮轮游客和包机游客等，可以让公安部直接办理落地签，进而逐步实施免签证政策。

（4）大力引进和培养海洋科技研发人才，实现高端人才的聚集。在区内积极开展海洋科学研究和技术开发，推动设立国际海洋科技研发和成果转化中心，同时发展管理咨询、数据服务、软件开发等外包服务的发展。设立第三方的查验判定部门，依据国际管理分析采用测算结果。扩大跨境电商的服务范围和功能，建立起与其功能范围相配套的海关管理、出口退税、跨境支付、查验检测和储存交易等配套设施系统。加快对国际海洋高端人才的培养，完善高端人才培养机制，采用将自贸区内企业的股份或出资份额等股权方式作为对公司高端人才和短缺人才的福利，也可以通过个人股权激励所得税分期纳税的方式吸引和加快高端人才的集聚。

8.1.7 优化自贸区产业结构

与周边上海自贸区和江苏自贸区相比，浙江产业基础较为薄弱。浙江自贸区的产业主要以大宗商品的物流运输、原油的转运加工和船舶工业为主。港口物流是自贸区对外交通的主要渠道，承担着浙江自贸区国际物流枢纽的重任，实现以大宗商品的储存、转运、加工、贸易等功能，调整和优化自贸区的经济产业对自贸区的经济发展具有重要的影响。目前，浙江的产业以工业制造业和低端的服务业为主，因此急需通过提升自贸区的产业模式和体制创新，以港口运输带动仓储、加工、贸易的发展，促进浙江的全面开放和经济转型升级。

长三角地区是我国经济最为发达的三大经济带之一，随着经济的不断发展，大量的大宗商品物资运输都需要港口才能完成，尤其是长三角和长三角上游的物资较为匮乏，石油化工、工业原料等战略物资都依赖大量的进口。因此，浙江自贸区发展石油等大宗商品的储运、加工和贸易，不仅能满足长三角地区的基本需求，同时也可以为长三角经济带的持续发展提供支撑，缓解国家战略资源急需的问题，优化浙江省的产业结构。

重点发展自贸区油品全产业链投资便利化、贸易自由化。油品全产业链指的是包含油品加工和存储、石油储备、燃料的加注、贸易、运输与交易结算等"一条龙"的产业链。打造油品全产业链需要自贸区不断建设和完善相关的贸易、投资、金融、市场、税收等相关配套设施。其中，石油储备是产业链的基础。《中国（浙江）自由贸易试验区总体方案》提到，以发展原油和成品油为重点，利用全球资源，面向亚太市场，不断满足国内原油和成品油的需求，并将舟山离岛片区建设成为国际大型油品储运基地。培育和发展多元化的油品储运主体，鼓励和支持各类油品储运主体对标国际标准，积极参与投资建设油品装卸泊位、输油管道、油品储运罐区等基本保障设施的建设，不断探索和创新油品的储存模式，建立国储、商储、企储和义储为一体的储运体系模式，积极与国际产油国合作共建油品储运基地，促进舟山国际油品保税交割体系的形成。

以保税燃料油为发展突破口，浙江自贸区改革发展要积极借鉴新加坡自贸区发展经验。改革发展自贸区保税燃料油需要积极争取商务部等相关部门的支持，不仅要出台相关政策，例如《中国（浙江）自由贸易试验区国际航行船舶保税油管理方法》，同时还要实施相关措施包括将自贸区域内国际船舶保税加油许可权下放到舟山相关部门，支持符合条件的自贸区企业原油进口和使用资质，进一步放宽原油和成品油的资质和配额限制。鼓励和支持自贸区内油品企业生产保税燃料油，支持开展保税燃料油的跨区域直供业务。探索和发展自贸区供油、外锚地供油、内锚地供油、全天候供油、统一税号混兑以及不同税号混兑等措施。

浙江自贸区以建立国际油品交易中心为发展目标。据中国海关统计，目前我国每年从国外进口原油大概是 3.6 亿吨，是世界上原油进口的第一大国，大量进口原油的重要原因不仅仅因为我国油品交易市场不活跃，同时反映了我国在国际上油品话语权的缺失。浙江自贸区要以浙江大宗商品交易中心为依托，积极发展原油、成品油和保税燃料油的现货交易，同时还要积极开展与期货交易相关的业务。将国内的原油贸易商集聚起来做大做强原油现货交易，加快建立一个具有国际影响力的原油现货交易市场。同时要积极形成自贸区国际原油保税交割中心，不断发展成品油内外贸分销线上和线下交易市场，发展自贸区成品油交割、仓储和保税功能，放宽和简化成品油批发资质条件，拓展成品油内贸分销业务，进一步发展成品油内贸分销网络。

8.1.8　加强与周边地区的战略合作

抓住长三角区域一体化发展机遇，在自贸区投资便利化、营商环境国际化、金融创新方面深化改革，加快对外开放的步伐，推动自贸区形成一批首创性、引领性的创新成果，并在自贸区内率先共享复制推广。发展数字经济等新经济领域，积极打造新时代我国对外开放的制度创新集聚区、产业发展的排头兵。

1. 加强与上海自贸区的战略合作

浙江自贸区和上海自贸区都位于长三角经济带和"一带一路"的 T 型交

汇处，这两个自贸区不仅地域相邻同时两者发展也息息相关，浙江自贸区要加强与上海自贸区的战略合作，实现共赢的局面。加强与上海自贸区以及长三角地区的合作，同时全面深化与上海自贸区的合作与对接，增强我国聚集全球资源的吸引力，协调配合、融合发展、差别化推进，创新对标国际贸易准则的新平台和新起点。加快推动宁波舟山港的一体化发展，创建我国港口一体化改革创新示范区。

复制和推广上海自贸区及临港新片区的发展创新经验，积极打造浙沪跨界治理的"双战略"联动发展区域。以浙沪共同签订的小洋山港区综合开发合作协议为基础，重点开展"期现合作"和"自由贸易账户复制推广"，在港航物流产业等领域进行联动合作。对标国际投资和贸易规则标准，促进宁波舟山港和上海港在自贸区内的协调合作发展，在目前自贸区建设合作的基础上开展制度试验和压力测试，在货物贸易等产业领域发挥集聚效应。

上海自贸区在贸易便利化、投资便利化、监管便利化等方面都具有相对发达的体系，浙江自贸区应积极吸取和推广上海自贸区的成果经验，同时浙江自贸区还可以依靠上海自贸区在金融和人才方面的优势实现自贸区的全面发展。从发展模式上看，一方面浙江自贸区主要发展大宗商品、石油和铁矿石为主的交易运输，而上海自贸区则是以发展集装箱的交易和物流配套服务为主，两个自贸区可以进行合作，实行错位发展。另一方面，浙江自贸区已建成了大宗商品交易中心，可以通过聚集海洋制造业和海洋服务业对接上海相关产业的转移，有利于上海自贸区建设新型海上产业体系。同时，浙江自贸区还可以实现在海关、边检、海事等领域与上海自贸区的合作，双方互惠互利，实现长三角一体化发展目标。

2. 加强与洋山港在航运物流方面的合作

洋山港位于舟山，但属于上海自贸区，主要发展国际集装箱运输，在集装箱吞吐量上洋山位居世界第一。随着海洋运输业的发展，1.8 万 TEU 及更大集装箱船舶开始投入使用，这使得洋山港的水深达不到标准，而浙江自贸区的舟山港海岸线丰富，可以建造满足大型集装箱船舶停靠的新型港口，同时也解决了上海集装箱港口发展受限的问题。可以看出浙江自贸区和上海自贸区在发展模式和功能定位上各有优势，虽在部分物流业务上有竞争，但更多的是相互补充合作，根据两个自贸区的发展特点可以在航运物流领域进行合作，特别是可以加强在集装箱中转运输方面的合作，共同发展航运物流促进自贸区的发展。

加强洋山港区域浙沪合作开发的力度，全力打造浙沪"海上一体化发展示范区"。依托世界一流的航空航运能力，以发展离岸贸易、数字贸易、跨境电商等服务贸易为重点，共同打造国际贸易中心、经济发展中心和国际金融中心。

3. 加快创建舟山江海联运服务基地

加快推动自贸区与沿海地区的商贸合作，创建舟山江海联运服务基地，统筹水路、公路、铁路、管道等交通方式的发展，建立通江达海基础设施网络，构建大宗商品运输和集装箱中转运输体系，辐射带动沿江沿海市场的发展。积极打造江海联运和江海直达的标准船型，并不断完善江海联运公共信息平台，加紧自贸区与内陆口岸的协调合作，共同提高现代航运服务能力，不断降低长江流域经济带的物流成本，积极建设舟山江海联运服务基地，助力自贸区成为海上丝绸之路与长江经济带发展的重要海上开发门户。

8.1.9 提升自贸区的服务能力

为提高浙江自贸区的国际竞争力和国际影响力，必须要提高自贸区的服务能力。首先要提高港口的供油服务能力。根据浙江自贸区的发展思路和发展目标，在舟山的衢山岛、嵊泗岛等地建立保税供油港口服务基地和抛锚区，给国际国内来往的船只提供保税燃料油的加注服务。为了全面实现这个目标，政府除了建设和完善与之相配套的基础服务实施，例如储油罐、供油港口、加注抛锚地等，更好地布局了舟山港口的加注区域。还可以制定和颁布相关国际航行船舶保税油管理规定和办法，更好地吸引保税燃料油供应商提供供油服务，鼓励和支持国际和国内油品企业入驻自贸区，同时鼓励生产保税燃料油，积极开展各种税号油品的混兑调和服务。开设绿色通道，为港口挂靠加油的船舶提供通行便利，简化或免除相关通行手续，方便船舶通行，加快建设东北亚保税燃料油加注中心。其次，要加强提升自贸区的海事服务能力。

浙江自贸区要积极提高国际船舶管理服务能力，同时要加快培育外轮供应企业，可以为国际国内外船舶提供物料、船品配件、生活物资、代理服务等。利用舟山船舶修造的优势，建立舟山港船舶配件交易市场，政府还可以颁布和实施保税优惠政策，从而为国内外船舶提供更高质量的修造服务。加强港口航运安全监督，积极为液货危险品运输企业提供相关服务。

8.1.10　建立大数据平台，加快信息化建设

加快浙江自贸区综合信息平台建设，通过积极建设现代化综合信息平台，为企业提供多样化的信息综合服务，促进政府部门之间、政府企业之间以及各企业之间的信息交流，帮助浙江自贸区加快建立内部信息机制。浙江自贸区的综合信息平台可以通过以下几种功能进行定位：

（1）舟山市公共信息服务平台定位功能主要是为了给浙江自贸区内各种数据交换所需要的基础设施和通行网络提供平台，同时制定相关电子数据交换通信协议的标准和规则，建立各相关行业或者政府部门例如公路、铁路、航空、税务、海关、出入境检疫局等电子数据交换接口，不仅实现数据信息的双向传送和共享，还为数据的报备监管创造条件。

（2）舟山市相关行业组织信息平台的定位功能首先是为自贸区内的企业和政府提供通信方面的服务，其次满足物流运输车载系统与物流企业运输调度中心的无线通信的需要，不仅实现物流企业运输工具的跟踪和调度等功能，而且为海关等部门提供无线通信调度的服务，实现实时监控管理的功能。

（3）公共信用信息平台是浙江自贸区内的海关、政府、企业等机构联合共同建立的，一旦有企业违反区内的规定，其行为将被记录在公共信用信息平台，并把这些企业列入黑名单。

除了建设自贸区综合信息平台，浙江自贸区还建立了大数据平台。大数据平台的设立加强了自贸区的管理和监管，实现了自贸区的协调发展和合作共赢。利用数据大平台，实现了自贸区内基础设施的信息交流。同时，基于政府对贸易的宏观调控和基础设施保障；监管机制境内关外的性质和负面清单的监管，加快促进与上海自贸区的战略合作、与洋山港区的物流合作。

8.2　浙江自贸区管理体制和制度的创新

　　2017 年 3 月，国务院印发《全面深化中国（上海）自由贸易试验区改革开放方案》，标志着上海自贸试验区进入全面深化改革阶段，[①] 也标志着新一轮改革开放的开始。新形势下推动改革开放的一项重要任务就是持续扩大对外开放，同时，全面深化改革，积累发展经验，并不断探索发展新途径。建设自由贸易试验区是新时代下党和国家进一步推动改革开放的重要举措，作为我国自贸区发展的排头兵，浙江自贸区承担着推动贸易自由化、投资便捷化、贸易国际化和推动行政管理改革的重要任务，自贸区发展的本质要求就是以开放促进改革，重点推动全域开放的高标准制度、规则和管理办法，同时用制度创新的成果实现制度的可推广、可复制。通过浙江自贸区的建设，对外融入全球贸易竞争的浪潮中，积极探索开放的新模式和新途径，对内通过开放促进改革的方式不断发展自贸区，从而带动全国的改革创新，改善传统发展模式中不可持续发展的短板。[②] 可以看出，浙江自贸区的建设将成为中国开放的新起点。

　　结合自贸区发展的特点，充分借鉴国际上成熟自贸区的发展经验，不断创新监督管理模式，推动税收体制的完善，使自贸区的贸易服务体系与国际投资体系相匹配。

8.2.1　创新自贸区管理体制模式

　　为了保障浙江自贸区的高效快速发展，加强自贸区创新管理体制可以从以下方面实施。

---

① 资料来自中国（上海）自贸区官网资料。
② 资料来自中国（浙江）自贸区舟山片区官网资料。

1. 政府部门

浙江自贸区的政府管理主要体现在宏观调控和简化政府职能，从而促进自贸区的高效发展。在贸易投资上，浙江自贸区主要采用的是负面清单管理模式，自贸区内的企业在融资前，实施准入前国民待遇和负面清单制度，建立高效严密的监管体系。自贸区的管理部门使用备案制，根据内外资一致的原则，对负面清单以外领域的外商投资项目进行批准和企业合同章程的审批。对于外资企业登记的审批，进行简化流程，实施"一个部门、一个窗口"受理外资企业的登记和准入，从而提高企业注册流程效率。

2. 监管部门

浙江自贸区的进出口监管主要是海关负责，海关的性质决定了自贸区"境内关外"的特点。浙江自贸区的海关监管制度可以借鉴上海自贸区"境内关外"的模式，上海自贸区采用的是"一线放开，二线管住"的海关监管制度。根据浙江自贸区的功能定位，"一线放开"指的是大宗商品或者其他商品进入自贸区不需要海关的监管，在自贸区内可以进行商品的自由贸易，出入自贸区自由；"二线管住"指的是通过商品的报税和免税的政策，大宗商品或者一些商品可以从浙江自贸区进入我国境内。

以浙江自贸区的舟山片区为例，舟山具有岛屿众多且分散的特点，因此自贸区需要一个统一的监管部门进行管理和监督以避免岛屿之间的运行落差，包括运费、政策、运输的落差，规范运输行为。加强区域之间的信息联络实现信息的共享。同时还要加强各个岛屿之间的监管措施，保障自贸区内的各个机构高效通畅运行。建立高效的符合自贸区发展的行政监管制度，促进贸易区内机构和贸易的有序运行，减少行业间的恶性竞争。

3. 对外贸易

在对外贸易方面，浙江自贸区实行"单一贸易窗口"制度，也就是通过多部门的相互配合，最后由一个统一部门或机构处理所有的业务。通过浙江自贸区内的海关边防、检验检疫、税收等相关部门的相互合作，简化流程，提高工作效率，促进自贸区内各区域之间的通关一体化。在自贸区内实施"单一贸易窗口"制度，不仅提高了通关效率，节约了贸易交易中的时间和资金成本，同时还创造了便捷有利的营商环境。

将以油品为代表的一些大宗商品和海洋高端制造业作为发展突破口，持续推动开放领域的扩大，推动投资管理体制的改革，取消准入限制，逐步与国际自贸区投资自由化接轨。

积极拓展利用外资的途径和领域。鼓励和支持外商投资股权投资企业的试点工作，积极探索在投资基金管理和境外资本结算等方面的管理新模式。引导符合条件的外资股权项目和创业扶持基金项目在浙江自贸区开展和办理人民币基金。支持自贸区内的大型企业采用发行债券、股票等方式在国外资本市场进行融资，同时支持外资企业在自贸区内开展融资租赁、商贸服务、风险投资、商业保理、为中小企业担保等业务工作。自贸区内在原则上不受地域的限制，企业可以在自贸区外部再投资或新建项目，如遇特殊情况可以根据特殊管理办法进行相关操作。

利用国家政策和负面清单的方式解决外部投资实施的核准。利用负面清单以外项目核准政策，将之前的外部投资项目审核批准制转变为现在的备案制，但是不包含一些国务院要求对国内投资保留核准的项目，具体的备案工作将由自贸区负责办理；并且将一些外部投资商的章程批复和契约交由浙江自贸区负责审查和存档，具体的存档规范根据国家相关法规进行操作。同时，要完善国家安全审核机制，建立和完善高效的外向型经济发展体制。

8.2.2　加强货物通关监管服务模式的创新

浙江自贸区根据不同的功能布局，实施差异化的监管服务模式，自贸区内有"境内关外"、海关特殊监管及一般监管模式等一些监管服务模式。

根据自贸区的布局，对舟山群岛的衢山岛实施的是"境内关外"的监管服务模式，实施"一线开放、二线管理、区域内部经济自由稳定发展"的政策。所谓的"一线放开"指的是与境外的贸易往来"一线"免于通常的海关监管流程手续，与境外往来的一切商品包括油品、石化产品、自贸区内建设所需要的材料和设备等都实行自由化政策，不需要备案，也不需要海关查验，免征关税和其他税。"二线管住"指的是在境内课税区的"二线"设置海关关口，实行海关监管的模式。区内的经济自由则是指在自贸区内从事油品的储运、中转和贸易自由，不需要备案。除了一些危险易爆品和产品废物，一线的检验检疫还是实行"进境坚持、适度加宽进出口检查"的检疫政策，在二线则是实行"放宽进出监管，严格控制质量安全问题"的政策。

不断完善海关、检疫的政策规则，推动自贸区的制度创新。促进一体化监管模式的发展，实施共建高效一致的口岸监管管理组织模式。加强对贸易电子账户的安全维护管理，保障自贸区内货物的便捷中转，尤其是在一些特殊监管区域和跨关区地带。在自贸区设立有关货物状态分类监管的管理试点工作。

结合浙江自贸区实际发展特点，充分借鉴上海等自贸区在监管方式上的创新，继续开放一线、保障二线的过境监管服务体系，全面优化海关特殊监管区域的发展。对一些岛屿，例如舟山岛、朱家尖岛设立试点区域，实行现代化通关监管服务模式，提高货物流通的高效性和便捷性。

8.2.3 优化投资和贸易的税收政策

（1）积极推动投资的税收政策改革。对于使用非货币性资产对外进行投资活动等资产重组行为而产生的资产评估资金的增加，可以在一定期限内实行分期纳税。不断完善自贸区内部企业经营者的注册，对于区内一些高端人才和稀缺人才可以实施除奖金之外的公司股份或股权等方式的激励。

（2）积极推动贸易的税收政策改革。可以对自贸区内经过政府等相关部门审批的从境外购置的空载重量超过 25 吨的且租给我国航空公司使用的航空飞机，可根据实际情况实施税收减免。在自贸区注册的租赁公司和其建立的子公司等可以享受自贸区的优惠政策。针对自贸区内生产的产品并在内陆销售的商品可以收取相关税费。根据企业的要求，实施对销售的产品根据产品自身的情况征收关税。在自贸区内的现有政策基础上，在自贸区内经营生产所需的机器设备和原材料可以实施税收优惠政策，其他情况则不享有税收政策优惠照顾。完善退税港退税试点工作，同时开展其他税收的创新试点项目。

（3）对自贸区内注册的并主营国际航海业务的企业所获得的利润可以免征增值税；对于一些在自贸区内注册的物流、储运等产业经营的相关业务所得到的利润，在增值税方面可以享有部分优惠政策。而对于区内的一些保险行业向区内企业提供的国际航运保险业务所取得的收入可免除增值税的征收。

8.2.4　完善自贸区人员出入境管理制度

随着我国经济的快速发展，人民的生活水平不断提高，同时，我国的对外交流水平也在不断提高，国际交流也随之越来越频繁，人们对出境的需求越来越旺盛，因此我国对出境管理的工作也变得越来越谨慎，以往的出境审批流程和要求已经渐渐不再适用现在经济发展的要求，影响了出境工作的执行，因此自贸区的出入境管理制度面临急需完善和创新的局面。

在自贸区内出入境管理工作者需佩戴自贸区工作证。在自贸区内设立对外开放口岸和出入境管理机构，积极落实境外人员口岸签证，同我国台湾居民实施口岸签注政策。境外人员来自贸区工作要提前备案，有效期为 3 年，对境内人员从自贸区出境，可以采取办理多次出境简化签证流程。浙江自贸区人员的自由出入主要是通过与国际上其他国家签订免除签证协议来实行，这些国家的人员出入自贸区可以免除签证手续，但是针对那些没有签订免除签证协议的国家人员来说出入自贸园区也要简化手续。

加强和完善自贸区出入境管理服务制度可以实施以下几种相关政策：

（1）提高信息技术创新能力。加强自贸区信息网络监管制度，规范自贸区出入境管理信息资料的完整性。提高工作效率，减少资源浪费。自贸区目前实施的是三级网络监管的制度，自贸区同各个地方的派出所部门有密切联系，从而确保零散的最基层人员入境个人数据信息的准确，实现资源共享。与此同时，要协调统筹建立"注意人员信息库"和"不准入境人员信息库"。对于一些基层录入的入境人员个人数据信息要及时核对排查，在紧急情况下可以进行及时处理。

加紧自贸区人员的信息处理和我国各地处理证照信息的共享与合作。派出所对入境人员进行信息采集后，人员的相关信息在网络上进行整理比对，减少了入境人员办理登记手续的时间和相关费用，对派出所来说也改善了无法准确获取区内人员个人详细情况的状况，实现了自贸区人员情况的全面掌握，保证自贸区安保工作的顺利进行，确保自贸区的安全和稳定发展。同时，也可以在自贸区内设立"出入境人员报备信息库"，给自贸区入境申请人员提供高效便捷的服务。

（2）服务和效率要两手同时抓，给出入境人员提供最好的服务，树立自贸区公安系统的良好形象，维护自贸区的形象。结合自贸区的实际发展情况，参考上海自贸区的"多渠道办理、集中审理、一次性核对"的工作方式，实施研究调查和政策调研相结合、协调机构内部科室和创新办证机制相结合的工作方式，不断学习和优化，不断提高自贸区的服务质量和效率。

（3）充分利用各区域公安系统的基础网络和社区居委会的智能系统，准确、详细录入自贸区入境人员的信息。随着自贸区入境人员的不断增加，自贸区公安系统的安保工作压力越来越大。因此，要充分发挥基层区域的优势，提高入境人员信息的准确性。同时，公安系统人员要做好基础抽查工作，进行分片区分数段的抽查，及时检查入境人员信息录入情况，确保数据的完整性和准确性，以利于数据的科学分析和研究，为政府制定相关政策提供保障。用制度规范入境人员系统建设，制定提高警务监管的规则和政策，培养一支高素质、硬技术的入境监管人员。

随着浙江自贸区监管区域的不断扩大，入境监管规则也越来越严格，具体的规则细则也变得越来越多，对监管水平的要求也随之提高，面对的考验也逐渐增加。建立有效的入境人员监管系统，不断更新相关规则，成为了目前浙江自贸区制定合理入境政策的重要途径。

8.2.5 完善自贸区相关法律政策

自贸区的改革与创新的关键点在于构建一套合理合法的法制体系。虽然浙江自贸区已经开始着手发展自贸区扩区，但是有关自贸区的法律法规体系还未建立健全，急需建立完善。浙江自贸区还可以充分借鉴其他发展成熟自贸区的制度创新经验，同时结合浙江大力推进的"最多跑一次"改革，通过集成性改革创新，形成更多可复制、可推广的自贸区发展经验，推动改革的全面深化，更好地服务我国的经济发展。包括：政府政策的透明度机制、产权与契约机制、国际规则融合机制、争端解决机制、行政许可与市场事中事后监管机制、金融领域的开放机制与风险的防范机制等。

从国家政府角度来说，建议颁布符合中国自贸区发展的相关法律法规制度，可以包括自贸区的功能定位、政府职责范围、外资准入条件以及自贸区监管机构标准等。从地方层面来看，尽快制定出符合浙江自贸区发展的法律法规和管理办法，研究和优化自贸区企业管理、政策优惠和金融扶植等方面的政策制度，加快浙江自贸区的建设和发展。营造政府和企业分开管理、减少政府对企业运管的干预、企业接受政府宏观管理的公平的营商环境。鼓励和支持国内外企业进驻自贸园区，在政策上政府对企业也要一视同仁。政府要简化企业办理手续，提高行政效率。

一方面，积极改善管理外商投资的准入限制和管理方面的法律保障措施。放宽协议合同的批复，改为备案监管方式，备案后可根据政府相关规定办理相应手续。选择《外商投资产业指导目录》中的支持类和准许类，政府鼓励支持自贸区先行开放的现代服务业重要环节，但是不包括持有特殊准入限制条件的一些外国投资者。另一方面，营造适合投资项目管理的法律保护和法律环境，根据自贸区内外资统一的原则，对自贸区的固定资产投资部分的外部资金和内部资金采用备案制，方便监督检查。以上这两个方面和自贸区其他外商投资管理制度中，必须把对境外投资者的特别准入措施修改为试验区外商投资例外管理措施表，以此作为探索自贸区负面清单监管模式的试点项目。

相关政府机构可以把自贸区发展中探索成功的自贸区政策、措施和制度进行法律化，从而更好地保障自贸区经济发展的可持续性。自贸区建设在我国发展还在起步阶段，需要在不断探索中总结发展经验、措施和制度政策。这些具有成效的发展措施、政策和制度是从我国自贸区发展实践中不断总结出来的，符合我国经济发展的特点，是非常难得的实践经验，对我国其他地区自贸区的发展具有可推广性和可复制性，因此必须要用法律的手段将其固定，并且用法律的强行性来保证这些政策的合理实施，并推动这些制度政策的不断发展。我国还处在社会主义探索时期，在社会主义道路上不断地摸索前进，我们在探索过程中必须不断发展总结经验。自贸区的发展建设也是按照这条路走下去。

8.2.6　改善自贸区法治环境

加快浙江自贸区内经营活动的运转，对行政监督体系等相关方面进行重大的改革，其力量来源于高效的法律保护。随着自贸区一些审判组织的设立，不仅有利于积累更广泛的经验，同时也有利于为自贸区的经济发展提供法律保障。根据自贸区经济发展的不断变化，对自贸区法律条款专业性的要求越来越高。在自贸区设立专门的审批组织，建立一支高素质的审批人员队伍，能够大幅度地提高审判能力，满足自贸区审判的综合需求。积极创建高水平的投资经营发展体制，满足自贸区不断发展的改革需求。加快建设浙江自贸区的司法和执法体系，助力自贸区市场竞争体系的合理化。对于一些在自贸区存在的商业纠纷，要在自贸区专门建立独立的审查体系，根据世界通用的规则，严格执行自贸区环境保护法律法规，建立符合自贸区发展的商业纠纷调解、支援、知识保护、商业仲裁等相关服务体系。同时，提高自贸区企业商家的社会责任感，保障企业职工的基本权益。

在政府监督范围内，创新改革政府监督治理的途径，积极推动政府监督从重点关注事前审批转变为重点关注事中、事后的追踪管理。加快改革行政体系，不断规范和明确政府部门的职责和任务，推动发展政府权力监督体制。取消非行政的审批项目，严格控制新增项目的行政批复项目。积极开展企业开发项目的"零收费""零审批"的试点工作。

在司法建设方面，浙江自贸区要加强司法体系对自贸区加快投资和贸易方面的转型发展，重点关注金融服务、商业服务、航运服务、文化服务、社会服务等相关领域的投资性案件，促进投资贸易的发展，提高投资贸易的便捷性，并且保障自贸区商品贸易交易的安全性。自贸区要加强司法对金融制度改革的创新支撑力度，谨慎对待金融市场利率市场化、跨境融资自由化、人民币资本项目可兑换和金融产品创新等相关金融性案件，做到规范秩序、防范风险和创新体制的融合发展，同时要提高司法对知识产权的保护，积极为自贸区的商业发展营造公平、公正、安全和高效的发展环境。

各部门要不断地协调组织与合作，为浙江自贸区的发展打造良好的法制环境，从而更好地促进自贸区的发展。

8.3　浙江自贸区的建设经验总结

减免关税一直是我国经济特区吸引外资的重要方式。在我国无论是经济特区还是各种开发区和高新区，他们共同的特点是给予减免关税的优惠。这与以前经济特区实施的"政策洼地"不同，自贸区的优惠政策是为了消除政策壁垒，主要是准入开放和国民待遇。自贸区以复制和推广先进制度为基本任务，以创新体制为发展核心，以防范风险为约束条件，通过具体的改革实践积极探索与推进国家发展的新战略。目前，我国各地都在积极抓住先行先试的机遇，形成了千帆竞发的改革态势。由此可以看出，区域竞争的关键就是要进行改革的竞争，包括制度环境和制度供给的竞争。我国改革过程已经进入了攻坚期，不仅需要从内部推动改革力度，而且急需通过更高水平、更广领域、更大力度的开放水平使改革更加顺利、持续地推进。中国改革的一大特点和经验是以改革促进开放，同时又以开放倒逼改革。目前我国已完成了体制转型，进一步的深化改革也将面临更大的困难。持续有力的开放是全面深化改革的突破口，加快以开放促进改革的步伐是我国经济持续快速发展的成功经验。我国的开放具有"倒逼"和"锁定"两大效应。所谓的"倒逼"效应指的是通过外部压力推动内部调整，具有推动前进的作用；而"锁定"效应指的是要求遵守国际规则和规范，不然就会面临违约的指控和制裁，具有防止后退的作用。自贸区的主要功能就是在一定范围内把改革的风险控制到最小，以开放倒逼改革，同时高水平的全球化开放要求政府的管理更加透明和规范。浙江自贸区在建设过程中不断地探索和实践，并总结经验和创新成果，在投资、贸易、金融、事中事后监管等方面取得了一系列改革成效，同时一些制度创新成果在全国和特定区域内进行了复制推广，发挥了浙江自贸区在制度创新中的引领和示范作用。具体相关政策体制改革经验有以下几方面。

1. **依法建设规范行政体系和公平竞争市场机制**

要建设规范化的行政体系和公平竞争的市场机制，就必须有与国际接轨的市场规则。浙江自贸区一个最重要的任务就是在贸易区内实现贸易的自由化，以及油品投资的便利化，这一任务的实现，能够促进自贸区与国家战略的衔接，使其能够更好地参与国际竞争，占有更多的市场份额，使我国大宗商品在国际上具有更大的竞争力，为我国在国际市场上争取更多的话语权。

浙江自贸区实现对外开放的先决条件是安全的制度环境和高水平的市场化，所以自贸区根据现行的政策体制和所蕴含的发展机会，实现自贸区内油品产业链在制度上的变革，在自贸区逐渐建立起油品储运基地、油品贸易基地、绿色石化园区、海事服务中心、实现与国际高标准规则的衔接，推动油品自由化在制度上的变革。具体措施有：依托保税燃油供应服务，不断对燃料油供应流程进行优化升级；建设起以外轮为主的服务中心，逐渐加大航运对外开放的力度，提升航运服务的水平；逐渐建立起一个国际化的油品储运中心，不断实现油品储运的规模化，加大油品储运设备的建设，完善油品储备机制，推动油品储运逐渐实现国际化水平；建立一个具有国际水准的石化基地，加快油品加工投资的发展，在油品加工投资领域实施开放性政策；在油品的资源配置上更加合理，建立起一个具有国际规模的油品贸易基地。建设成品油外贸分销体系；扩大成品油的市场交易量；建设以舟山为中心的保税燃料油贸易基地；大力发展天然气外贸业务；不断开拓各种创新性的贸易投资方式；建立航空服务中心；大力推动跨境电子商务贸易的发展；加强国际商贸合作等。

2. **推进市场准入制度创新**

能够体现地区性开放程度的一个很重要的衡量标准就是它的市场准入制度，这同时也体现出了当地营商环境的法治化和国际化。浙江自贸区始终坚持服务于市场的理念，在此基础上建立起了一套成熟的运作机制。

（1）对市场准入制度做了更加健全的优化。在审批程序和流程上不断进行改革和优化，使市场准入机制体现出更强的开放性和更大的透明性。建立智慧型大数据监管平台，不断提高市场在监管上的作用；在清理工作方面，加强行政许可制度的建立，包括许可备案制度和告知承诺制度。

（2）放低外资企业入驻的相关要求。具体措施包括"准入前国民待遇"和"负面清单"相结合的制度，一定程度上降低外资企业在自贸区投资的要求，使自贸区在国际油品竞争中具有更多的话语权和自主权。在高新技术行业、农业和服务业加强开放力度，与国际接轨；在文化业、金融领域、航空领域和海洋经济领域，加强与国际相关企业的合作，推进这些行业的国际化。

（3）在自贸区推行商事登记模式。这是一种高效、方便、快捷的登记管理模式，通过对行政审批部门进行简化，对流程进行削减，实现一体化的服务，方便企业注册。取消原有的经营范围的限制，实现主体资质和经营资质的分制。

（4）对国际船舶保税市场准入机制进行创新，与国际标准接轨，实现船舶保税油准入机制的国际化。

3. 推动自贸区贸易自由化

贸易自由化最终要达到的是：对关税进行一定的限制并实现降低的目的；使内资企业和外资企业能够在自贸区内进行自由公平的竞争，共同享受自贸区的政策福利。要实现贸易自由化必须以公平自由的市场机制为基础，与国际市场规则衔接，在自贸区内形成一套完善成熟的贸易体系。实现贸易自由化的具体方法如下：

首先，在货物贸易政策上继续加大开放力度。不断加大货物对外贸易的开放力度，特别是大宗商品领域，取消一直以来限制其进出口的资质要求和配额要求，在贸易结算的方式上和贸易结算的货币方面，赋予企业更多的选择权，企业可以根据实际情况选择贸易结算的银行和货币。不断进行贸易形态和贸易模式的创新，实现海洋旅游、高科技产业等的跨境贸易。

其次，推动货物运输自由化建设。大力推动大宗商品贸易市场发展以及在大宗商品贸易中人民币的国际地位，推动自贸区内的燃料油贸易实现人民币交易，推动大宗商品贸易中的账户以人民币的方式开展跨境业务。继续深化制度改革，使油品等大宗商品的审批权限能够下移，使大宗商品在交易和仓储方面能够更加便捷，为外资入驻提供方便。准予其他印刷品印刷经营活动的外资企业在自贸区从事相关活动。

4. 建设以企业为主体、市场为导向的制度体系

在单一窗口基础上,进行油品全产业贸易自由化的制度革新和投资便利化体系的建设。浙江自贸区在建设中,始终坚持"最多跑一次"的服务理念,推进制度创新,在改革中实现信息化建设、数字化建设和大数据建设。在贸易自由领域、投资便利方面以及商事登记制度上,不断进行创新性的改革,相继推出了"多证合一""一照一码"等措施,并且不断在营商环境上下功夫,营造与国际接轨、法制健全、经营便利的营商环境,在浙江省树立"最多跑一次"的标杆。在不断深化改革中,逐渐形成了适应市场经济体制的政府管理机制、提倡贸易便利化的贸易监管机制。

健全债权清单机制,对政府的职能作出明确的界定,确定权利和义务的清晰边界。具体的措施有:推进权责清单制度的建设;推进审批制度的简化和优化;推动商事登记制度优化升级;推动"单一窗口"制度继续深化;推动知识产权管理工作的深化;建立健全社会信用机制;推动国际商事机制的完善;不断进行社会责任机制的改革和完善;深化改革生产管理机制;推动负面清单管理方式的实施,对外商的审查既有国家的安全审查,也有经营者的反垄断审查。

第9章 浙江自贸区建设路径

9.1 浙江自贸区发展定位和目标

2017 年 3 月 15 日，国务院印发并实施《中国（浙江）自由贸易试验区总体方案》，总体方案将浙江自贸区定位为东部地区重要海上开放门户示范区、国际大宗商品自由贸易化先导区和具有国际影响力的资源配置基地，总体方案还指出，浙江自贸区的发展目标为经过三年左右有特色的改革探索，基本实现投资贸易便利、高端产业集聚、法治环境规范、金融服务完善、监督高效便捷、辐射带动作用突出，以油品为核心的大宗商品全球配置能力显著提升，对接国际标准初步建成自由贸易港区先行区。浙江省将自由贸易区选择在舟山，符合国家对外开放的战略政策和浙江海洋经济示范区建设的要求。

自贸区成立以来，全面贯彻落实习总书记重要讲话精神和十八届五中全会精神，根据国务院审批下发的自贸区发展规划，发挥自贸区的战略区位优势，充分利用丰富的海洋资源，坚持对外开放的发展理念，借鉴国际上其他发展成熟的自贸区发展经验，以大宗商品贸易自由化、海洋产业投资便利化、拓展现代海洋服务业为发展重点，加快政府职能转变，积极探索对标国际标准、同时又具有中国特色的自由贸易制度，研究对外开放新模式，主动融入、适应、接轨国际贸易发展新体系，打造国际化、市场化、法治化的营商环境，为我国优化产业结构、提高创新能力积累新经验，为发展海洋强国战略，早日实现中华民族伟大复兴之路作出重要贡献。

9.1.1 舟山的经济发展优势

舟山是我国东部沿海地区重要的对外窗口，对长江经济带的发展具有重要影响。从浙江自贸区发展的目标来分析，舟山具有以下优势：

1. 舟山有着独特的区域优势

舟山位于浙江省东北部，东临东海、西靠杭州湾、北面上海市，并且面向太平洋，有着独特的地域优势。舟山还是长江三角洲对外开放的海上枢纽。

舟山虽是一个孤岛城市，但公共基础设施的建设已经大大加强了其与岛外的交通便利性。2020 年 12 月甬舟铁路已经在舟山开工建设，甬舟铁路的建成将补齐"浙江市市通高铁"的短板，打通世界最大港口群深入东海的铁路通道，将直接带动舟山群岛、宁波舟山港开发开放，不仅有利于浙江自贸区的整体发展，同时也将助推长三角一体化的进程。舟山现在主要是航运、海运和陆路运输。舟山普陀山机场的建成，大大提高了旅客吞吐量以及货邮吞吐量。目前舟山海运不断规范化，海运企业不断增加，海上运输可以到达我国各大沿海港口城市，以及港澳台地区，甚至可到达泰国、新加坡、韩国等国家。2009 年舟山跨海大桥正式通车，加上跨海大桥，舟山全面进入大桥时代，舟山到达上海、宁波、杭州的车程缩短，与周边城市贸易流动更加方便。

2. 舟山丰富的海岛资源和有利的港口条件

据舟山市政府官网资料显示，浙江自贸区舟山片区总面积 2.22 万平方千米，其中海域面积 2.08 万平方千米，有岛屿 1390 个。舟山港的深水岸线资源丰富，港口岸线总长 449.4 公里，其中大陆岸线长 136.7 公里。舟山港是天然的良港，适合建设我国最大的石油储备中专加工交易基地。据中国港口网资料显示，截至 2014 年，舟山港有生产性泊位 615 个，万吨级以上深水泊位 150 个。

如图 9 - 1 所示，宁波舟山港口一体化后，舟山港依靠宁波港的优势及资金，货物港口吞吐量大大增加。2007 年美国的金融危机涉及全球大多数国家，但舟山港口吞吐量并没有减少，同比增长约 24%。舟山港货物吞吐量不受外部影响的原因有：第一，舟山港不止做外贸业务，还有国内散装中转业务；第二舟山港在国家政策的引导下及时调整并未受到较大波及。

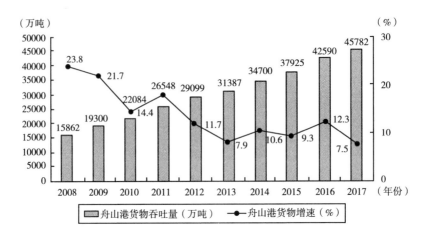

图 9 - 1 2008~2017 年舟山港口吞吐量

资料来源：舟山统计年鉴的统计数据。

3. 舟山大宗商品贸易发达

大宗商品是可进入流通领域、具有商品属性并用于工农业生产与消费使用的大批量买卖的物质商品。2011 年，浙江舟山大宗商品交易所（以下简称"浙商所"）正式注册成立，交易所主要负责组织石油化工品、煤炭、有色金属、铁矿石、钢材、纸浆等大宗商品交易，提供交易资金结算服务。钨精矿是浙商所的特色商品，钨精矿的交易填补了国内交易所中这种产品的空白。据浙江舟山群岛新区官网资料显示，浙江舟山大宗商品交易所开市短短几个交易日的交易额就超百亿元，这个记录在中国商品市场是不多见的，说明该交易所的交易制度、交易系统、交易团队是经得住考验的。同时，船用油等产品的交易价格已列入央视财经大宗商品指数目录。

舟山作为我国重要的大宗商品贸易港，其专业化与规范化运营成效显著。舟山大宗商品贸易具有优势。舟山具有较为专业的大宗商品交易体系，大宗商品交易规格大，适合作为人民币国际化的载体。大宗商品的运输可带动舟山港区与"一带一路"沿线港口的合作，夯实了自贸港建设的基础。

4. 舟山的区位显要，建设自由贸易港可更好地服务国家战略

舟山作为海上丝绸之路通道、江海联运通道以及义甬舟开放大通道，有重大的区域战略意义，能够推进长三角以及杭州湾大湾区的发展。国家对于舟山推动大宗商品自由化以及舟山外贸的发展出台了许多政策（见表9-1），这些战略推动了舟山的发展。

表9-1 浙江自贸区成立以前推动舟山发展的一些重要政策

发布时间	政策名称	主要内容
2003.7.10	《八八战略》	进一步发挥浙江舟山的环境优势，积极推进基础设施建设，切实加强法治建设、信用建设和机关效能建设
2013.1.23	《浙江舟山群岛新区发展规划》	明确了舟山群岛的"三大战略定位"和"五大发展目标"
2016.4.19	《舟山江海联运总体方案》	明确了舟山总体目标和要求、主要建设任务和责任分工、政策支持和保障措施等
2017.3.15	《浙江自由贸易试验区总体方案》	为新形势下推动大宗商品贸易自由化发挥示范引领作用，为全面深化改革和扩大开放探索新途径

资料来源：舟山统计信息网。

宁波舟山港一体化之后，舟山港货物量大大增加，长江三角洲的货物都可以从舟山港进出，能够节省企业的时间和成本，而且对浙江成为"一带一路"和长江经济带的龙头、加快浙江经济的开放和发展都具有很大的推动作用。

除此之外，从舟山的产业优势上看，舟山的船舶业、港口业发展比较有优势，并且舟山已经成为了我国重要的油品、金属矿产、煤炭等大宗商品的运输、中转、储存、加工基地。舟山群岛新区、舟山江海联运服务中心陆续成为了我国战略发展基地，这些都为浙江自贸区的发展奠定了良好的基础，也为自贸区的发展指明了发展方向。

9.1.2 浙江自贸区的发展定位

根据舟山的地理位置和港区分布，舟山共有四个岛区：舟山岛、舟山经济开放区（包含舟山港综合保税区）和临城商务区；朱家尖岛部分区域；衢

山岛的部分区域（包含舟山港综合保税区衢山分区、衢山岛周围的黄泽山、双子山、小衢山等部分附属岛）；以及鱼山岛。浙江自贸区舟山片区将这些岛分为三个子片区，分别为舟山离岛片区（包括舟山港综合保税区）、舟山岛北部片区（包括舟山港综合保税区）和舟山岛南部片区，总面积达到了119.95平方公里。三个子片区根据自身的产业基础和优势，设置了不同的发展目标，各子片区的功能定位也各不相同。按区域布局划分，舟山的本岛区域重点开发海洋电子信息、临港设备制造、海洋高新技术等一些海洋先进制造业，同时发展港航物流、金融、大宗商品交易、国际商务贸易、高端商品进口贸易等产业；朱家尖岛则发展一些航空、海岛旅游、商贸服务业和海洋技术研发设计等生产型的服务业；衢山岛着重发展油品、铁矿石等一些大宗商品的交易、储运、转口贸易和一些相关配套国际海洋实务；鱼山岛重点推进自贸区大型绿色临港炼化产业的发展，积极建设自贸区国际绿色石化基地。根据海关监管方式的不同来划分，舟山港综合保税区和鱼山岛等区域由海关采取专业监管的模式进行特色管理，不断地探索对商品贸易实行便捷化的制度改革，开展了高端产品的生产、进口、保税仓储等一系列服务。衢山岛等一些区域加紧与国际自贸区通行规则接轨，推行"境内关外"的管理模式，持续发展油品等一些大宗商品的储运、中转贸易，同时推动相关配套服务贸易的自由化、便捷化。在舟山岛、朱家尖岛等一些区域，开创了通关监管服务模式的创新，加大了贸易自由化、投资便利化、加强了金融、税务体制的改革创新力度，积极推动了自贸区现代海洋服务业和海洋高新制造业的快速、有序发展。总的来说，自贸区主要是利用区内的港口产业优势发展石油、煤炭、粮食等大宗商品的储运、中转、贸易等功能。

1. 离岛片区主要功能定位

舟山的离岛片区（包括舟山港综合保税区），主要由鱼山、鼠浪湖、马迹山、黄泽山、双子山、衢山等岛屿构成。其中，在黄泽山和鱼山岛建立了石油储存基地主要发展石油的储存功能。在黄泽山设立的石油储存基地提升了油品储存，进一步推动了油品产业链的便捷性、商品交易的自由化。在鱼山岛与衢山岛中间有一条航线，是设立石油仓储的最佳位置，鱼山岛总面积41

平方公里，[①] 因此在鱼山岛设立了国际绿色石化基地，强化了绿色石化储存功能。同时，在鱼山岛还设立了绿色石化加工基地，在这个加工基地上可以将进口石油分配到区内的各个企业，进行船用油、航空用油、液化气等不同品种的油品加工，在储存功能的基础上进一步发展加工产业，增强区内石油加工和贸易功能。在鼠浪湖岛、马迹山岛、衢山岛、双子岛、六横岛利用码头优势发展了大宗商品运输功能。在衢山岛和双子岛建立石油转运码头，主要服务于鱼山岛的国际绿色石化基地。在马迹山港、鼠浪湖设立了矿石中转码头，利用深水海岸线和鼠浪湖的码头优势，进口以铁矿石为主的矿石资源，同时辐射整个长三角地区的铁矿石进出口需求。在六横岛设立了以煤炭储存和中转为一体的码头，该区域内煤炭的通货能力达到了 3000 万吨，使用岸线1500 米，在岛内的陆地区域还有 1718 亩堆场用地，实现了 310 万吨的总堆货能力。[②]在秀山岛设立了海洋锚地，提供海事服务，包括燃料油的加注、船舶维修等服务，发展了海事服务功能。推动了海洋服务业的发展，同时也加速了现代海洋服务业的转型。

2. 本岛区域的功能定位

本岛区域包括了北部片区（包括舟山港综合保税区）和南部片区，不同片区不仅地理位置不同功能定位也有差异。在本部片区主要有三个不同的定位功能：一是建立大宗商品贸易中心，发展大宗商品贸易功能。该区域发展了以油品为主的大宗商品贸易，鼓励国际企业入驻园区发展大宗商品贸易并允许企业进行离岸交易。二是建立海洋锚地，发展保税燃料油供应功能。该区域建立了海洋锚地，吸引国际船舶停靠，允许境外船只上的人在区内进行生活用品的购置、备品备料以及国内商品的贸易，并提供了相关的保税优惠政策，吸引更多的境外船只停靠。同时完善了自贸区内的石油企业，允许这些企业在区内进行船只燃料油调和，提高了国际影响力。三是在自贸区内设立相关配套行业，发展配套服务功能。区内提供相关的服务配套功能包括船舶的维修、货物代理、淡水和物资的补给等现代航运服务。同时政府还支持发展相关配套服务行业，例如金融、医疗和物流服务行业，发展了一批大中

---

①②　资料来自浙江自贸区舟山片区官网。

小型的租赁公司、国际物流公司和运输人员交流服务中心。在南部子片区主要发展了两个功能：一是建立大宗商品定价信息平台，提供大宗商品定价功能。政府在区内建立了大宗商品定价中心，可以根据国际的油价浮动和国际经济形势的变化，确定大宗商品的实时价格，区内各企业可以及时查看大宗商品价格，获得即时大宗商品信息，从而提高大宗商品的交易效率。二是建立航空工业园区，提高国际航运功能。航空工业园的建立有利于航空产品的研发设计和制造，提供航空物流服务，根据舟山的地理环境优势发展航空、旅游、贸易等。

9.1.3　浙江自贸区的发展目标

根据自贸区的地理优势和产业优势，浙江自贸区重点发展石油、煤炭、铁矿石、粮食等大宗商品的进口、转运、储存、加工等产业，通过自贸区的发展建设，将浙江自贸区打造成为国际上具有一定影响力的国际大宗商品中转中心和国际航运服务中心，重点提升以油品为核心的大宗商品全球配置能力，把浙江自贸区建设成为与国际通行标准相近的成熟自贸区。

浙江自贸区的短期目标是在 3 ~ 5 年内，全面实现区内营商环境的规范化、外贸的便利化、辐射带动区域化，从而进一步提高以油品为核心的大宗商品全球配置能力，基本达到把自贸区建设成为与国际通行标准相近的自贸区的目标。

浙江自贸区的长期目标是在未来的 8 ~ 10 年内争取区内营商环境更加自由化，金融服务和经济发展进一步国际化，提升自贸区作为国家战略物流国际转口中心的地位，成为长三角地区重要的海上开放门户示范区，提高作为国际航运领域重要枢纽的地位，基本建成一个成熟的自由贸易区。

9.2　浙江自贸区的建设理念和思路

9.2.1　建设理念

经过对自贸区特点的研究分析，结合我国现阶段经济发展的情况，浙江自贸区的建设应秉承"创新、协调、绿色、开放、共享"的发展理念走可持续发展的道路，具体可以从以下几个方面实施：

（1）创新管理体制，促进产业的协调发展。根据国内外自贸区的发展经验，浙江自贸区的发展需要创新管理体制，既要满足自贸区本身发展的需求，同时又需要具有前瞻性，对产业具有推动作用。同时，要考虑长三角洲其他省份的产业优势发展，例如上海、江苏、安徽等地的经济优势，扬长避短，充分发挥自贸区的独特优势，发展特色产业，促进自贸区产业的全面协调发展。

（2）坚持走可持续发展道路，积极创造绿色经济环境。自贸区主要产业是以油品、金属矿石、煤炭为主的大宗商品的运输、中转和加工，这些产业的发展过程当中势必会产生环境问题，因此为了自贸区的可持续发展，必须树立绿色发展的利用，积极研发绿色环保技术，加强区内产品安全环保技术的应用，积极创造绿色的可持续发展的营商环境。

（3）制定优惠政策，实施资源共享原则。政府积极制定和实施区内的优惠政策、税务政策和招商引资政策，提高区内政策、监管的自由度和开放度，以此吸引更多的外商投资。同时，要加强与周边地区的战略合作关系，实施资源共享原则，推进自贸区的快速发展。

9.2.2　建设思路

2018 年，长江三角洲地区上升为国家战略，致力于贯彻新的发展概念，建设现代经济体系，与"一带一路"以及长江经济发展建设相互合作，改善我国的改革开放规模。从上海最先建设的自由贸易区不断向全国扩展延伸，自由贸易区在我国逐渐形成了"1+3+7+1+6+3"新的运作模式。长三角地区目前有上海自贸区、浙江自贸区、江苏自贸区和安徽自贸区。根据浙江自贸区的发展目标和理念，自贸区随即正式提出融入长三角一体化，顺应自贸区融入区域一体化的时代潮流，也为了更好地建设自贸区，立足于整个长三角经济。

浙江自贸区致力创建有利于大宗商品运输和储存的基地，积极推动自贸区中转加工贸易自由化、海洋产业投资便利化、现代海洋服务业发展国际化、营商环境市场化和法治化；探索和建立外向型经济发展新体系，努力建成能有效应对国际贸易新规则、金融便利、交通运输畅通、投资贸易便捷、项目特色明显、监管有效的自贸区。同时进一步实施更为开放的政治体制、更为有效的监管模式和更为科学的法制保障，全面接轨国际通行自由港制度体系，将自贸区推向发展新高地。

9.3 长三角地区三大自贸区发展比较分析

自贸区肩负着打造新时代改革开放新高地的重任，需要在要素集聚、资源优质、发展基础扎实、有着广阔发展前景的区域进行重点试验，才能更好地发挥引领和带动作用。长三角地区四大自贸区均有其自身的独特优势，且分工定位明确。由于安徽自贸区成立时间不长，数据不多，因此本节主要对上海自贸区、浙江自贸区、江苏自贸区进行研究分析，将这三大自贸区进行比较有利于分析出各自存在的不足，以便浙江自贸区与其他自贸区错位协调发展，扬长避短，进一步助推浙江自贸区的发展。

9.3.1 各自贸区的经济基础

1. 区内发展

2019 年上海自贸试验区临港新片区正式设立，批准并落实了政府的总体方案，推动重大改革优先在新片区试点、重大项目优先在新片区布局、重大政策优先在新片区适用，签约重点项目 168 个、总投资 821.9 亿元。临港新片区设立后，推动了上海自贸区的发展，上海自贸区区内企业数量达到 3 万多家。①

浙江自贸区发展态势良好，招商引资成效显著，至 2018 年上半年，自贸区新增注册企业 3314 家，注册资本总额达到 1040.4 亿元，日均注册企业 18

---

① 资料来自中国（上海）自由贸易试验区管理委员会官网。

家；进出口业务不断扩大，促进了原油、铁矿、煤炭、粮食等大宗商品贸易业务的发展。①

2019年12月，江苏自贸区在南京、苏州、连云港三个片区，接连出台"诚意足""分量重"的措施，从"市级权限能下放的全部下放"到"给予人才认定充分自主权"，从"安排100亿元用于亚欧国际交通枢纽建设"到"实施重大外资项目直通车制度"，许多措施为全国首创，意在给企业减负、为人才松绑，加快江苏自贸区的发展建设。

2. 经济效益

上海自贸区设立较早，且上海市作为我国的经济中心，经济基础强大，经济实力雄厚。2019年上海进出口总额达到了14841.8亿元，较2018年增长了1.6%，发展速度有所减缓，但仍将2016年的7836.8亿元的数额提高了一倍，遥遥领先其他两大自贸区。

2019年，浙江自贸区的进出口总额为642.17亿元，较2018年增长了55.4%，发展速度较快，但是由于成立时间与发展时间过短，与上海自贸区仍然存在较大差距。

江苏自贸区由于成立时间过短，并没有明确数据作对比。

9.3.2 各自贸区的贸易便利化

1. 营商环境

中国（上海）自由贸易试验区着力营造法治化、国际化、便利化的营商环境；逐步优化了投资环境，改善市场准入环境；不断修订完善外商投资负面清单管理制度，截至2018年，负面清单由190条缩减到45条，90%左右的国民经济行业对外资实现了准入前国民待遇；自贸区保税区内进出境时间分别缩短78.5%和31.7%，物流成本平均降低10%，进出口通关无纸化率达95.6%；商事登记制度改革持续深化，率先开展企业名称登记改革等。②

---

① 资料来自浙江自贸区舟山片区官网。
② 资料来自中国（上海）自由贸易试验区管理委员会官网。

浙江自贸试验区自挂牌成立以来，把"最多跑一次"改革贯穿始终，对照世界银行营商环境关键评价指标，着力打造一流营商环境。主要体现在"四个聚焦"上：聚焦市场准入便利化，深化"证照分离"改革。稳步推进"最多跑一次"改革，实现"最多跑一次"全覆盖，事项全进驻；聚焦投资审批高效化，推进审批制度改革试点。全面实行企业投资项目"一窗受理、集成服务"；聚焦口岸通关便利化，优化"单一窗口"建设。全面应用国际贸易"单一窗口"运输工具（船舶）"一单四报"功能，缩短船舶通入关时间；聚焦政务服务集成化，打造信息数据共享平台。

江苏自贸区批复成立以来，借鉴全国可复制经验的同时，根据自身发展实施了一些提升营商环境的举措：放宽市场准入环境的限制，先后开启"证照分离""证照联办"等举措激发市场活力；提高商标注册便利化程度，帮助企业激活商标无形资产；打造全国领先的知识产权保护体系，形成了行政、司法、仲裁、社会监管"四轮驱动"的知识产权大保护格局；开创"信用 + 承诺"审批新模式，加快实施区域内项目，推进项目建设。

表9-2列举了三大自贸区改善营商环境的部分举措。

表9-2　　　　　　　　　　三大自贸区改善营商环境的举措

自贸区	举措
上海自贸区	缩短区内进出境时间，降低物流成本；深化商事登记制度改革；完善外商投资负面清单管理制度；优化投资环境，建立市场准入管理新体制
浙江自贸区	市场准入便利化，深化"证照分离"改革；投资审批高效化；口岸通关便利化，优化"单一窗口"建设；政务服务集成化，打造信息数据共享平台
江苏自贸区	提高商标注册便利化程度；打造全国领先的支持产权保护体系；放宽市场准入环境限制；开创"信用 + 承诺"审批新模式

资料来源：由中国（上海）自由贸易试验区官网、中国（浙江）自由贸易试验区舟山片区官网、江苏自贸区官网资料整理而得。

2. 海关监管

自 2013 年 9 月上海自贸区挂牌以来，海关先后出台了一系列改革措施，促进了自贸区的发展。2014 年 4 月 22 日，上海海关推出 14 个新的监管服务创新体系。具体包括"先进区、后报关制度""区内自运制度""加工贸易工作单核销制度""保税展示交易制度""境内外维修制度""期货保税交割制度""融资租赁制度""批量进、出口集中申报制度""单证化无纸化通关制度""简化统一进出口"等制度。新推出的海关监管服务创新制度大大简化了入关手续及入关时间，提高了上海自贸区的贸易便利化程度。

中国（浙江）自由贸易试验区于 2017 年 4 月 1 日正式挂牌，舟山海关以整体油气产业链为核心，以服务国际海上服务基地建设为重点，支持建设东北亚保税燃油加注中心为切入点，创新推出申报无疫放行，跨区域直接供应等举措，优化保税供油通关监管流程，简化加油船舶进出自贸试验区的通关手续，降低供油企业成本。

江苏自贸区在借鉴复制上海自贸区海关监管制度的同时，自身也在自贸区的建设中不断探索尝试，推陈出新。2019 年 9 月江苏自贸区苏州片区 3 项海关监管制度创新落地，分别为片区海关牵头建立"关助融"公共服务合作机制，为进出口企业提高信贷额度、降低融资成本；试点打造保税检测集聚区，发挥综保区"保税 +"平台功能，将区内保税政策与区外业务联动，加速推动检测检验产业集聚发展；片区港增设海关监管作业场所，将片区港作为目的港和起运港，与上海、宁波等一线港口互联互通、一体化运作，助力江苏自贸试验区对接上海自贸试验区，全面融入长三角一体化发展。

9.3.3　各自贸区的政府政策

1. 税收优惠

为了创造良好的科技创新税收环境，促进企业快速健康发展，国家出台了一系列税收优惠政策，帮助自贸区企业不断增强转型升级能力。

上海自贸区新片区内对高新技术企业减按 15% 的税率征收企业所得税，并不断扩大高新技术企业认定范围。对处于服务外包示范城市和国家服务贸易创新发展试点城市地区的技术先进型服务企业，减按 15% 的税率征收企业所得税；对软件和集成电路企业，可以享受"两免三减半"等企业所得税优惠，尤其是国家规划布局内的重点企业，可减按 10% 的税率征收企业所得税；对自行开发生产的计算机软件产品、集成电路重大项目企业还给予增值税期末留抵税额退税的优惠等。

浙江自贸区实施人才引进个人所得税优惠，对符合条件的高层次人才实施税收奖励，其在自贸区上缴的个人所得税地方留成部分，前三年按100%给予奖励，后两年按50%予以奖励；浙江政府还实施了融资租赁业务税收优惠，融资性售后回租业务中承担方出售资产的行为，不在增值税征收范围内，不征收增值税，承租人出售资产的行为，不确定为销售收入等。

江苏自贸区在学习其他自贸区优秀的税收政策的同时也扎根脚底，根据区内特色抓紧研究适用江苏自贸区的税收政策。

如表9-3所示，各自贸区在税收优惠上还存在一定差距。

表9-3　　　　　　　　　三大自贸区税收优惠政策对比

自贸区	涵盖范围	全面性	优惠力度
上海自贸区	广	全面	大
浙江自贸区	适中	适中	适中
江苏自贸区	较小	较小	较小

2. 补贴政策

上海市政府对上海自贸区内企业与个人的补贴方式主要为返税补贴，各片区的返税比例各不相同。

浙江省政府则对企业落户、经营、行业、人才与住房方面进行补助。如果世界500强企业首次落户自由贸易区，并承诺5年内不搬出自由贸易区，企业总部可获得最高1000万元的补贴；在人才资源方面，政府鼓励创业型人才集聚自由贸易区，对符合条件的创业型人才，提供最高不超过3000万元的创业补助，各类融资租赁公司若租赁政府提供的办公大楼，将得到连续3年给予100%的房租补贴。

江苏自贸区主要在人才住房方面进行补助，在江苏自贸区南京片区江北新区内可享受人才购房服务、购买政府定向筹集的人才商品住房等举措。

9.3.4　小结

三大自贸区由于功能定位、设立时间不同，目前发展状况也不同（见

表9-4）。

表9-4 三大自贸区综合实力对比

自贸区	成立时间	经济基础	贸易便利化程度	政府政策	综合实力
上海自贸区	2013 年	强	高	涵盖范围广泛且全面	强
浙江自贸区	2017 年	适中	适中	较为广泛全面	适中
江苏自贸区	2019 年	弱	低	需研究创新	弱

上海自贸区作为我国设立的第一个自贸区，它的经济基础远远强于浙江及江苏自贸区，贸易便利化程度较高，税收减免政策力度较大，综合实力是这三大自贸区中最强的。

由于设立时间较上海自贸区晚，浙江自贸区的经济发展稍落后于上海自贸区，国家将浙江自贸区定位于东部地区重要海上开放门户示范区、国际大宗商品自由贸易化先导区和具有国际影响力的资源配置基地，浙江自贸区的大部分政策及制度都依据国家定位，结合本区特色而制定，因此涵盖范围不及上海自贸区广泛，主要集中于油品、船舶等方面。浙江自贸区扩区之后，浙江的自贸试验区从油气的全产业链拓展到了五大功能定位，不仅聚焦五大功能定位，同时不断加强改革攻坚，增强自贸区实力。

江苏自贸区成立不久，区内经济产业正在建设之中，一些海关的监管以及制度的创新只能借鉴其他自贸区的成功借鉴再依据地方特色推陈出新，因此在综合实力上要落后于其他两大自贸区。

9.4　浙江自贸区融入长三角一体化的可行性分析

浙江自贸区于2017年4月正式在舟山挂牌，其功能是基于体制创新并复制及推广的基本要求。该自贸区要建设成为东部区域海上一个重要的开放示范区，成为国际大型产品交易自由化以及具有全球范围影响力的资源分配试点区。浙江自由贸易区遵循时代发展的浪潮，密切关注自由贸易区区域一体化以及长江三角洲一体化的发展趋势，随着长江三角洲区域一体化发展上升为国家战略，浙江自贸区融入该一体化的机遇与挑战共存。

9.4.1 浙江自贸区融入长三角一体化的优势

1. 经济增长速度加快

如图 9 - 2 所示，浙江经济发展已进入中高速增长模式、中高档的质量路线。在全国范围内，浙江的经济实力也是遥遥领先的，浙江的经济发展水平全国名列前茅。从 2015 ~ 2019 年的数据中可以看出，浙江省的年生产总值由 2015 年的 4.28 万亿元上涨到 2019 年的 6.23 万亿元，其中人均生产总值从 7.8 万元上升到 10.9 万元，2019 年同比增速为 5%。

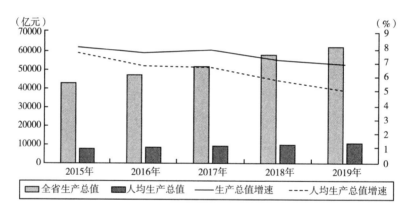

图 9 - 2　2015 ~ 2019 年浙江省生产总值及增速

资料来源：浙江省统计局。

2019 年，浙江省的人均生产总值为 10.9 万元，排在全国第四位（见表 9 - 5），按年平均汇率折算成美元是 1.56 万美元，超过了进入发达经济体 1.5 万美元的标准。这意味着浙江将有望成为我国最早进入发达水平的省份之一，浙江省的经济发展水平为浙江自贸区融入长三角一体化提供了有利的因素。

表 9-5   2019 年我国部分省份人均生产总值排名

排名	省份	地区生产总值（亿元）	人口（万人）	人均生产总值（万元）
1	北京	35371.3	2154.2	16.4
2	上海	38155.3	2423.8	15.7
3	江苏	99631.5	8050.7	12.4
4	浙江	62352.0	5737.0	10.9
5	福建	42395.0	3941.0	10.8
6	广东	107671.1	11346.0	9.5
7	天津	14104.3	1560.0	9.0
8	湖北	45828.3	5917.0	7.7
9	重庆	23605.8	3113.3	7.6
10	山东	71067.5	10047.2	7.1

资料来源：国家统计局。

2. 民营经济发展活跃

自改革开放以来，浙江省已从一个经济规模较小的省份转变为一个全国经济名列前茅的省份，多种所有制经济快速发展，特别是非公有制经济的迅速发展，是经济迅猛发展的一个非常重要的原因。其中，浙江经济的主要特色优势就是民营经济，浙江的繁荣发展离不开民营经济的发展，民营经济在浙江国民经济的各个领域中都扮演了重要角色。

首先，民间投资表现活跃。如图 9-3 所示，2019 年，浙江省的民间投资总量增长了 7.2%，它占固定资产投资总额的比例达到 61.5%，远远高于国有企业和其他经济类型的投资，从而促进了经济投资的来源。其次，浙江税收收入的关键来源之一就是民营经济的税收。2019 年，浙江省税收总收入为 8470.8 亿元，在这中间，有 74.4% 来自民营经济。民营经济成为外贸出口的主力。2019 浙江省年民营经济出口占全省出口总额的 79.8%，其中民营企业对外贸出口的贡献度为 90.6%、进口的贡献度为 61.4%。因此它在对外经济方面起着至关重要的作用。浙江省民营企业的整体实力较强，在 2019 年由全国工商联、青海省人民政府共同举办的"2019 中国民营企业 500 强峰会"上宣布的中国 500 强民营企业中，有 92 家是浙江企业，浙江省所占比例连续 21 年居全国第一。

图9-3 2019年浙江省民营经济的表现

资料来源：由浙江统计局数据整理而得。

3. 跨境电商发展迅速

跨国电商是培养新的对外贸易竞争优势，促进对外贸易的竞争力，加快推进外贸强国建设的重要途径。近几年来，浙江省跨界电子商务发展趋势持续保持优秀的状态，继续扩大商业实体的数量，迅速扩大销售额度，不断改善，并逐渐呈现出一种电子商务链多样化的运作趋势，不断发展为一个日益成熟的区域性城市，成功地启动了各种试点项目。跨界电子商务发展水平遥遥领先。

如图9-4显示，浙江省跨界电子商务零售出口额度2016年为319.3亿元，同比增长41.7%；2017年为438.1亿元，同比增长37.2%；2018年为516.2亿元，同比增长30.8%；2019年达到777.1亿元，同比增长35.3%。从一系列的数据中我们可以看出浙江省跨境电商的发展态势及巨大潜力，这同时为浙江自贸区融入长三角一体化创造了有利条件。

4. 港口地位优势明显

海洋是浙江省经济发展中一张响亮的名片，对于浙江省的经济来说也是非常重要的。沿海港口是浙江省发展海洋经济的一个重要窗口，它对于长三角一体化战略、长江经济带建设的参与都十分重要。

浙江省具备特色海洋经济和港口优势，我们可以从沿海和内河港口的数据统计中得到证实。据浙江省海关数据统计，2018年，第一季度浙江省沿海港口为31717.38万吨，内河港口为6352.56万吨；第二季度沿海港口为36149.3837万吨，内河港口为9889.2757万吨；第三季度沿海港口为34519.6472万吨，内

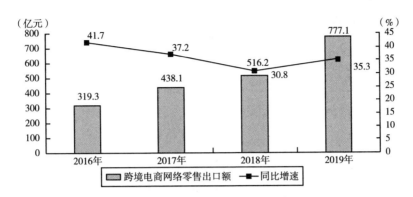

图9-4 2016~2019年浙江省跨境电商网络零售出口额及增速

资料来源：由浙江省商务厅数据整理分析而得。

河港口为9479.0311万吨；第四季度沿海港口为31151.8391万吨，内河港口为
9955.0635万吨。港口优势可以助力长三角一体化发展战略，更有利于浙江自贸
区借助江海联运平台，更好融入长三角一体化。

5. 数字经济优势明显

数字经济，是浙江省的又一张响亮的名片，也是浙江参与长三角一体化
发展国家战略的优势所在。目前，浙江贯彻落实"工业数字化以及数字工业
化"的指导方针，"一号工程"深入挖掘，进一步推出的数字海湾地区、"无
人车间，无人工厂"、移动用户大省、eWTP运营模式、城市大脑、5G+、未
来社区、"掌上办事"等标志性项目推进了数字产业化先进区、数字产业变革
示范区、数字经济系统和机制创新区的建设，数码技术创新中心和新兴金融
中心也在此基础上持续推进建设。

中国信通院发布的《中国数字经济白皮书（2018）》表明，2018年浙江
省数字生产总值达2.33万亿元，较上年增长19.26%，占全国数字经济生产
总值的7.44%，位居全国第四（见图9-5）。2018年，数字经济核心产业在
浙江省增加额度为5547.7亿元，较上年增长13.1%，占浙江省生产总值比重
达9.9%，对浙江省生产总值贡献率达17.5%；浙江省信息技术服务行业全
面发展指数为74.47，同时电子信息制造业的全面发展指数为73.34，这两个
行业在全国都排在第三名。相较于2018年，浙江省2019年的数字经济核心
产业增加了14.5%，这都充分体现了浙江省数字产业发展势头强劲，产业数

字化转型深入推进。

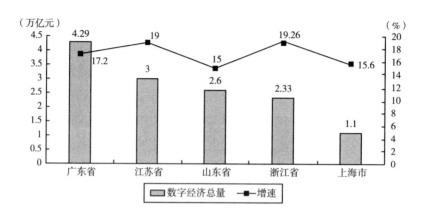

图 9 - 5 2018 年我国部分省份数字经济状况

资料来源：互联网发展报告（2018）。

6. 政策支持力度较大

2019 年 12 月 1 日国务院颁布的《长江三角洲区域一体化发展规划纲要》着重强调了要打造更高水平自由贸易试验区、长三角生态绿色一体化发展示范区以及推进投资贸易自由化、便利化，早在 2011 年 12 月，浙江省委省政府就出台了《浙江省推进长江三角洲区域一体化发展行动方案》；2019 年 6 月，浙江省委、省政府又共同出台了《浙江省推进长江三角洲区域一体化发展行动方案》（见表 9 - 6）。这些方案在浙江省范围进行部署，充分发挥浙江省特殊的战略优势、区位优势、海洋优势和开放优势，紧扣"一体化"和"高质量"两个关键，为积极融入长三角一体化，促进长江三角洲高品质综合发展，提供强有力的政策支持。

表 9 - 6　　　　　　　浙江省为推进长三角发展的部分政策文件

时间	文件	主要内容
2011 年 2 月 18 日	《浙江省贯彻落实长江三角洲地区区域规划实施方案》	强化与江苏及上海的周边地区促进发展，加快推进区域一体化发展
2019 年 6 月 21 日	《浙江省推进长江三角洲区域一体化发展行动方案》	启动实施高质量发展民营经济、高层次扩大对外开放、高普惠共享公共服务等九项重点任务

资料来源：由浙江省人民政府网站整理分析而得。

9.4.2　浙江自贸区融入长三角一体化的劣势

浙江自贸区融入长三角一体化除了具备充分的优势外，同时也有劣势，其中也包含了浙江自贸区融入长三角一体化之后会带来的问题，具体从以下三个方面进行分析。

1. 产业布局相对分散

浙江自贸区的产业布局相对比较分散，例如，浙江自贸区舟山片区坐落于舟山，舟山的产业分布在不同的岛屿，自贸区分为三个片区，即舟山离岛片区、北部片区以及南部片区，群岛之间的关系程度不高，同时产业又依赖港口产业。

舟山片区各个港口之间的海岸线分散，面临各个岛屿都在做同类的项目，难以整合产业，从而不利于配套服务业和产业链的发展。虽然不同的岛屿之间侧重点不同，贸易方式也不同，但是彼此之间进行产业融合相对比较困难，产业布局的分散不利于进行高强度的产业合作与交流。另一方面岛岛之间依赖水水中转，各大企业着重开展自主配套生活服务业务，不利于公共设施的整体布局和基础设施的有效分配，因此对于产业转型升级而言，也比较困难。

2. 相关技术人才缺乏

自贸区对于促进投资和贸易便利化具有重要的历史使命，建立自由贸易区需要知识支持和人才巩固，浙江自由贸易区的建设离不开人才的支持。特别是浙江自贸区要融入高水平和高质量的长三角更加需要大量人才的引进，人才的提高对于转变政府职能和创新管理模式，积累新的经验都尤为重要。

但就目前的现状而言，浙江自贸区缺乏技术管理人才、营销类人才和技术蓝领人才，专业技能劳动人才比例低，高层次、高水平的人才缺乏。同时根据相关调查，浙江自贸区内的人才与浙江区域内高校的供需情况而言，在大宗商品交易、跨境电商能力、高端技术革新能力、自贸区运作能力、跨文化交流合作能力、专业素质方面都有着欠缺或者不匹配的状况，这些都将制约浙江自贸区融入长三角一体化。

3. 离岸金融业务不完善

浙江自贸区传统金融弱，金融机构系统不完善，资金总额低，离岸金融中心数量较少。浙江自贸区已引进交通银行、杭州银行等金融企业，最初建立了一个金融组织体系，在这个体系中包括银行业务、保险业务、证券业务、期货、租赁业务等，但数量却很少。

根据浙江自贸区统计数据可以看出，自 2017 年正式挂牌以来，离岸金融业务分中心的数量稀少，对于离岸金融业务也存在很大的隐患，与此同时，它的金融产品和服务，如租赁、保险和国际结算等，尚未为海运、原材料贸易和全球物流等服务提供强有力的支持。

9.4.3 浙江自贸区融入长三角一体化的对策

1. 加强战略合作，高层次扩大对外开放

邻近自贸区的"虹吸效应"势必会对浙江自贸区带来不利的影响，然而，浙江自由贸易区不应停滞不前，而是应依靠上海自由贸易区和江苏自由贸易区，以经济为中心，加强合作，利用其辐射能力来发展自身经济，提高贸易自由化和便利化水平。

浙江自贸区应该实行高层次对外开放，充分发挥自身在海洋经济、民营经济上面的比较优势和竞争优势，实现与邻近自由贸易区并驱的发展，形成一个切合的工业链，同时培养竞争优势，以加速工业链向高增值服务链的扩展，优化该地区的工业结构。浙江自贸区应积极吸取、推广长三角内邻近自贸区的成果经验，在管理制度、优惠措施、政策法规等领域快速形成相应的体系，与邻近自贸区合作共赢。同时通过海洋制造业和海洋服务业的聚集，对接邻近自贸区的产业转移。此外，浙江自贸区和长三角内邻近自贸区还可以加强海关、边检、海事等领域的合作。

2. 加速产业融合，实现产业集聚

浙江自贸区存在各片区之间的关联度不高的劣势，因此，应该加强各片区之间的产业、项目的合作，打造一个互通有无的平台。各个片区之间重点建设的项目不一样，但是可以求同存异，对整体的产业进行有效的规划，从

而整合资源，拓展有效渠道，完善相关政策与法规，加速产业融合。

加强自贸区各片区之间的协调发展，两两之间进行产业合作，比如油品贸易可以与油品储运之间进行密切合作，以共同建设更高水平的自贸区为目标，共同促进浙江自贸区的大宗商品贸易便利化水平，从而打造全方位全开放的油气产业链。

浙江自贸区加速产业融合，实现产业集聚有利于浙江自贸区更好地融入长三角一体化，把劣势转化为产业优势，从而为浙江自贸区的发展以及长三角地区的发展开拓一条全新的发展方向。

3. 完善人才保障制度，开展人才交流合作

浙江自由贸易区应注重加强建设高层商业人才队伍，重视本地人才文化。制定人才政策，支持整个石油行业的建设，精确引进高水平的商业人才，提供医疗、教育和住房等支持设施，并制定灵活的落户政策，加大与期货贸易所的合作，培养本土化优秀人才。同时，协助区内相关公司与大学、研究机构和投资公司合作，为技术企业孵化器和工业基地建立一个公共平台，组织有针对性的培训，并为企业提供迫切需要的人才培养方面的支持。

浙江自贸区的发展还离不开海外高端技术人才的支持。加强与国外相关人才机构的合作，加强浙江自贸区人才政策的宣传，提升海外人才来浙的就业意向。一方面继续加强顶层设计，构建横向衔接、纵向贯通、相互配套的人才服务政策体系；另一方面还需要探索建立与国际接轨的人才管理制度，开展人才交流合作，促进浙江自贸区在长三角一体化进程中担任标杆的角色。

4. 培育完善的金融体系，加快金融建设

浙江自贸区针对离岸金融业务不完善的情况，有必要在自贸区内培育完善的金融体系，加快金融建设。一是制定相应宽松的金融政策，积极开放金融市场，对于境内外资金一律实行国民待遇，鼓励民营资本在自贸区内建设民营银行，形成公平公开的竞争环境。政府则应根据国家银行法，制定自贸区内的金融市场规则，实现资金流通便利，有效防止风险的发生。二是多设立离岸金融业务中心，针对浙江自贸区内离岸金融业务中心数量比较稀少的情况，浙江自贸区需要突破现有的金融体系，需要"顶层设计"的支持。拓展金融服务功能、积极发展融资租赁与保险业务和建立健全金融风险防范体系三大内容。三是金融体系的高效发展，成立金融监管主体，形成多层次监管，减少行政模式监管干预，形成功能性监管，使得监管模式更具专业化水平，从而更好地促进离岸金融的便利化。

9.5 浙江自贸区融入长三角一体化的路径研究

9.5.1 长三角一体化概念

长江三角洲地区，涵盖江浙沪以及周边的安徽省，是中国经济增长的重要动力。根据 2019 年中共中央、国务院印发的《长江三角洲区域一体化发展规划纲要》（以下简称《规划纲要》），长三角区域的目标是建立长江三角洲世界级城市中心区域，最终实现经济一体化的新的运营模式，由上海牵头，在长三角一体化发展当中积极发挥龙头带动作用，努力构筑中心城市的功能优势，从而带动其他城市的发展，包括市场、产业以及空间一体化。长三角一体化是指长三角区域内各地区之间、各产业之间产品和生产要素可以自由流动、价格合理、运行和管理规则一致，最终表现为资源配置利用高效，经济与社会发展水平基本一致。上海自贸区、浙江自贸区、江苏自贸区、安徽自贸区均位于长三角地区，四大自贸区的建立与发展极大拉动了自贸区内及整个长三角地区的经济增长，也进一步提升了长三角地区的竞争力。

9.5.2 长三角的战略定位

根据《规划纲要》，长三角的战略定位可以大体概括为五个部分：全国发展强劲活跃增长极、全国高质量发展样板区、率先基本实现现代化引领区、区域一体化发展示范区和新时代改革开放新高地。

全国发展强劲活跃增长极是指加强创新策源能力建设，建立完整的现代经济体系。全国高质量发展样板区指的是坚定不移地落实新的发展观念，加强科学技术创新，产业发展能力综合提高，促进城市和农村地区的协调发展，建立和谐共赢的绿色发展模式，形成新的协调和开放的发展模式。率先基本实现现代化引领区是指着眼基本实现现代化，进一步增强经济实力、科技实力，创建法制社会。区域一体化发展示范区是指深化跨区域合作，形成一体化发展市场体系。新时代改革开放新高地是指加快各类改革试点举措，集中落实、率先突破和系统集成，打造新时代改革开放新高地。但是，根据各个自贸区的地理优势和发展情况，战略定位还是有差异的。

1. 中国（上海）自由贸易试验区战略定位

2013 年 7 月 3 日中华人民共和国国务院常务会议原则通过《中国（上海）自由贸易试验区总体方案》，该方案指出，上海自贸区的发展目标为经过 2～3 年的改革试验，积极推进服务业扩大开放和外商投资管理体制改革，大力发展总部经济和新型贸易业态，加快探索资本项目可兑换和金融服务业全面开放，探索建立货物状态分类监管模式，着力培育国际化和法治化的营商环境，力争建设成为具有国际水准的投资贸易便利、货币兑换自由、监督高效便捷、法治环境规范的自由贸易试验区，为我国扩大开放和深化改革探索新思路和新途径，上海自贸区的建立成为中国经济转型期新制度改革的起点。

2. 中国（浙江）自由贸易试验区战略定位

2017 年 3 月 15 日，国务院印发并实施《中国（浙江）自由贸易试验区总体方案》，该方案将浙江自贸区定位为东部地区重要海上开放门户示范区、国际大宗商品自由贸易化先导区和具有国际影响力的资源配置基地，同时指出，浙江自贸区的发展目标为经过 3 年左右的特色改革探索，基本实现投资贸易便利、高端产业集聚、法治环境规范、金融服务完善、监督高效便捷、辐射带动作用突出，以油品为核心的大宗商品全球配置能力显著提升，对接国际标准初步建成自由贸易港区先行区。

3. 中国（江苏）自由贸易试验区战略定位

国务院于 2019 年 8 月 2 日印发并实施《中国（江苏）自由贸易试验区总体方案》，该方案指出江苏自贸区的战略定位为加快"一带一路"交汇点建设，着力打造开放型经济发展先行区、实体经济创新发展和产业转型升级示范区，目标是经过 3～5 年改革探索后，对标国际先进规则，形成更多有国际竞争力的制度创新成果，推动经济发展质量变革、效率变革、动力变革，努力建成贸易投资便利、高端产业集聚、金融服务完善、监督安全高效、辐射带动作用突出的高标准高质量自由贸易园区。

9.6　浙江自贸区融入长三角一体化的路径选择

9.6.1　推进建设"自贸区联动创新区"

为了更好地融入长三角一体化战略，浙江省政府提出自贸区联动创新区。自贸区与联动创新区将强化联动试验，努力在跨地区、跨部门和跨级别的改革和创新方面取得一些成就，主要体现为：叠加数字化优势，创建数字自贸区；共享资源要素，促进科技转型升级和借力江海联运服务中心平台等方面。

1. 叠加数字化优势，创建数字自贸区

对于整个长三角乃至全国而言，浙江具备得天独厚的数字经济优势，因此浙江自贸区应叠加数字化优势，创建数字自贸区。"数字自贸区"，其实就是把浙江的优势平台和优势领域相结合，在原浙江自贸区的基础上，把数字化优势加进去。

发挥数字化的优势，浙江自贸区试点应用引进了运输工具（船舶），对港口的清关进行了改革和创新。带头优化国际交易的"单一窗口"，塑造"舟山样板"模式，同时，为国际船舶制定"一单四报"的国际应用模式、服务一体化的港口和港口结关模式，以及进出船舶的无纸化模式。

"最多跑一次"的改革更是从侧面看到了数字化的应用，它创新了政府管理体制机制和贸易体制，而不仅仅是行政服务方面的改革，这些都是数字技术的诠释与应用。浙江自贸区充分叠加数字化优势，为融入长三角一体化提供了一条有效路径，并为其他省市和中西部自由贸易区的发展提供了可借鉴的实践经验。

2. 共享资源要素，促进科技转型升级

为了进一步推进"自贸区联动创新区"建设，浙江自由贸易区应促进资源的积聚和流通，共同建设和共享，以促进产品的稳健发展，不断提高"双自"区域产业升级发展。围绕推动浙江制造向浙江智造转变，立足创新区和自贸区的产业发展定位和需求，打造一批具有示范带动效应的特色园区和重大项目，突破核心技术，加快转型升级。

同时，为了加强企业的主要创新队伍，我们必须改进高科技企业的长期培养体制，扩大和加强省级高科技企业文化存储资源，支持一批潜在的企业成为国内高科技企业。利用优惠政策，如投资、交易便捷化和自贸区的金融创新，引导创新区、自贸区的高新技术企业分别到对方所在地设立子公司。

支持创新区、自贸区企业加强与国内外高水平研发平台的对接合作，抓住行业发展的关键点，并且建设一批创新机构，推进创新区和自贸区各科技园区间开展技术合作、人才交流、产业共建，打造若干协作创新平台，积极推进浙江自贸区的科技创新转型升级，共享资源要素，同时推进"自贸区联动创新区"。

3. 借力江海联运服务中心平台

浙江自贸区要想更好地融入长三角一体化，需要借力江海平台多式联运服务中心。舟山江海多式联运服务中心是一个综合性的中心，以江海多式联运作为承运机构，是长江经济带和长江三角洲综合发展的战略枢纽。将自贸区与舟山江海联运服务平台相结合可以使得二者的功能和外延都变得更加广阔。因此，浙江自贸区应该借力江海联运服务中心平台，以长江三角洲经济带为基础，促进长江三角洲的经济发展。

宁波舟山港同样也是浙江自贸区为融入长三角一体化、借力江海联运服务中心的一个重要举措，是浙江港口一体化建设的重要着力点。从图9-6的数据中我们可以清晰地看到，借力江海联运服务中心这一大平台之后，浙江自贸区内的宁波舟山港货物吞吐量从2015年8.89亿吨上升到2019年的11.19亿吨，江海联运量从2亿吨上升到3.1亿吨，成为世界上第一个超级11亿吨的港口，再次强有力地支撑了长江经济带的发展。

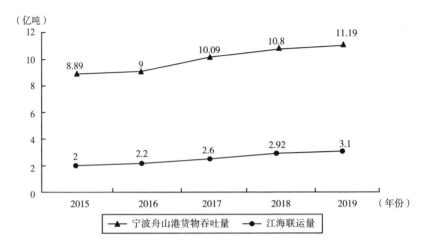

图 9 – 6　宁波舟山港货物吞吐量及江海联运量对比分析

资料来源：浙江海事局。

9.6.2　推进建设"一中心三基地一示范区"

促进"一个中心、三个基地和一个示范区"是浙江自由贸易区的主要项目，即：加快建设国际油业贸易中心，加快建设国际绿色石油化工基地，加速建造国际油品储存和运输基地，加速建造全球海事服务基地，并建造一个用于跨界商品交易的人民币国际化示范区。

浙江自贸区应继续创新通关和监督服务模式，构建舟山的第一个区域自由贸易港口，突出浙江自贸区的特点，形成可复制和可推广的浙江经验。浙江自贸区应结合现有的政策环境和发展机遇，在浙江自贸区整个石油产业链的制度创新上寻求突破，建设国际海上服务基地、国际石油储运基地、国际石油贸易中心等机构。

1. 加快国际油品交易中心建设

浙江自贸试验区的重点任务是构建油气全产业链，其中，建设一个国际油品和天然气贸易中心是"一个中心、三个基地和一个示范区"的重要组成部分，同时也是以贸易中心为基础的平台，以原油、炼油和报关燃油为基础的现货贸易基本平台。

　　浙江自由贸易区将加快建立浙江国际石油和天然气交易中心，寻求引入战略投资者对金融信息和油品产业链的关注，旨在建立一个专业的国际石油和天然气交易平台，这些平台符合国际惯例，也具有中国特色。浙江自贸区内已成功建立了两家非国有原油贸易企业，2019 年，油品贸易量达到 7229 万吨。自贸区还将组建长三角油气期货一体化交易市场，深化"期货合作"模式，目前，浙江自由贸易区已经成功建立了首批 6 个原油期货指定交割仓库，舟山已成为上海原油期货和保税燃料油期货的重要交割地。同时，浙江自由贸易区正在摸索建设"舟山价格"指数系统和在东北亚建造一个报关燃油贸易中心。

　　在国际油品交易中心建设的依托下，2019 年，浙江自贸区的油品贸易额突破 3201.80 亿元，占舟山市比重为 94.2%；油品电子交易额为 1546.60 亿元，增长 19.4%；年新增注册企业数为 6927 家，其中新增油品企业数为 2917 家；油品进出口总额为 451.75 亿元，占舟山市比重为 78.3%，具体见表 9 – 7。

表 9 – 7　　　　　　　　　浙江自贸区油品交易相关概况

指标名称	时间	数值	单位	占舟山市比重（%）
油品贸易额	2019 年	3201.80	亿元	94.2
油品电子交易额	2019 年	1546.60	亿元	—
年新增注册企业数	2019 年	6927	家	71.1
年新增油品企业数	2019 年	2917	家	—
油品贸易量	2019 年	7229	万吨	—
油品进出口总额	2019 年 1～11 月	451.75	亿元	78.3

资料来源：浙江自贸区官网。

2. 加快国际绿色石化基地建设

　　石油全产业链的投资便利化和贸易自由化是浙江自由贸易试验区建设的核心，也是浙江自贸试验区承接国家战略，积极参与国际竞争，抢夺国际市场，全面提升我国大宗商品资源配置全球竞争力，增强国际制度性话语权的重要探索路径。为了建设一个完整的石油和天然气产业链，更好地进入长江三角洲区域，加快建设国际绿色石油化工基地，浙江自由贸易区的发展重点是总产量的扩展、加工和升级，重点培养和扩展私营石油化工产业集群，积极推进大型炼化工程等沿海重大项目建设。

浙江自贸区加快国际绿色石化基地建设，为长三角的邻近自贸区开创了一个新的改革点，为长三角经济带来了不可估量的影响。加快建设绿色石化基地，也不仅仅促进了浙江自贸区更好地发展，同时也更好地融入了长三角一体化，这是一条大胆创新的实践路径。

3. 加快国际油品储运基地建设

国际石油和天然气储存和运输基地是指浙江自由贸易区主要以原油和炼油为主，其他油气、化工品种类为辅，积极引入国际化、多元化、专业化投资主体，着力构建以商储为主，与国储、义储、企储有机结合的储存体系，不断创新油品储备模式、合作模式和运作模式。

建造国际石油储存和运输基地，完善了对全国工业体系的规划和发展的研究，加强了国际油品储备合作，提升了油品储运整体水平，将浙江自贸区打造为立足浙江、辐射长三角、气化长江的重要气源基地。

4. 加快国际海事服务基地建设

为了加快国际海事服务基地建设速度，积极推进保税燃料油直供量、外轮供应总货值以及海事产业链招商引资三大基本服务业提质增量，进一步发展船舶交易、船员培教两项优势产业，培育发展国际船舶登记、船舶管理、海上保险、船舶融资租赁、海事纠纷处理五大新兴产业。

浙江自贸区开展一船多地供应、创新开展跨关区跨港区直供、外锚地供油等监管便利化措施，引入了中国第一家外商独资的船用燃料油经营企业，制定了符合技术规范的第一个国内石油供给船"舟山船舶类型"。浙江自贸区官网的数据显示，2019 年，保税燃料油直接供应量已经由 2017 年的 182.8 万吨增加到 410.27 万吨，排名全国第一。

对于外轮供应服务，拓宽"一船多能"业务，外轮供应总货值从 2017 年的 4.5 亿美元增加到 2019 年的 15.89 亿美元，增长了 2 倍多（见图 9 - 7）。2019 年，外轮修理的总产值达 37 亿元，比上一年增长 12.4%；铁矿石吞吐量 9822 万吨，比上一年增长 4.2%；铁矿石混配矿 1277 万吨，比上一年增长 23.3%。

在产业链招商引资方面，2019 年，浙江自贸区共引进各类海事服务企业和机构 49 家，截至 2019 年，区内一共集聚了 150 余家海事服务单位。浙江自贸区正致力于建设成为特色鲜明、要素集聚、服务高端的具有国际竞争力和

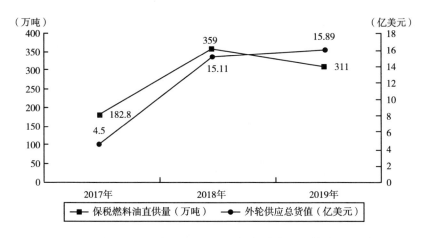

图 9 – 7　2017～2019 年浙江自贸区内国际海事服务基地基本概况

资料来源：浙江自贸区官网。

影响力的国际重要海事服务基地。

5. 加快大宗商品跨境贸易人民币示范区建设

浙江自贸区通过远洋渔业、大宗粮食、大宗矿石、大宗油品等方式，提高人民币在大宗商品国际定价中的积极作用，大大改善了以石油为核心的全球商品分布。

自浙江自由贸易区注册以来，中国已经启动了一个重要的试点项目，即在浙江自由贸易区开办了第一个以人民币为基础的石油贸易跨界解决试点企业，以便利中国资本账户收入的结算和支付。它的标志是中国银行浙江舟山自贸区支行便利化办理油品贸易跨境人民币汇出 2764.65 万元，[①] 它初次尝试了全国自贸区内油品类企业便利化支付。"仓单通"的产品创新表现在它促使国内自贸区首单大宗商品仓单质押融资业务的成功完成，形成了一批金融经验。

浙江自贸区为了积极融入长三角一体化，坚持当地货币的优先地位，并继续促进人民币跨界活动的迅速发展，2019 年，浙江自贸区的跨境人民币结算额已经达到 960 亿元，同比增长 32%。同时，支持大宗商品贸易企业扩大人民币计价结算的使用范围和规模，探索境外人民币回流渠道，据浙江

———————————

① 资料来自中国（浙江）自贸区官网。

新闻网资料显示，截至 2019 年 10 月人民币回流资金 674.80 亿元，同比增长 74.5%。

浙江自贸区为了承接长三角，加快了金融业务创新，据浙江自贸区数据显示，截至 2019 年 10 月，浙江自贸区内共计 264 家融资租赁企业，人民币贷款余额 985.8 亿元，同比增长 20%。

9.6.3 推进浙沪苏皖四地自贸区联动发展

长三角区域的自贸试验区已经跨过了"成立""深化"两个里程碑，下一步的关键在于"联动"。随着上海自贸区临港新片区、江苏自贸区、安徽自贸区相继设立，长三角地区四大自贸区，已经组成自贸区"金三角"集群。四大自贸区应该发挥各自特色优势，错位竞争、互补短板、形成联动与互补，打造中国领先、有世界影响力的自贸区集群。浙江自贸区应该抓住这个机遇，积极推进四地自贸区的联动发展。

1. 推进四地的产业协同一体化

浙沪苏皖四大自贸区正力求在产业导向、功能载体和要素培育方面瞄准各自的定位，发挥长板优势，避免同质化的过度竞争。为了更好地融入长三角一体化，四地应以国内需求为导向，在区域价值链分工中重新定位，错位发展，以要素流通为依托，共同推进产业协同一体化。

四地自贸区应该以上海自贸区为价值链的中心，在长三角打造更开放、更深层次和更可控的国内区域价值链，从而实现区内和区外联动发展。

2. 共同打造制度创新高地

自贸试验区建设的关键是制度创新，自贸区建设应积极开展"首创性"探索，在试验区里仔细"种植苗圃"，以加速形成一批可以参考和推广的系统创新。四大自由贸易区刚刚证实了这一成果，因为创新体系是建设自由贸易区和共同建造高地创新体系的核心。

为了更好地融入长三角一体化这一国家战略，四地自贸区应该共同打造制度创新高地，优化营销氛围。上海自由贸易区试点发起了"分离试点改革"；与此同时，上海港将"集装箱设备的转让命令"改为"电子发票"。此外，单一窗口升级到3.0版本在自由贸易区对外服务中表现突出，采用了一种新的公差接受方法，联合批准。浙江自由贸易区遵循"一体行动"改革方针，从投资和贸易中获益、通关监管、政府管理、法治保障等领域改革；首创进出境船舶通关"单一窗口"已在全国推广；随后又推出了甬舟边检一体化工作举措。江苏自贸区深化"放管服"改革，继续精简业务流程，降低业务成本、加强公共服务供给；完善"一网通办"框架体系；完善事中事后监管体系。四大自贸区应该互相学习借鉴制度创新，从而更好地推动本地自贸区的发展。浙江自贸区融入长三角一体化应该更加推动四地自贸区的联动发展，从而改善长三角整个地区的经济水平。

3. 联动推进四地的长三角一体化示范区

长三角一体化示范区在跨省域的制度创新方面责任重大，一体化示范区是实施长三角一体化发展国家战略的先手棋和突破口。浙江自贸区应该义不容辞地承担起这份责任，连同上海自贸区、江苏自贸区和安徽自贸区共同推动长三角一体化示范区发展。在一体化领导推进机制下应合力搭建两个平台，一个是中新嘉善现代产业园的建设，主要聚焦在数字经济上，中新是在苏州工业园起步的，因此这个园区的建立机制体现了一体化的特点。另一个平台是祥符荡创新中心，打造在生态、环保、基础设施、公共服务等领域具有示范和引领作用的标志性工程。

长三角一体化示范区是在浙沪苏皖的交界处，开设一体化示范区和先行启动区，四个地方各自有责任和使命，四地应该各自发挥自己的产业优势和技术优势，积极探索推动区域资源要素自由流动，共同打造一个先行先试的长三角一体化示范区，融入长三角一体化发展。浙江自贸区应该对接浙江省嘉善县，联动推进四地的长三角一体化示范区更好地发展。

9.6.4　建设国际更高标准、更好水平的自由贸易港

自由贸易区的升级就是自由贸易港，自由贸易港以自由贸易区为基础，主张金融、交易、投资自由以及运输自由。贸易港口需要交易自由化和便捷化的具体功能，将关税区和港口区的资源和政治利益结合起来，与最高的国

际标准进行比较，并建立一个更开放的自由贸易港口。这是浙江自贸区融入长三角一体化战略的历史性创新的路径选择，实现交易自由是自由贸易港的基础性功能，因此浙江自贸区应该从以下几个方面进行选择。

1. 实现税费收缴更新，降低制度成本

税务政策体系的创新，作为支持浙江自由贸易港建设的关键组成和措施，将在发展自由贸易区方面发挥重要作用。浙江自由贸易区应将石油储藏内容列入石油储备公共基础设施项目的公司收入奖励清单，并享受三项免税和三项减免的优惠政策；石油储藏设备可享受加速固定资产折旧政策。在石油产品贸易方面，对自由贸易区石油产品贸易中心的原油贸易和关税燃油贸易实行免税政策。关于建造东北亚的关税燃料供应中心，建议向船舶供应燃料的国际合同免除印花税。在石油加工中，应优化对进口设备、催化剂和其他物品的征税；在国家高科技领域内应用绿色石化工业，合格的高科技企业可以允许降低税率，并将低税率降低到20%以下。

浙江自贸区要想建设国际更高水平、更好标准的自由贸易港，对于税费收缴制度的改革与调整是必不可少的，应该吸取先进自贸港的建设经验，降低关税标准，这是走向自贸港的不可或缺的重要一步。

2. 推动国家立法，健全立法保障

浙江自贸区要想融入长三角一体化以及建设更高水平的自由贸易港，对于立法方面不能忽视，应加速完善法律规定，并制定基本的法律和条例。审查和改进有关的汇率政策和税务条例，将执行统一税务政策的汇率政策纳入浙江省各种特别监管领域；将上海自由贸易区外汇政策成功示例与该地区洋山海关港口的成功经验结合起来，研究浙江的外汇管理机制，用于特殊区域再出口贸易、进出口分销和全球采购。探索在特别监督区进行试验，以便跨界解决人民币、资本账户外汇自由贸易、境外金融服务，并制定和加强预防风险的控制措施。

浙江自贸区应把重点放在协同监管、计算机化监管和精密监管，应不断优化清关监督模式，即海关撤回到第二线，并使自由港的内部成为国家清关。第一线主要实施现场检疫、检查和加工；第二线主要实施检疫和实验室检疫监督，以保持进出口产品的质量和安全，对自贸区因地制宜，实行特殊监管。

从而进一步推动国家立法，健全立法保障，使得浙江自贸区的建设具有法律保障。

3. **实现协作联动创新，推动共同发展**

浙江自贸区应充分利用自身优势，以一体化为契机，在港口一体化改革中尊重市场规律，更多地创造促进高效资产整合低效资产的机遇，与上海港协作联动创新。

浙江自贸区内的宁波舟山港应发挥自身的优势，避免出现争夺货源、抢占腹地等不良势头和恶性竞争。上海自贸区已经积极向上海自由贸易港建设发展，因此，浙江自贸区应该实行协作联动创新，与上海自由贸易港进行合作。建立以上海港和宁波舟山港为中心的集装箱运输系统，加快在上海港和宁波舟山港建造集装箱铁路、铁路集装箱中心站和集装箱装卸站，并促进双层集装箱铁路运输和直接运输建设服务，加强两个港口和外部通道之间的互利合作。

跨行政区域新一轮合作开发大小洋山就是二者之间协同发展合作的成果。大小洋山的深度合作开发，将为建设"一带一路"桥头堡及长三角一体化、贯通对接 21 世纪海上丝绸之路枢纽提供示范，更有利于实现自贸港"境内关外"，货物、资金、人员进出自由的管理要求。浙江自贸区推动区域港口合作，有利于扩大辐射带动作用，从而推动沿海沿江港口协同发展，更好地建设自由贸易港。

第 10 章 浙江自贸区扩区的发展趋势

10.1 浙江自贸区扩区产生的背景和影响

10.1.1 浙江自贸区扩区的背景

浙江自贸区自建区以来紧紧围绕"新时代改革开放的新高度"这个目标定位，围绕制度创新建立以油品贸易自由化和投资便利化为特色的战略主线，坚持以服务国家战略、对标国际标准、深化制度创新、聚焦产业培育、完善营商环境、高质量高标准地完成自贸区第一阶段的试点任务。据浙江自贸区官网数据统计，浙江自贸区挂牌以来在三年内实现了对外贸易年均增长93%，利用外资平均年增长99%，自贸区油气企业已有6000多家，浙江自贸区已成为我国目前油气企业最集聚的地方。油气全产业链是浙江自贸区发展的主要特色，并致力于打造"一中心三基地一示范区"的特色之路。自贸区在国际油气交易中心方面，建立了全国第一家原油非国营进口贸易企业，实现了浙江国际油气交易中心的做大做强，截至2020年自贸区油气等一些大宗商品贸易交易总额累积超过了1万亿元。在自贸区服务基地建设方面，通过发展保税船燃料油带动海事服务业的不断发展壮大。2020年，浙江自贸区成为了我国第一大、全球第八大加油港，实现了年供应保税油超过400万吨，保税油年均增长57%。在国际石化基地建设方面，自贸区积极推动石化产业的转型升级，在区内建成了全国首家民营企业主导的投资规模最大、炼化能力最强的炼化一体化项目，此项目可以实现年炼化4000万吨，截至2020年，该项目一期 2000 万吨已成功投产，大幅度提升了我国芳烃等高端化工品的自给率。在国际油气储运基地建设方面，目前油气储罐、管道等一大批建设设施已投入使用。至 2020 年，自贸区的油品储存规模达到了 2790 万吨，加强了我国能源安全保障能力。在大宗商品跨境贸易人民币国际化示范区建设方面，自贸区实现了跨境人民币结算从无到有的过程，跨境人民币结算累积超过了2700 亿元，年均增长超过了 440%，跨境人民币结算业务范围覆盖了全球 42个国家和地区。

自贸区的建立无疑对中国的经济发展有巨大的推动作用，但是随着中国经济转型换挡期的到来，自贸区的发展面临着越来越多的挑战，特别是在全球金融危机之后，各国的贸易保护主义又开始出现，经济全球化的增强使经济贸易产生的摩擦逐渐政治化，双边多边自由贸易协定也逐渐增多。在市场开放程度和经济体约束力方面，也超过了之前的水平，因此国际贸易规则面临着新一轮调整。中国的经济发展目前正经历着换挡期、阵痛期和消化期三期叠加的新阶段，在很多方面也没达到国际上要求的开放程度，因此要实现国民经济从高速增长到平稳增长的过渡、加强与国际间的接轨、统筹国际国内市场的开发和资源利用，需要我们寻找新的经济发展驱动力和增长点。结合中国经济发展的新特征，适应国际国内新变化，为在新的全球发展格局中赢得发展先机，中国政府率先进行政策改革、制度创新、产业升级等创新型试验，目的是为了更好地复制和推广试验成效，从而更加全面和深化国内改革，形成与国际规则相适应的基本经济制度框架，使我国更好地融入经济全球化的浪潮中。

进入经济发展新阶段，国际国内的环境发生了重大变化，同时也凸显出了自贸区的战略地位。自 2020 年以来，我国经济进入了"后疫情时代"，浙江自贸区坚持"疫情防控和经济发展"两手抓，不仅成功实现了扩区，拓展了自贸区建设的内容，同时大大地提高了自贸区的开放水平，提升了自贸区辐射能级，在取得更大的改革自主权方面走在了全国前列。2020 年 9 月 21日，国务院印发《关于北京、湖南、安徽自由贸易试验区总体方案及浙江自由贸易试验区扩展区域方案的通知》。根据《中国（浙江）自由贸易试验区扩展区域方案》，浙江自贸区试验区在原有的约 120 平方公里面积的基础上，党中央国务院又给浙江自贸区增加了新的三个片区，大约 120 平方公里的自贸试验区扩展区域。同时，对功能定位从之前的聚焦油气全产业链建设扩展到五个功能，即打造以油气为核心的大宗商品资源配置基地、新型国际贸易中心、国际航运和物流枢纽、数字经济发展示范区以及先进制造业集聚区。新增加的自贸试验片区面积大约是 119.5 平方公里，主要包括了三个贸易片区：宁波片区 46 平方公里（包括宁波梅山综合保税区大约 5.69 平方公里、宁波北仑港综合保税区大约 2.99 平方公里和宁波保税区大于 2.3 平方公里），杭州片区 37.51 平方公里（包括杭州综合保税区约 2.01 平方公里），金义片区约 5.99 平方公里（包括义乌综合保税区约 1.34 平方公里、金义综合保税区 1.26 平方公里）。与之前发布的自贸区方案不同的是，浙江的方案是国务院批准的第一个自贸区扩区方案，方案要求浙江自贸区坚持以"八八战略"为指导，积极发挥"一带一路"建设、长江经济带发展、长三角区域一体化发展等国家战略优势，重点打造以油气为核心的大宗商品资源配置基地、新型国际贸易中心、国际物流和航运枢纽、数字经济发展示范区和先进制造业集聚地。

在中国经济新发展要求下，要求经济增长速度从近 30 年平均增长率 9.8% 下降到常态下的 7% 左右的中高速增长率，经济发展面临了许多新的挑战，不确定性风险因素增加，例如房产风险、地方债务风险、金融风险等。自贸区的建设和扩区面临许多亟待解决的问题，同时也显露出积极乐观的发展前景。浙江自贸区的扩区是浙江经济发展的一次重大历史机遇，在服务"一带一路"国家倡议和长三角经济建设带基础上，浙江自贸区要加快融入长三角一体化发展战略，促进长三角地区的协同创新发展，从而更好地实施国家对外开放政策；通过加强学习和借鉴其他发达自贸区的成熟经验和创新成果，积极探索制度创新，加强与周边城市自贸区的联动发展，构建自贸区发展新格局。

10.1.2 浙江自贸区扩区后的影响

1. 扩区后对浙江自贸区本身的影响

此次扩区后，浙江自贸区在聚焦新的五个功能定位上不断加强改革攻坚。（1）打造以油气为核心的大宗商品资源配置基地建设方面。积极整合宁波、舟山这两个地方的油气等大宗商品资源，以油气全产业链建设为核心，建设"一中心三基地一示范区"，努力在油品交易、储存、炼化方面实现"三个一亿"的目标。同时研究建立能源等大宗商品政府储备和企业储备相结合的政府保障体系，保障能源和粮食的安全，助力企业储备和保障粮食安全等方面的发展。（2）建设新型国家贸易中心方面。积极发挥杭州、宁波、义乌等城市在跨境电商、外贸综合服务和市场采购等方面的优势，重点发展离岸贸易、转口贸易，鼓励和支持以市场化的方式推进 eWTP 全球布局，研究和探索在贸易数据交换、业务互通、服务共享、监管互认等方面的国际合作，加快建设数字确权等数字贸易基础设施建设，致力于打造全球的数字贸易博览会。（3）建设国际航运与物流枢纽方面。依托自贸区的宁波舟山港、义乌港、杭州萧山的国际机场、宁波的栎社国际机场等海港和空港，建设打造海港、陆港、空港、信息港为一体的"四港"联动发展机制，全力打造全球智能物流枢纽，以海上丝绸之路指数、快递物流指数为全球航运物流的指向标，加速全球供应链的发展。（4）建设数字经济发展示范区方面。以杭州为发展中心，加快数字基础设施建设，推动数字经济领域国际规则和标准研究，设立和完善之江实验室、阿里达摩院等数字创新平台，推动数字经济的发展。同时全面发展数字产业化、产业数字化、数字生活等数字化建设新服务，发展和完善国家数字服务出口基地并将其打造成为我国数字贸易的先行示范区。（5）建设先进制造业集聚区方面。重点依托杭州、宁波等地在产业集聚方面的优势，建立和完善产业核心零部件国际国内双回路供应政策体系。重点发展新材料、智能制造、生物科技等新兴产业，促进关键核心技术的突破与成果转化，建立和完善新兴产业基础设施建设。

除了功能定位外，自贸区在发展目标上也有变化和提升。2017 年浙江自贸区总体方案中提到自贸区的发展目标是"对接国际标准初步建成自由贸易港区先行区"，新的扩区总体方案中发展目标则变为：到 2025 年，浙江自贸区建成"引领开放型经济高质量发展的先行区和增长极"；到 2035 年，建成"原始创新高端制造的重要策源地"和"推动国际经济交往的新高地"，成为新时代展示我国特色社会主义开放成果的重要示范区。

浙江自贸区的扩区对不同的区域有不同的发展侧重点。对于宁波片区，宁波具有独特的港口区位优势、开放发展优势和科技创新优势，同时宁波的油气全产业链和实体经济创新发展具有坚实的发展基础。宁波片区的扩建发展不仅可以与原有的舟山自贸区共同携手在港航物流、大宗商品、油气产业链和先进制造业方面实现优势互补，同时还可以集中资源全力打造具有国际影响力的战略性资源集散、贸易和定价中心，保障国家的战略性资源储备和供给，同时对长三角地区经济发展的辐射作用将进一步增强。杭州是浙江的省会城市，同时也是长三角城市群中心城市、环杭州湾大湾区核心城市，因此在对外开放程度上优势非常明显，杭州优质资源要素比较集中，创新创业发展也非常快速，数字经济发展居全国领先地位。而义乌地区拥有"买全球、卖全球"的世界市场之称，商务物流优势明显，物流集散功能完备，市场开放程度高。具有跨境电商和数字经济优势的杭州和具有小商品和国际贸易优势的义乌加入浙江自贸区中将有利于进一步优化浙江自贸区产业结构、经济发展模式和对外开放合作，推动各地区间的资源优势互补、产业的联动发展，同时还可以进一步优化和提升浙江自贸区的产业链、供应链、价值链和创新链，帮助自贸区更快地融入经济全球化发展新趋势中，建立新的开放型经济体制。

2. 扩区后对长三角经济发展的影响

自贸区的扩区不仅是地区面积的增大、产业规模的扩大、产业能级的提升，更重要的是自贸区扩区将深化重点区域的改革开放，同时紧紧围绕国家的战略政策探索经济发展的新路径。目前，长三角经济发展战略已经上升为国家发展战略，在此背景下，浙江和上海自贸区有责任也有义务加强自贸区间的合作与交流，共同推动长三角经济一体化发展战略的实施，从而形成合力更好地推动国家自贸区的战略建设发展。浙江和上海都位于中国的东部沿海地区并处于长江水道的 T 字形交互处，拥有长三角地区发达广阔的经济腹地，也是我国经济对外开放的窗口。随着浙江自贸区的扩区，经济腹地、产业规模、人口数量、交通设施等基本要素的进一步完善，浙江和上海自贸区将来的合作范围将逐步扩大。上海自贸区自 2013 年成立以来，从最初的外高桥保税物流园区、外高桥保税区、浦东机场综合保税区、洋山保税港区发展到后来的浦东国际机场南侧区域、小洋山，形成了沿江分布、跨江入海的自贸区发展布局。尤其是上海自贸区临港片区的建立，将打造成具有国际影响力和国际竞争力的特殊经济功能区，集中全球高端资源要素配置，形成更加成熟的制度体制，使之成为我国融入经济全球化的重要经济载体。与上海自贸区相比，浙江自贸区在舟山，无论是从产业规模、经济实力、地域面积还是辐射带动功能都无法与上海自贸区相比，浙江自贸区和上海自贸区发展的不平衡不利于长三角地区整体经济的发展。上海自贸区将小洋山纳入自贸区建设范围中，打破了上海港 14.5 米水深的局限性，使大型船舶可以进入上海港，完善了上海的海运设施。同样浙江扩区后，支持浙江发展的经济腹地将更为广阔，产业基础也将进一步加固，有利于推动浙江自贸区和上海自贸区在航运、国际贸易、产业发展和金融合作等方面的联动，对于共建中国特色的自由贸易港具有重要的推动作用。当前我国正处在双循环发展的格局背景下，既要发展国内大循环又要国内国际双循环相互促进。浙江自贸区想要更大的发展空间和更高的战略定位，就必须加强与上海自贸区的联动合作，利用通畅的区位优势，在风险可控的基础上发展贸易、投资、金融等产业的自由化便利政策，推动生产、贸易、投资、金融等多领域发展，这样不仅可以服务浙江经济社会发展的需求，推动长三角一体化高质量发展，还可以辐射长三角经济带和我国中西部地区，对外也可以连接"一带一路"沿线国家，为我国对外开放作出更大的贡献。

10.2　浙江自贸区扩区后面临的机遇和挑战

经济发展新形态下，有学者指出放慢经济发展速度，实现经济中高速增长不仅可以推动生产力整体水平的上升，达到各项经济发展目标，为中国经济发展提质增效和产业发展的转型升级提供亲体，还可以为自由贸易区的扩区提供新的机遇和挑战。

10.2.1　扩区后面临的机遇

1. 扩区为产业转型升级提供了新的发展契机

浙江自贸区的扩区为国际贸易的发展带来新的增长机会，将进一步促进国际贸易的发展。国际贸易的发展也将带动港口货物吞吐量、贸易总额的提升，对港口的物流和仓储服务需求也将扩大。利用自贸区扩区的发展机遇，引进国外先进发展理念，调整和优化管理方式和产业模式，引进产业转型升级需要的技术、设备、人才，加快园区内产业转型升级的步伐，同时还可以引入国内外高端产业，推动高端产业的集群，以高端产业优化传统的产业结构和布局，更好地帮助传统产业的转型升级。

同时，浙江自贸区的扩区将进一步满足区内和周边城市居住和相关配套设施的需求。例如香港自贸区的发展不仅依靠其优越的地理位置和发达的经济条件，同时自贸区国际化程度非常高，这与其引入金融、咨询、商贸等高端产业有关，这些高端产业与当地产业的有效融合，大大加快了香港国际化的程度，促进了自贸区向产业新城的转型升级。浙江自贸区的发展模式和理念与发达的产业新城还存在较大的差距，舟山的"孤岛式"发展模式需要有效突破，同时自贸区的扩区也需要相关配套设施和环境的支撑，因此自贸区的扩区使自贸区内外对配套设施的需求增加。

随着浙江自贸区的扩区，自贸区内企业入驻数量和入驻人数将大幅度增加，因此除了对自贸区内产业发展产生利好，同时对区外的上下游产业链和市场也有有利影响。部分企业会因自贸区内土地有限而把企业注册在区外，或者是企业主体业务在区内而相关辅助功能在区外，这样，自贸区内的产业、资金和人员会产生溢出效应，进而通过向外传递需求使扩区推动周边市场的发展。

2. 扩区新政策为自贸区的发展提供了新的驱动力

在经济发展新阶段下，中国的经济发展从原来的要素驱动和投资驱动转向到创新要素驱动，这些转变为中国自贸区的创新发展提供了新的驱动力。浙江自贸区要在中国继续保持经济领先优势就必须坚持改革创新，同时联动宁波、杭州、上海等地区的融合发展，实现创新性发展和转型。浙江自贸区的设立目标不仅仅局限于发展国际贸易同时还需要制度创新，这些制度创新包括贸易的便利化、金融的国际化、投资的自由化、行政的法治化等多个目标的实现和功能的多样化。自贸区的扩区带来的新政策为自贸区的发展注入了新动力，从而继续推动自贸区向新产业、新模式、新业态等方面的发展。

3. 扩区为自贸区企业的功能转型提供了服务保障

浙江自贸区扩区实施方案包括了一系列综合管理的创新、投资管理制度的创新、金融制度的创新和贸易监管制度的创新政策。这些方案的实施将吸引一些高端、新型的服务业入驻自贸区，不仅发展了区内外的横向经济，同时还促进了区内外经济的纵向发展，为自贸区的发展提供了良好的投资贸易环境，这也是自贸区创新体制的本质体现。更多的金融服务、信息咨询、融资租赁等服务业企业入驻园区，将为电子商务、融资服务提供更大的发展空间，同时也将吸引更多的外资服务企业入驻自贸园区。自贸区内不断完善的金融服务环境将为企业的转型带来有利的条件。一些跨国企业为适应新的金融环境将在企业增设一些资金管理、国际结算等功能，提升企业总部能级，优化企业总体布局，将以管理型为主的企业功能转型为以投资和综合型为主的多功能跨国企业。

4. 扩区为加快自贸区贸易便利化提供了要素支撑

在中国经济发展新常态下，政府大力简政放权，市场经济的约束进一步放宽，经济活力被激发。从世界上各个国家发展的自贸区的经验来看，投资便利化是自贸区发展的核心特点之一。自贸区为投资便利化提供了平台支撑，政府政策的简化和透明为自贸区的投资便利化提供给了政策保障。因此，在扩区的新经济发展条件下，为进一步促进贸易的便利化，政府应对现有政策进行进一步的调整优化。同时政府也应该适时转变政府职能，不仅要继续推进贸易便利化，还要促进投资融资、服务贸易的便利化。政府加快对自贸区融资投资机制的建立和完善，从总体上为自贸区贸易便利化提供要素保障，促进自贸区的发展。

10.2.2　扩区后面临的挑战

自由贸易区的扩区虽然带来了有利的影响，但是也存在众多的潜在风险和一些不可避免的挑战。目前，我国经济改革开放的政策红利和人口红利等有利因素正在逐步消失。在国际上，由于受到全球经济危机的影响，市场需求也逐步下降，我国对外贸易的数量也有下降趋势，急需通过大力发展投资服务贸易帮助经济的转型升级，从而更好地面对全球经济的新形势。近些年来，由于各种因素的影响，世界经济发展低迷，结构性问题和周期性发展规律一直困扰着经济发展，同时经济不稳定和不确定因素增加，总体上世界经济呈现经济增长率低、贸易和投资增长率低、负债高的局面，显然这一经济局面势必对自由贸易区的扩区带来不小的挑战。

1. 对内外部环境的挑战

中国正处在经济发展的转型期，受全球经济形势的影响，自由贸易区的扩区发展势必会受到内外部环境的竞争压力影响。首先是自贸区内外部环境的竞争压力。自贸区的扩区发展可能会使一些对成本反映比较敏感的船业和一些非发展重点的产业外迁。扩区使自贸区区内产业需求增加迅速，从而导致土地成本增加，引发用地成本上升，土地稀缺资源的矛盾使一些对成本敏感的产业特别是一些制造业向区外迁移。同样对一些非重点发展的产业也面临成本上升的问题。其次，自贸区内外部对要素需求的竞争会增加。自贸区扩区的发展将加剧各要素资源、产业项目、政策环境等领域的竞争，使得自贸区的整体发展受到负外部性问题的影响，可能会引发一系列不合理的重复建设和招商引资等恶性竞争，一些产业和项目的不合理投票机制会导致部分项目的流水，造成自贸区内一些重大项目向区外转移。

2. 对适应新环境的挑战

自贸区的扩区发展要求园区、企业、产业等一系列主体尽快适应扩区带来的新环境。自贸区扩区颁布的新政策对园区内企业提出了更高的要求。产业的技术法规和标准要求企业按照一定的规格进行制造生产，因此企业不仅需要知道当前的生产标准，还需要相应的配套设备进行生产升级。经济形势的变化和环境保护的需求要求企业进行转型升级，这些要求势必增加企业生产成本，特别是一些粗放型生产模式的企业。虽然企业在自贸区内享受制度和环境方面的福利，但是在非优惠政策方面，政府不承诺对挂牌的自贸区进行配套资金支持。自贸区内不能通过政府收入带来园区资金的增加，而是要通过制度红利带来财政收入的增加。除此之外，自贸区政府实施负面清单的管控模式，发挥了市场在资源配置当中的决定性作用，造成了对传统"批改制"政府监管模式的冲击，推动政府加快改进管理模式制度创新，从而适应新的环境。

3. 对配套服务设施建设的挑战

目前中国正处在经济转型期，经济增长速度减慢，重点是要加快传统企业的转型升级速度。传统的产业园区将不再满足于自贸区扩区发展的需求，自贸区扩区的发展需求对服务设施的现代化、智能化和联动化发展提出了新的挑战。首先在服务设施配套方面，传统贸易园区要加强服务设施的建设，从而适应自贸区扩区的需求。以物流仓储为例，自贸区的扩区对物流建设要求更高，自贸区需加快提升物流基础设施，引进现代化物流技术，加快更新物流分拨技术以满足扩区的需求。其次在园区运营管理方面要加强国际化对接，准确把握国际化产业发展方向和自贸区扩区布局的国家战略功能定位，对接国际化贸易规则，吸引国际化企业进入园区。最后，自贸区需要不断创新，提高服务水平，促进服务的国家化。为服务自贸区内的各种创新机制，自贸区内应加快创新载体机制的建设，发挥企业监管、产业信息化、金融法规建设的优势，推动风投、创投、私募基金等各类金融衍生品发展并提供相关配套融资服务。

4. 对区内基础设施和周边地区发展的挑战

自贸区的发展和扩区势必要求有相应的基础设施进行支撑，这就要求自贸区全面发展基础设施建设。首先要加强贸易区的招商引资力度。外贸投资是自贸区发展的重要推动力，加大招商引资的力度要求园区内大力发展相应的配套基础设施，建设和改造基础配套设施从而更好地吸引外商投资。其次自贸区的扩区将推动国际贸易的发展，提高货物的吞吐量带动贸易额的上升，这对园区内的物流和仓储提出了更高的要求，因此要加强区内基础设施设备的提升和完善。最后，自贸区扩区带来的物流量增加对区内和区位的交通设施提出了更高的要求。如何更好地解决区内和区位的交通矛盾、港口货物交通和周边城市客运交通的矛盾成为了扩区之后面临的新挑战。

5. 自贸区的创新能力的挑战

浙江自贸区在创新质量、创新内容和创新集成方面存在着不足，在扩区之后，自贸区的创新能力急需提高。首先，虽然自贸区在投资便利化方面创新较多，但是在市场准入与边界措施创新方面较少。在制度创新上多聚焦在政府职能转变、提高政府管理效率和"放管服"改革上，与国际上标准的国际贸易投资规则相比差距较大。其次，制度创新集成度上也略显不足，尽管碎片式创新较多，但大多数都是某个政府部门主导的工作业务方面的制度创新，也就是一些做事方法和方式的创新，对于一些深层次、制度层面的结构性或者规则性的改革涉及较少，制度方面的供给没有很好地满足制度的需求。最后，自贸区的创新以复制式为主，真正的首创式的创新较少，虽然已经有一些自贸区的制度创新在国内实践推广，但是只有一部分是首创的制度创新。由于受到一些地域因素和产业因素的影响，在制度的复制和推广方面仍有一定的局限性，在全国其他区域复制、推广缺乏一定的影响力。

10.2.3 浙江自贸区应对扩区挑战的对策

浙江自贸区扩区后，自贸区设立之初的建设思路和方案急需优化和适时调整。首先，自贸区原有的三个片区都在舟山，尽管舟山存在一定的地理优势和产业优势，但是整体上舟山经济体量太小，各个产业综合实力也不强，各个分片区都是海洋锚地，没有很好的地理规划，因此没有最大限度地发挥好自贸区的优势，自贸区的辐射带动作用也没有得到最大范围的利用。其次，自贸区的整体设计比较偏重于为国家战略服务，但在发挥地方经济服务方面需要进一步提高。例如在油品、铁矿石等产业设计和功能服务上更偏向于为国家战略服务，但在与地方经济服务结合方面需要加强。最后，浙江自贸区与周边自贸区和城市的融合发展还不够紧密，需要进一步加强。浙江自贸区总体产业规模较小，与目前国家重点发展的"一带一路"建设、长三角区域一体化、长江经济带发展及省内各区域联动性不强，高端智能制造业和服务业发展缓慢。在人才引进方面，也面临着高端专业人才培养和引进困难等问题，影响着自贸区的快速持续发展。针对这些困难和挑战，浙江自贸区需采取一系列措施积极应对这些挑战。

1. 突破制度障碍，促进与周边经济的融合发展

首先浙江自贸区的扩区势必面临内外部环境的竞争压力，政府应加强对有限资源的合理分配，充分发挥浙沪自贸区通江达海、海陆统筹的区位优势，突破制度障碍，尽可能地降低来自内外部环境的压力，携手共建中国特色自由贸易港。同时政府也需要加强与区内企业的合作，共同建设和完善自贸区的基础设施建设，提升自贸区的相关配套设施服务。其次在自贸区的建设和扩区的发展过程中，与周边城市和自贸区的融合发展面临着一些制度障碍，自贸区扩区后也同样面临新的问题需要政府制度创新和调整。因此在扩区后，自贸区需加强规范负面清单相配套的行业，提高贸易便利化；管理部门应加强在贸易中的事中事后监管规范、金融改革创新中的属地协调，加快自贸区的立法进程，突破制度障碍，实现江浙沪的联动发展。

2. 抓住扩区发展机遇，合理配置自贸区资源

浙江自贸区应抓住扩区带来的发展机遇，加强对自贸区政策落实的监管，根据自贸区发展情况适时调整自贸区的发展布局。首先，扩区加强了自贸区区域要素的集聚和产业集聚，区内企业应充分抓住这个机会根据企业的实际情况对人才、资金和技术等进行资源重新配置，特别是利用自贸区的集聚产业效应，为自贸区一些急需发展的产业提供培育平台，同时利用自贸区的区域溢出效应，提前对自贸区的发展作出规划预测，在自贸区周边区域做好产业布局。其次，善用扩区带来的有利政策，改善自贸区的软硬环境设施。在自贸区内的企业充分利用有利的投资环境，在加强基础设施建设中找到企业发展的新机会。例如在生态环境方面，企业可以根据规划建设符合政策要求的低碳商务办公集聚区，既提高了生态环境水平，又符合提升环保能级的政策要求。

3. 加强浙沪自贸区的联动发展，拓宽发展空间

浙江自贸区的扩区带来的要素聚集、产业集聚、经济实力的提升、国际贸易的深度开放等有利因素将促进自贸区的快速发展，但是跟上海自贸区相比还存在一定差距。加强与上海自贸区的联动，发挥自贸区的区位优势拓宽自贸区的经济腹地，在物流航运、国际贸易、金融服务方面与上海自贸区深度联动发展，不仅可以优化浙江自贸区的总体开放格局，还可以带动长三角地区经济的高质量发展。

10.3 浙江自贸区扩区联动发展的创新路径的探索和建设

10.3.1 浙江自贸区与周边自贸区联动发展的模式

2021 年浙江省政府印发《中国（浙江）自由贸易试验区深化改革开放实施方案》，该方案指出，要加强自贸区与周边地区及开放平台的联动发展，尽快形成"自贸区＋联动创新区＋辐射带动区"的发展新局面。在此政策影响下，上海、浙江、江苏、安徽这四个自贸区联合宣布设立长三角自由贸易试验区联盟，不仅为浙江自贸区的进一步发展带来了新的机遇，同时也加大了浙江自贸区的经济影响力。

1. 浙江自贸区与周边自贸区联动发展的目的

（1）以"一带一路"建设为核心，破除长三角一体化发展和自贸区联动发展的壁垒和障碍，例如"行政壁垒""管理体制障碍""制度差异"，不断探索和创新长三角一体化公共政策，促进浙江自贸区片区与上海自贸区、江苏自贸区、安徽自贸区的联动合作发展，同时也促进宁波片区、杭州片区和金义片区的协同发展，发挥各自优势，强化联动共同创新和推进我国现代化开放型经济建设体系的建成。

（2）坚持金融领域的改革创新，深入贯彻"五大功能区"的定位建设。推动杭州片区建设"国家金融科技创新发展试验区"和"全球一流的跨境电商示范中心"，深化金融领域的开放创新，加强"金融开放赋能""金融创新赋能""金融科技赋能"，推动"五大功能区"的建设，尤其要加强建设以油气和大豆为核心的大宗商品资源配置基地，在长三角一体化战略下协同合作共同推进浙江舟山国际石油储运基地的建设。

（3）加快筹集自贸区联动发展或长三角一体化发展所需的专项投资建设资金，同时，设立专项引导基金，解决阻碍自贸区发展的重大问题。通过金融市场合法合规地发现浙江自贸区企业债券、上市公司可转换债券、自贸区债券，在国内外金融市场上积极筹集自贸区联动发展和长三角一体化发展所需要的投资专项资金。同时要设立自贸区联动发展专项引导基金，用来解决浙江自贸区与周边自贸区联动发展中发生的重大突出问题，还可以用来解决宁波片区、杭州片区和金义片区联动发展的突出问题。

（4）加快引进和培育适合自贸区扩区建设的大型上市公司。研究一些成熟自贸区发展路径可以发现，一些大型的上市公司的发展可以有效增强自贸区的国际竞争力。因此引进或培育适合浙江自贸区发展或符合"五大功能区"建设的上市公司，特别是一些以油气和大豆为核心的大宗商品资源配置基地建设的上市公司，不仅可以完善我国的油气和大豆产业链，增强供应链和创新链上企业的实力，还可以增强自贸区的国际市场影响力和竞争力，完善我国大宗商品资源基地建设。

（5）协同共建长三角一体化油气交易市场。浙江自贸区通过与上海自贸区的国际能源交易中心、上海期货交易所合作共同建设浙江国际油气交易中心，共同推动长三角一体化油气交易市场的建设。

（6）在国际上提升以油气和大豆为主的大宗商品定价话语权。浙江自贸区要积极引进和培育以原油、低硫燃料油期货、原油期货为主的投资主体，特别是一些大型国内期货公司和券商，增加浙江国际油气交易中心的交易量和活跃度。

2. 浙江自贸区与周边自贸区联动发展的具体联合模式

（1）战略联动。总体来看，上海、浙江、江苏和安徽四个自贸区具有明显的战略联动发展优势。它们在功能定位上既有相似又有不同，具备了一定的联动发展空间。例如上海和浙江自贸区在航运、金融、对外贸易上具有一定的优势；安徽自贸区则在战略性新兴产业和高端制造业方面具有发展优势；而江苏自贸区侧重于产业转型和实体经济创新方面的发展。对浙江自贸区来说，自贸区的建设具有"溢出效应"，不仅促进了自身经济的发展，同时还辐射周边的区域城市。通过自贸区间的战略联动发展，将生产价值链中的生产环节放在区外成本较低的地方，实现区内和区外的双向联动发展，从而形成更加开放、更加可控的区域价值链。

（2）产业联动。在自贸区扩区和长三角经济一体化发展背景下，以自贸区发展为核心，形成长三角地区资源和产业的优势互补。例如，加大上海自贸区与浙江自贸区的深度合作，通过对自贸区差别化探索，加强对项目的对接，将长三角地区打造成为以油气为核心的大宗商品资源配置中心；江苏要加强在人工智能、集成电路、生物技术等优势产业方面的联动，实现资源要素的共享、技术难题的共同攻关；安徽则在"量子中心"领域不断研究发展，助力长三角自贸区建设成为世界级的"量子中心"。通过自贸区的产业联动，集中力量形成产业联动，推动产业改革，形成一批区域、跨部门、跨层级的改革创新成果。

（3）政策联动。由于目前国际形势的快速变化，各地政府在制定相关产业政策上应该与时俱进，根据国内外经济发展的变化，制定既符合本区域发展同时又可以推动国际化产业发展的政策。比如根据世界贸易组织的政策规则和长三角自贸区各自发展的特点，制定自贸区战略性新兴产业扶植政策，可以避免与国际规则相冲突。同时可以多使用普惠性的税收政策，避免补贴政策与税收政策的冲突。各地的自贸区在已有的相关合作机制的基础上，积极探索新的联合发展创新机制，实现长三角地区四大自贸区的协同发展，同时也要积极创建自贸区协调与决策机制，从而更好地解决四大自贸区在联合发展中存在的问题，有利于四大自贸区的进一步深度合作。

（4）环境联动。自贸区的环境联动发展主要指的是在硬件环境和软件环境两方面的联动发展。环境联动是长三角自贸区联动发展的重要基础，加快环境联动也是自贸区发展的重要前提条件。而所谓的硬件环境指的是创造合适的投资环境，加快交通设施、基础网络的互联互通；软件环境指的是政策法规方面的建设，加快制定长三角自贸区统一执行和遵守的规则。例如，为推进长三角地区的贸易便利化实施的"单一窗口"合作共建规则，目的是实现自贸区内全流程通关物流信息的互通互联和各区内海关的管理互认，从而提高长三角贸易区跨境贸易的便利化水平。

（5）监管联动。随着自贸区扩区和联动的进一步发展，传统的自贸区监管模式已经不适用现在贸易区的发展。因此不仅要对事中、事后的监管模式进行创新，同时也要完善事中、事后的监管体系。例如可以建立"信用长三角"的合作机制，在风险可控的情况下，自贸区将新功能片区发展到其他自贸区，上海和浙江自贸区牵头推动建立"长三角智慧监管模式一体化"新模式，以风险防范为底线，建立事后"终身问责制"，全方位立体化提高新兴产业风险防范水平。联合各自贸区的监管力量，建立与事中、事后监管体系配套的监管联动机制，保障监管的力度和水平。

10.3.2 浙江自贸区与周边自贸区联动发展路径建设

（1）积极推动舟山、宁波、杭州、金义四个自贸区片区的联动发展。发挥宁波舟山港作为全球货物吞吐量量第一的港口优势，以及宁波、舟山两地的油气等大宗商品资源优势，推动浙江自贸区向贸易、运输、金融等全产业链发展，促进油品、天然气、大宗商品等战略性资源投资贸易的自由化。积极建设和按时海陆联运、水水中转、海空联运等交通运输管理体系，对标上海洋山综合保税区建立一个统一的区港联动发展运营平台，实现海关特殊监管区域和贸易港的无缝对接，真正达到"一线放开、二线管住、区内自由"的区港联动发展，同时有效协同杭州和金义片区发展的优势，推动建设自由贸易先行区、数字经济发展高地和区域经济新增长极。

（2）资本要素在自贸区的自由流动是自贸区的一个重要特征，如何实现高端要素在跨自贸区的自由流动是目前长三角自贸区发展的难点。首先各自贸区要构建技术、人才、信息自由交流的发展机制，以基础建设中的交通、网络等硬件设施和体制机制等软件设施为支撑，推动自贸区的信息流、物流、人才流的自由流动和发展。其次在推动高端要素流动发展的过程中，上海、浙江可率先牵头积极探索和发展人才互认共用机制，促进高端人才在长三角自贸区的优化配置。最后积极建立自贸区科技产业联盟，实现科技资源的开放和共享。同时，推动金融要素的共享，包括人民币的国际化、利率的市场化、跨境投资融资汇兑的便利化、外汇管理制度的改革等，共同实现各自贸区的经济资源共享和政策方面的协同。

（3）打造以油气为核心的长三角一体化油气交易市场。2020年，上海和浙江自贸区共同签订了《共建长三角一体化油气交易市场 上海期货交易所战略入股浙江国际油气交易中心战略合作协议》，主要目的是为了加强中国油气市场在国际上的影响力从而赢得更多的话语权。因此，在此背景下，浙江自贸区要充分利用自身的优势，不仅要在服务国家战略、产品开发、人才交流、股权合作、市场培训、科技研发等方面进行合作，同时要积极建立"场内场外""线上线下""境内境外""期货现货"互联互通的全方位发展的大宗商品资源配置基地，推动大宗商品市场的发展，共同建设浙江国际油气中心。同时，在建设船用保税燃油市场体系方面，积极构建公正、透明的准入和退出机制，推动浙江船用保税燃油市场向更高层次的全国船用保税燃油市场交易中心发展。

（4）积极探索自贸区金融领域的发展。在长三角一体化发展的背景下，要积极设立自贸区联动发展专项引导基金，帮助解决浙江自贸区与周边自贸区联动发展存在的问题，鼓励和支持大型金融机构和金融企业在自贸区建立理财公司、租赁公司和金融科技公司。根据金融法律规定，合理发行浙江自贸区企业债券、自贸区债券、可转换债券等一系列金融衍生品，积极研究和开发大数据、人工智能、云计算、区块链技术在金融领域的应用。以浙江自贸区杭州片区打造的"全球一流的跨境电商示范中心"和"国家金融科技创新发展试验区"为依托，加快自贸区扩区的"五大功能区"建设，积极推进浙江大宗商品资源配置基地和浙江舟山国际石油储运基地的建设。

（5）推动长三角自贸区与自主创新示范区的"双自"联动，促进优惠政策的有效叠加。实现长三角自贸区与自主创新示范区的"双自"联动不仅有利于推进自贸区创新功能的有效结合，而且可以促进优惠政策的深度叠加，提高长三角地区吸引和配置全球创新资源的能力。长三角地区四大自贸区各具特色同时拥有不同的创新经验，在"双自"的联动下可以在自主创新示范区将各种创新经验进行推广复制。同时，在自主创新示范区成功试验的科技成果也可以为自贸区的创新发展提供新的发展机遇，弥补自贸区在产品研发、科技创新上的不足。因此，加强长三角自贸区与国家自主创新示范区的互动，积极研究探索有利于"双自"产业协同发展的政策，共同推进集聚全球高端要素的世界级科创中心的建立。

（6）将浙江自贸区已形成的制度、经验成效积极推行到新片区和省内自贸试验区联动创新区，助推自贸区新片区产生更多的制度优势、改革优势、创新优势和技术优势。在创新制度上，不断探索经济合作新模式，提高合作水平和质量。在目前已特别定制的 4 批、61 项自贸区创新监管措施基础上，进一步探索创新，持续推动以油气全产业链为核心的大宗商品投资贸易便利化，同时在"海上丝绸之路""陆上丝绸之路""网上丝绸之路"发展助推下，积极建设"一带一路"，以"数字 + 自贸区"为抓手，推动建立数字贸易先行示范区，积极建设 eWTP 全球创新中心和杭州试验区，完善和发展自贸区跨境电商的优势。

（7）实现自贸区贸易、投资、跨境资金的自由化流动，进一步推进自贸区运输往来和人员进出的便利化，不断集聚、整合、优化全球高端要素和创新资源，在高度对外开放和区域协调发展中实现产业模式的转型升级和全球价值链的提升。积极组建自贸区人才、物资和文化的自由交流机制，实现基础设施硬联通和体制机制的软联通，增强区内各类高端要素的流通和经济互动，支持自贸区内的人流、物流和信息流的有效互通。

10.4　浙江自贸区发展趋势

从整体上看，虽然将来自贸区还是有扩区的趋势，但是从目前的发展形势上看我国的自贸区空间布局已初步形成，自贸区的发展重点也将从规模、产业扩大转移到产业的细化调整优化、自贸区升级转型上来。改革开放以来，我国传统的经验就是先从一些具有基础的自贸区试点先行，积累相关经验从而再向全国推广。自 1979 年国家同意广东、福建两省在对外开放活动中实施特殊的政策以来，广东、福建两省根据实际经济发展情况灵活运用这些经济政策，至此拉开了我国对外开放的序幕。1980 年，我国在深圳、珠海、汕头、厦门设立了经济特区，随后又在上海、天津、大连、青岛等 14 个沿海港口城市进一步陆续开放，并开辟长三角洲、珠三角洲、闽东南地区和环渤海地区为经济开放区。1988 年，中央又在海南设立了经济特区。1990 年，国务院又决定开发上海浦东，以开放浦东为龙头继续推进长三角沿岸地区的发展。从开放的布局可以看出，我国的对外开放是从点到线，再从线到面，初步形成从沿海沿江开放、设立经济开放区再到内陆开放纵向深入推进的全方位对外开放的全新格局。在党的十八大之后，我国的对外开放开启了全新的征程。改革开放的布局从原来有限的领域、范围、地域开放，调整为全方位、广领域、多层次的制度性开放。在全新的经济发展格局下，我国提出了设立自由贸易试验区的决议，设立自贸区决策的提出不仅是我国又一次改革开放的重大突破，同时也是我国经济发展的重要战略举措。自我国第一批自贸区——上海自由贸易试验区成立以来，截至 2020 年，我国已经历了"1 + 3 + 7 + 1 + 6 + 3"共 6 次扩容，我国的自贸区数量已达到了 21 个，初步形成了从沿江沿海到内陆、全方面、多层次的自贸区战略新格局，在一些国家重点发展领域如京津冀、长三角等战略地区形成了全面覆盖。在改革创新上，作为我国改革开放的试点区域的自贸区已经累积拥有了多达 260 项的制度创新成果，并向全国进行了复制推广，包括在金融投资、国际贸易、政府管理职能等多个方面。可以看出，我国自贸区的不断发展将逐步调整优化我国几十年的改革开放总格局，促进海陆一体、内外联动、东西部协调发展、"引进来"和"走出去"并重的对外开放新格局的形成。具体来看，要做好浙江自贸区扩区发展工作应从以下几个方面着手：

（1）有序推进自贸区扩区后各方面的工作。浙江省根据自贸区扩区总方案出台了省级层面的具体自贸区实施方案和政策意见，针对宁波、杭州、金义三个新片区细化制定各项建设方案和任务清单。根据"权责明确、管理高效、运作协调"的原则，建立和完善适合新的自贸区扩区后发展的管理体制。按照浙江自贸区扩区后建设的需要，启动《中国（浙江）自由贸易试验区条例》的修订和完善工作，同时积极开展自贸区建设学习、研究、培训的宣传，全方位调动建设自贸区发展的热情，更好地开展自贸区建设和管理的工作。

（2）全面落实自贸区赋权政策的实施工作。党中央和国务院专项颁布的《关于支持中国（浙江）自由贸易试验区油气全产业链开放发展的若干措施》是对浙江持续推动以油气全产业链为核心的自贸区建设的鼓励和支持，这项政策具有针对性强、政策实施力度大的特点。根据《国务院关于支持中国（浙江）自由贸易试验区油气全产业链开放发展若干措施的批复》要求，积极落实好国务院 11 个领域 26 条措施，严格按照"表格化、清单式"要求，做好各项工作，努力争取把赋权 26 条转化成可以具体落实的各项实施细则和操作办法，落实国务院支持政策的实施。

（3）积极建设和完善自贸区的"四大体系"和"三机制"。根据浙江自贸区的总体方案，自贸区的三大功能定位扩展到浙江自贸区扩区总体方案的五大功能定位，随着功能定位的扩展，不仅要深化构建自贸区的政策、指标、工作以及评价"四个体系"，同时要建立自贸区扩区建设的信息通报、项目推进、总结评估等"三机制"，积极建设优化智库联盟，完善自贸区统计、考核、监督等制度，从而更好地构建"自贸区＋联动创新区＋辐射带动区"的全方面开发的浙江自贸区发展新格局。

（4）积极探索自贸区改革创新发展之路。坚持国家政策，对标国际最高规则，发挥浙江自贸区在油气全产业链、对外贸易、港口物流、数字经济、智能制造等产业优势，以"五大战略功能定位"为发展核心，积极探索创新性、差异化的改革创新之路。同时要统筹舟山片区与扩区后的三个新片区的联动发展，统一思想、树立一体化发展理念，不断改革，大胆创新，尽全力完成"为国家试制度，为地方谋发展"的历史使命。

参 考 文 献

［1］陈秀．关于我国自贸试验区贸易便利化问题［J］．广西质量监督导报，2019（8）：161－163．

［2］顾皓媛，胡高福．着力推进浙江自贸区金融开放创新的研究［J］．江苏商论，2019（10）：54－56．

［3］顾钮民．中国保税区［M］．北京：中国经济出版社，1994．

［4］姜昕，侯筱琳．辽宁省自贸区财税政策与国际国内差距及对策［J］．时代金融，2019（17）：23－24，26．

［5］蒋昭乙．深化自贸区金融创新［J］．群众，2019（18）：37－39．

［6］李泊溪．中国自由贸易园区的构建［M］．北京：机械工业出版社，2013．

［7］李力．世界自由贸易区研究［M］．北京：改革出版社，1996．

［8］李敏杰．福建自由贸易区与上海自由贸易区经验的学习复制与创新［J］．物流工程与管理，2015，37（3）：159－160．

［9］李志鹏．中国建设自由贸易园区内涵和发展模式探索［J］．国际贸易，2017（7）：4－7．

［10］刘芬芬，刘春华．天津自贸区金融发展模式研究——基于与上海自贸区的比较［J］．华北金融，2017（3）：62－66．

［11］刘浩翔．中国保税区的理论与实践研究［D］．武汉：武汉工程大学，2015．

［12］刘景景．浙江自由贸易试验区大宗商品贸易发展对策研究［D］．舟山：浙江海洋大学，2019．

[13] 刘玉江. 舟山群岛新区创建自由贸易区的战略研究 [D]. 杭州：浙江大学，2013.

[14] 沈翔峰. 中国（上海）自由贸易试验区接轨 TPP 问题研究——有中国特色的自由贸易园区建设探索 [D]. 上海：华东师范大学，2014.

[15] 唐韵捷. 浙江自贸区离岸金融制度创新理论研究——基于比较静态均衡模型分析 [J]. 改革与战略，2019，35（9）：9-17.

[16] 滕美允，李朔. 浅析自贸区税收服务的路径——以辽宁自贸区为例 [J]. 辽宁行政学院学报，2019（5）：34-37.

[17] 王玲，郑兴峰，刘崇献. 我国国际贸易"单一窗口"建设现状评述及建议 [J]. 对外经贸，2019（5）：16-19.

[18] 魏忠. 上海外高桥保税区向自由贸易区转型的研究 [D]. 上海：上海海事大学，2007.

[19] 吴海鹏. 天津港保税区转型研究 [D]. 上海：复旦大学，2011.

[20] 谢守红，蔡海亚. 国外自由贸易区发展的经验及启示 [J]. 浙江树人大学学报，2015（2）：24-30.

[21] 于文雅，王金荣. 国际自贸区与我国自贸区的税收政策比较 [J]. 中国集体经济，2019（32）：98-99.

[22] 张敏. 中国（浙江）自由贸易试验区发展策略研究 [D]. 舟山：浙江海洋大学，2017.

[23] 张清风. 中国自由贸易试验（园）区构建：发展进程、特点及其政策研究 [D]. 南京：东南大学，2017.

[24] 赵雪松. 云南省国际贸易"单一窗口"建设发展研究 [J]. 改革与开放，2019（7）：41-44.

[25] 朱海磊. 中国保税区的转型发展研究 [D]. 上海：华东政法大学，2012.

[26] 朱一鸣，张鑫. "一带一路"背景下江苏省贸易便利化问题研究 [J]. 现代营销（下旬刊），2019（5）：141.

[27] 朱玉. 武汉保税区向自由贸易园区转型研究 [D]. 武汉：中共湖北省委党校，2016.

［28］Arthur W B. On learing and adaptation in the economy ［M］. Institute for Economic Research, Queen's Unibersity, 1992.

［29］Chao Shi. Research on the Transformation of Bonded Area to Pilot Free Trade Zone in China's Inland ［A］. Proceedings of the 3rd International Conference on Economics, Management, Law and Education, 2017.

［30］Corcoran A, Gillanders R. Foreign direct investment and the ease of doing business ［J］. Review of World Economics, 2015, 151 （1）: 103 – 126.

［31］JayanthakumaranK. An Overviwe of Export Processing Zones: Selected Asian Countries ［J］. Unibersity of Wollongong Department of Department of Econmics Working Paper Series, 2002: 6 – 11.

［32］Jie Zhao. Research on China's business environment evaluation system based on the World Bank ［P］. Proceedings of the 2019 4th International Conference on Financial Innovation and Economic Development, 2019.

［33］Liao Caixia, Lou Jun, Zhang Lusha. Learning from the Experience of the Construction of Foreign Free Trade Zone Investment Liberalization and Facilitation ［P］. DEStech Transactions on Social Science, Education and Human Science, 2019.

［34］Lin J Y. "One Belt and One Road" and free trade zones—China's new opening-upinitiatives ［J］. Frontiers of Economics in China, 2015, 10 （4）: 585 – 591.

［35］Natalia J, Mursitama T N, Noerlina. Enbironmental impact of ASEAN-China free trade agreement: A case of Indonesia palm oil industry 2005 – 2010 ［J］. IOP Conference Series: Earth and Environmental Science, 2021: 729.

［36］Pei Cao. Analysis of International Business Environment ［J］. Overseas English, 2015 （11）: 270 – 272.

［37］Peridy N, Abedini J. Trade Effects of Regional Integration in Imperfect Competition: Evidence from the Greater Arab Free Trade Area ［J］. Internation Economic Journal, 2014, 28 （2）: 273 – 292.

［38］Stobaugh Robert B. How to Analyze Foreign Investment Climates – 4

Techniques For Dealing With Tricky Questions Of Economic And Political Stability [J]. Harvard Business Review, 1969, 47 (5): 100.

[39] Tumwebaze H K, Thomsjo A. Regional Economic Integration and Economic Growth in the COMESA Region [J]. African development Review, 2015, 27 (1): 67 - 77.

[40] Wu Xinke. Research on the Status, Trend and Strategy of Chinese Free Trade Zone Construction [A]. Institute of Manage-ment Science and Industrial Engineering: Computer Science and Electronic Technology International Society, 2018: 4.